Ian Bone

Geständnis einer Unschuldigen

Ian Bone arbeitete viele Jahre fürs Fernsehen, bevor er seinen ersten Roman schrieb. Inzwischen hat er über dreißig Bücher veröffentlicht, die mit zahlreichen Preisen ausgezeichnet wurden. Bone lebt mit seiner Familie und vielen Tieren in Adelaide, Australien.

Ian Bone

Geständnis einer Unschuldigen

Aus dem australischen Englisch von
Cornelia Holfelder-von der Tann

Ravensburger Buchverlag

Limitierte Sonderausgabe
als Ravensburger Taschenbuch
Band 54334
erschienen 2009

Die Originalausgabe erschien 2002
unter dem Titel
»The Song of an Innocent Bystander«
bei Penguin Books, Australia.

Die deutsche Erstausgabe erschien
2004 im Ravenburger Buchverlag.

Umschlaggestaltung: Dirk Lieb
unter Verwendung eines Fotos
von Colin Soutar, iStock

Printed in Germany

3 2 1 11 10 09

ISBN 978-3-473-54334-2

www.ravensburger.de

Für dich, Liz.
Du lehrst mich mehr als Freude.

Etliche Menschen sind »unschuldig« in den Entstehungsprozess dieses Buches hineingeraten und haben auf die eine oder andere Weise dazu beigetragen. Mein Dank geht an Simon Higgins und Patrick Bellamy für die hilfreichen Informationen. Und an Victoria Wilkins: Das Gespräch in Black Point, das sich scheinbar um ganz andere Dinge drehte, hat letztlich diesen ganzen Wahnsinn ins Rollen gebracht. Dank auch an Anne Bartlett, die mir eine charmante und großzügige erste Leserin war. An Laura Harris bei Penguin, die so fest an dieses Projekt glaubte, an meine Mutter und meine Familie – sie sind alle so wunderbare Fans, insbesondere meine Schwestern Stephanie und Helen.

John Wayne O'Grady

Es war ein bitterkalter Julinachmittag, und im Family Value in der Grange Street saßen nur noch eine Handvoll Gäste. Sie hatten bereits aufgegessen, und auf den weggeschobenen Tabletts lagen die Fetzen ihrer Überraschungstütchen. Kaum der Rede wert, die paar Menschen, die da noch in der Flaute nach dem stürmischen Sonntagmittagsbetrieb dümpelten, ehe sich die »Lunchburger« in »Dinnerburger« (nach Wahl mit Kohlsalat oder frischem grünem Salat) verwandelten, der Preis für eine Tasse Kaffee aus unerfindlichen Gründen um zehn Cents stieg und die Plastiktische durch Putzmittel mit drolligen Namen zu neuem Glanz erweckt wurden. Diese Menschen bildeten nur verstreute Formen und Farbtupfer im Plastik-Interieur der nagelneuen Untergeschoss-Filiale, die der ganze Stolz der Burger-Kette war.

Um Punkt 14.45 Uhr kletterte ein Mann auf einen der kleinen Tische bei der Theke, eine schwarze Sporttasche an die Brust gepresst. Niemand beachtete ihn, bis er seine Durchschnittsstimme erhob und seine Worte durch den fast leeren Raum mit dem Laminatboden hallten.

»Jetzt ist die Stunde der Abrechnung gekommen, Family Value!«, sagte er. »Lange genug hast du die Massen ausgesaugt, ihnen deine Lügen und dein Gift angedreht.«

Die meisten Gäste drehten neugierig die Köpfe, erwarteten sich von dem Spinner auf dem Tisch ein bisschen Unterhaltung. John Wayne O'Grady starrte in die Runde, während er am Reißverschluss seiner Tasche herumfummelte.

»Ich habe die Tür abgeschlossen«, verkündete er. »Also bleibt, wo ihr seid.«

Dann holte er eine Selbstladeflinte der Marke Barrett aus seiner Tasche und zielte damit direkt auf den dicken Restaurantmanager, der eilfertig angelaufen kam, um den Mann zu beschwichtigen.

»Ein Mucks, und ich erschieße dich«, sagte O'Grady nüchtern.

Bei diesen Worten erstarrten die Gäste in dem nagelneuen unterirdischen Restaurant.

Mit seiner freien Hand griff sich O'Grady in die Hosentasche, zog ein weißes Taschentuch (mit der eingestickten Aufschrift »Family Value – du bist es uns wert«) heraus und wischte sich das Gesicht ab. Kaum war er sich mit dem Tuch über die Haut gefahren, brach ihm schon neuer Schweiß aus, den er allerdings nicht beachtete. Das ganze Gewicht der Barrett auf der anderen Hand, versuchte er vergeblich, das Taschentuch wieder wegzustecken. Er fuhr immer wieder daneben, bis er das Tuch schließlich auf die glänzend rote Tischplatte fallen ließ.

Dreiundzwanzig Sekunden waren vergangen, seit er gedroht hatte, den Manager zu erschießen.

John Wayne O'Grady war gefangen im Moment zwischen Vorhaben und Tun, zwischen den Worten und dem schmerzhaften Druck auf seinen Abzugsfinger.

In diesem Zwischenmoment stellte sich die Frage: Wer würde die Dinge jetzt in die Hand nehmen? Der Restaurantmanager, der sich für seine Gäste verantwortlich fühlte? Der abgespannte Mann an der Wand, der im Krieg gewesen war und genau wusste, wie sich Waffen auf den menschlichen Körper auswirkten? Der Burger-Koch, der sich hinter der Kühlschranktür versteckte und fest glaubte, dass ihn der Spinner noch nicht gesehen hatte? Die Mutter, die ihren Sohn an sich drückte und nur noch denken konnte: »Bitte, tu meinem Jungen nichts«?

O'Grady selbst mit der Wut im Herzen?

Der Doppellauf der Barrett zeigte auf die Brust des Managers – kalt, präzise, unerschütterlich, abwartend. Unter dem rechten Auge des Bewaffneten zuckte es. Sein Finger am Abzug spannte sich minimal. Zog den Stecher um einen Millimeter an.

Dreiundfünfzig Sekunden waren seit der ersten Todesdrohung vergangen, als von der Theke her eine Stimme ertönte. Die Stimme eines neunjährigen Mädchens. Eines Kindes, das den Horror hinter seinem Rücken gar nicht wahrgenommen hatte.

»Könnte ich bitte den Manager sprechen?«, verlangte die Kleine laut und deutlich. »Zu meinem Lunchburger gehört nämlich ein Wild-West-Aufkleber, aber ich hab keinen gekriegt.«

FREDA OPPERMAN

Man kann doch wohl nicht zu höflich sein, oder? Schon als Kind habe ich gelernt, dass nur ein schlichtes »Bitte« oder

»Danke«, wenn man es nur oft genug wiederholt, selbst die heftigsten Wogen glättet. Das sind die kleinen freundlichen Gesten, die in allen schwierigen Situationen helfen. Sei höflich, sei geduldig und lächle, wenn du um etwas bittest. Aber trotz der guten Erziehung habe ich nach meiner Rettung keine einzige Danke-schön-Karte verschickt. Ich wüsste gern, ob das den Feuerwehrleuten und Sanitätern ein Lächeln entlockt hätte.

Die richtige Dankeskarte auszuwählen ist für die junge Überlebende eine große Kunst. Sie muss ganz genau auf die Farbe und das Bild achten. Beispielsweise wäre es sicher ein toller Einfall, den Feuerwehrleuten eine rote Karte zu schicken. Den Sondereinsatzkräften der Polizei würde eine blaue vermutlich besser gefallen. Und die Helden des Bombenentschärfungskommandos wären garantiert begeistert, wenn man sich die Mühe machen würde, die Schrift wie ineinander verschlungene grüne, rote und schwarze Elektrodrähte aussehen zu lassen.

An manchen Tagen weckt jede Kleinigkeit, das Schrappen eines Stuhls oder ein Geruch, die Erinnerung an meine Mitgenossen. Plötzlich ist ihre Angst, ihr Schweiß, ihr Wimmern überdeutlich wieder da. Dann wieder gibt es Tage, an denen sich gar nichts tut. Komisch, was? Ist Ihnen schon mal aufgefallen, dass die Erinnerung alles ist?

Im Moment kann ich mich nicht erinnern, wie der Polizist aussah, der mich aus dem Restaurant trug. Aber ich sehe seine Hände vor meinem geistigen Auge – schwielig, hart und stark –, die mich so fest hielten, als könnte ich mich losreißen und wieder die Treppe hinunterrennen.

Zurück an den Ort der Gefahr. In die Hölle.

Normalerweise betrachtet man Restaurants nicht als gefährlich. Sie fallen in die gleiche Kategorie wie Supermärkte und Einkaufszentren – Imperien der Höflichkeit, wo der wichtigste Leitsatz »Schönen Tag noch« lautet, weil du als Kunde König bist. Nicht etwa dein Geldbeutel, deine Brieftasche, deine Kreditkarte. *Du.*

Es ist, als würdest du geliebt.

Etwas irritiert mich hier im Supermarktgang – da, wo ich jetzt stehe. Ich wollte es ignorieren, habe dem Etwas den Rücken gekehrt und so getan, als wäre es nicht da, aber es *ist* da. Es ist eine Lücke. In einem der Regale. Eine Lücke sagt etwas aus, eine Lücke bedeutet, dass etwas fehlt, dass da ein Vakuum ist. In diesem konkreten Fall fehlen ein paar Dosen Obstsalat. Ich gehe hin und greife nach hinten, um neue Dosen nach vorn zu rücken. Ein beleibter Herr mit weißem Hemd und roter Krawatte kommt, um zu kontrollieren, ob ich nicht gegen das geheime Reglement des Dosenaufstellens verstoßen habe. Er ist mit meiner Korrektur zufrieden, wirft mir aber noch einen warnenden Blick zu, ehe er wieder an seine Arbeit geht. Dosen aufzustellen ist etwas, woran sich nur ausgebildete Profis versuchen sollten! Keinesfalls zu Hause nachahmen, Kinder!

Ich starre auf die Dosenreihe, stelle mir dahinter Hunderte und Aberhunderte ähnlicher Reihen vor, die bis ins Unendliche reichen, wie bei diesen Spiegeltricks. *Angebote in Hülle und Fülle.* Ist es nicht das, was diese Regale uns sagen wollen? Dieses ganze Geschäft? Bilden nicht deshalb die Neonleuchten an der gekachelten Decke über mir einen Baldachin aus grünlich weißem Licht, das sich wie Nebel herabzusenken scheint?

Als ich noch klein war, ging ich einmal mit meiner Mutter in eine Eisdiele, um ein Eis zu kaufen. Als ich die Gefriertruhe aufschob, sah ich innen an der Wand einen perfekt geformten Eiskristall. Wie eine Träne Gottes, in ihrer Vollkommenheit zu Eis erstarrt. Glitzernd und strahlend. Ich rührte mich nicht, weil ich Angst hatte, dass etwas so Banales wie die Wärme meiner Hand die Form dieses Kristalls verändern und die Engel zum Weinen bringen könnte. Dann schubste mich ein frecher Junge mit kurz geschorenen Haaren beiseite, schnappte sich ein Eis und stieß die gefrorene Träne in die dunklen Tiefen der Gefriertruhe.

Meine Mutter ist ein praktisch denkender Mensch, genau wie dieser Junge. Normale Dinge haben sich nach normalen Maßstäben zu richten. Auf diese Weise kann sie die Kontrolle bewahren. Es gibt keine Handbücher für das spirituelle Leben von Gefriertruhen. Die Welt, die sie sieht, besteht aus Problemen, die so lange hin und her gedreht werden, bis man eine Lösung gefunden hat. Man muss sich nur ansehen, wie sie mit diesem vollen Supermarkt umgeht. Sie mustert die Schlangen an den Kassen, taxiert die Waren in jedem der wartenden Einkaufswagen, verschafft sich einen Eindruck vom Tempo und der Korrektheit der jeweiligen Kassiererin. Soll sie sich für die kürzeste Schlange entscheiden und dafür eine Anfängerin in Kauf nehmen, die sichtlich Schwierigkeiten mit dem Code der Cashew-Nüsse hat? Soll sie sich für die längere Schlange entscheiden und das Risiko eingehen, dass die ältere Dame ganz vorn möglicherweise eine Geldbörsenfummlerin ist?

Schließlich trifft sie eine Entscheidung und schiebt mit dieser Zielstrebigkeit, die mich oft einschüchtert, den Einkaufswagen zur mittleren Schlange. Aber da gibt es Konkurrenz – eine andere Frau mit ebenso stählernem Blick, die wild entschlossen ist, vor meiner Mutter das Ende dieser Schlange zu erreichen. Es kommt zu einem kleinen Zusammenstoß, die beiden Wagen verhaken sich zu einem lächerlichen »V«.

»Entschuldigen Sie«, sagt die Konkurrentin.

»Schon gut«, sagt meine Mutter. Sie stößt noch einmal zu und rammt den Wagen ihrer Rivalin beiseite.

»Nein! Das sollte doch keine …«, sagt die andere Wagenschieberin und stellt das »V« wieder her. »So war das nicht gemeint! Ich war vor Ihnen da.«

»Das sehe ich anders«, erwidert meine Mutter lächelnd. Dann verhält sie sich ganz »normal« und guckt in die Gegend, als wäre die andere Frau gar nicht da. Die Wagenschieberin wäre gut beraten, meine Mutter deshalb nicht für schwach oder realitätsfremd zu halten. Sie sollte sich nicht täuschen lassen. Meine Mutter ist eine Frau mit einem ausgeprägten Gerechtigkeitsempfinden. Sie hat es schon mit Regierungen, Bürokraten, Schlägern und Kriminellen aufgenommen. Alles, was sie tut, ist Taktik. »Freda!«, ruft sie, und ich gehe zu ihr. »Du bist heute sehr still, selbst für deine Verhältnisse.« Sagt Nancy Opperman, N.O., meine Mutter. Sie wurde nicht als N.O. geboren, der Name Opperman stammt von meinem Vater. Als er vor vielen Jahren aus ihrem Leben verschwand, beschloss Nancy, das O. zu behalten. Vielleicht weil es mit »der kleinen Freda Opperman« in Verbindung gebracht wurde, oder weil sie die Initialen N.O. einfach nicht aufgeben wollte.

Ich nicke, sage aber nichts, obwohl mir klar ist, dass ich ihr Bild von mir – stumm und seltsam – gerade wieder bestätigt habe, aber was soll's. Wir erwarten inzwischen so viel voneinander. Sie erwartet, dass ich kalt und unzugänglich bin, ein Sonderling mit tief liegenden Augen und einem dunklen Geheimnis. Und ich erwarte von ihr, dass sie den Anstand besitzt, dies höflich zu ignorieren.

Die Wagenschieberin neben uns geht zum nächsten Angriff über, und ich trete einen Schritt zurück. Diese Angelegenheit betrifft meine Mutter, nicht mich. Ich höre, wie die Wagenschieberin N.O. vorschlägt, sie solle sich doch eine andere Schlange suchen. Sie ahnt natürlich nicht, dass Nancy Opperman nicht die Person ist, die irgendetwas sucht. Im Suchen liegt nicht genug Gewissheit. Nancy Opperman geht keine Risiken ein. Sie arbeitet unermüdlich daran, unser Leben mit Siegen zu spicken.

Seit John Wayne O'Grady des Weges kam, habe ich begriffen, dass hinter der nächsten Ecke immer etwas Schlimmes lauert. Dass ein Lächeln oder eine freundliche Geste blitzschnell in finsterste Bosheit umschlagen kann, direkt vor deinen Augen. Und ich schätze mal, wenn das Böse plötzlich auftauchen und nach dir schnappen kann, könnte das theoretisch auch für das Gute gelten.

Ich gehöre allerdings nicht zu den Menschen, die das wirklich glauben. Das kann ich nicht. Sie müssen verstehen – das hieße ja Hoffnung schöpfen. Wie könnte ich ein solches Risiko eingehen? Hoffnung ist etwas für diese Frauen mit den überquellenden Einkaufswagen, die immer noch denken, dass sie an die Spitze der Schlange gelangen. Hoffnung ist

Sache derer, die nicht gesehen haben, was hinter der nächsten Ecke lauert.

Meine Mutter hat ihre Auseinandersetzung mit der Wagenschieberin für den Augenblick unterbrochen, der momentane Stand ist ein prekäres Unentschieden. Nancy lächelt mir freundlich zu. »Heute Morgen habe ich einen Anruf bekommen«, sagt sie. »Von einem Journalisten.« Sie sieht mich an, wartet auf eine Antwort.

Ich schüttle meine Gedanken ab und kämpfe mit dieser Mitteilung, ringe sie zu Boden und setze mich drauf, aber sie wirft mich ab und versetzt mir einen gemeinen Tritt vor die Brust. Geplättet gebe ich ein unwillkürliches »Oh« von mir. Mit N.O. rede ich nicht in langen Sätzen.

»Würden Sie Ihren Wagen jetzt bitte wegnehmen?«, sagt die Wagenschieberin neben uns. Sie bemüht sich immer noch, höflich zu bleiben, allerdings mit zusammengebissenen Zähnen. Sie wird schon noch kapieren, was hier gespielt wird.

Nancy schiebt ihren Wagen näher an die Schlange heran und redet da weiter, wo sie eben aufgehört hat. Ihre Gegnerin, die Herrin des anderen Einkaufswagens, beginnt laut zu schimpfen, stößt aber auf taube Ohren.

»Der Journalist möchte einen Artikel über dich schreiben«, sagt meine Mutter laut, um das Gezeter im Hintergrund zu übertönen.

Ich öffne den Mund, lasse aber nur einen kurzen Seufzer heraus. Zehn Jahre ist es jetzt her! Wen interessiert das noch? Ich will nicht, dass noch ein Artikel über mich geschrieben wird. Ich weigere mich, die Show »Das Mädchen, das Glück hatte« mitzuspielen und wieder einmal das Symbol der Hoffnung abzugeben. Mein sprachloser Protest verflüchtigt sich zu einer diffusen Wolke, die um den Kopf meiner Mutter wabert.

Statt meiner spricht jemand anderes. »Ich warte«, sagt die Wagenschieberin.

Aber hoffentlich nicht auf mich, oder? Auf mich sollte besser niemand warten.

Nancy wartet nicht. Sie zählt den Inhalt meines Kleiderschranks auf, macht Vorschläge, was ich bei dem Interview tragen könnte. Neben uns gerät die Wagenschieberin in immer heftigere Wallungen, kocht allmählich über, aber Nancy beachtet sie gar nicht. In unserer Familie haben wir die Kunst entwickelt, neue, schwindelerregende Höhen gar nicht zu beachten.

Tatsächlich wird nur der Wagenschieberin schwindelig. »Ich rufe den Manager!«, schimpft sie.

Was ich höre: ein Schluchzen. Einen kleinen Jungen, der seiner Mutter zuflüstert: »Meinst du, er tut uns was?« Atemgeräusche, so laut und keuchend, dass sie meine eigenen sein könnten. Das dumpfe, metallische Klacken, als er die Barrett von einer Hand in die andere Hand verlagert. Den Manager, der etwas sagt.

»Eine hervorragende Idee«, sagt meine Mutter. Sie schiebt ihren Wagen energisch vorwärts. Da fällt eine Flasche aus dem Wagen der Gegnerin und zerschellt am Boden. Eine klebrige Likörlache fließt langsam auf die Wagenschieberin und ihre teuren Schuhe zu. Ihr bleibt nichts anderes übrig, als einen Schritt zurückzuweichen, wodurch sie N.O. die Möglichkeit gibt, sich ungehindert an die Schlange anzustellen.

»Ich glaube, Sie sollten wirklich den Manager rufen, damit diese Schweinerei hier weggewischt wird«, sagt meine Mutter freundlich.

»Das ist nicht meine Schweinerei«, erwidert die Frau schockiert, aber es kommt zu zaghaft, zu spät.

Letzten Endes ist es nie die eigene Schweinerei.

N.O. braucht ziemlich lange an der Kasse. Sie überwacht genauestens, wie jedes einzelne Produkt über den Scanner gezogen wird. Hinter uns wird die Likör-Pantomime aufgeführt, in der Hauptrolle der beleibte Verkäufer von der Lücke, doch Nancy ignoriert das Geschehen und achtet nur darauf, ob der Preis, der auf dem Kassendisplay erscheint, ihren Erwartungen entspricht. Sie ist eine Frau mit hohen Erwartungen, meine Mutter. Ihre Erwartungen tendieren gewöhnlich zum positiven Ende des Spektrums – zu Dingen wie Erfolg, Sieg und dergleichen. Sie weiß, alles hat seinen Preis, seinen verschlüsselten Code, vom harten, grellen Licht der Gewissheit zu lesen.

Ich soll also wieder von einem Zeitungsjournalisten interviewt werden, nach zehn Jahren. Früher war ich mal ziemlich berühmt. Ich war ein süßes Mädchen, das in die schreckliche Geiselnahme in einem Familienrestaurant verwickelt war. Natürlich war ich nicht die Einzige im Restaurant. Viele andere sind unversehrt die Treppe hinaufgekommen, aber es war mein Gesicht, das in Großformat auf den Titelseiten der Zeitungen erschien, es war meine Geschichte, der genauestens nachgegangen wurde.

Als sie sich sicher ist, dass die Kassiererin uns nicht zu viel abverlangt hat, schiebt N.O. den vollgepackten Wagen aus dem Supermarkt. Ich gehe hinter ihr her, größer und kräftiger als in den Zeiten meines Ruhms. Die Statur habe ich von der väterlichen Seite. Mein Vater stammt aus einer Familie mit lauter schweigsamen, großen, dünnen Jungen, die ständig die Schultern hochzogen. Etwas, was ich offenbar geerbt habe. Die Opperman-Jungs waren so zurückgenommen, was ihre körperliche Präsenz anging, dass ihre Mutter immer sagte, sie hätten große Füße, würden aber nur kleine Fußabdrücke hinterlassen.

Nancy Opperman ist da natürlich ganz anders, weil sie den Namen Opperman ja nur durch Heirat erworben hat. Sie ist klein, meine Mutter, »drahtig«, würden die Leute sagen, oder »leicht und sehnig wie ein Vogel«, aber das hindert sie nicht daran, Berge zu versetzen. Ihre Eltern waren immer »beschäftigt« und hielten den Teufel in Schach, indem sie sich keine ruhige Sekunde gönnten. Nancys Mutter war eine unermüdliche Frau, die den gesamten Garten mit Mosaiken schmückte. Sie begann mit den Gartenmöbeln, ging dann zu den Wegen über, von da zu den Mauern, den Beeträndern und schließlich den Ziermosaiken, die sie in die Bäume hängte. Die Mosaiken wurden zu einer lebenslangen Obsession, und Nancy und ihre Schwester lernten schon als kleine Mädchen, den Haushalt selbst zu übernehmen oder eben hungrig abzuwarten, während ihre Mutter in Haufen von Teller- und Schüsselscherben nach der richtigen Farbe suchte. Ihr Vater glänzte durch Abwesenheit, er hatte irgendeinen wichtigen Bürokratenposten und war oft monatelang unterwegs. Nancy entwickelte sich schnell zur Organisatorin und Haushaltschefin, obwohl sie die jüngere der beiden Schwestern war.

Ich mustere sie jetzt von hinten, wie sie den Wagen schiebt: ihre kleinen, straffen Wadenmuskeln unter den Strümpfen, die verblüffend starken Ärmchen. Nichts stellt sich N.O. in den Weg. Ich habe schon erlebt, wie sie die Firmenanwälte auseinandernimmt, die sich zwischen sie und die gerechte Sache stellen. Aber noch viel eindrücklicher: Ich habe gesehen, wie sie das Meer der Alltagsbelastungen teilt, damit ich unbeschadet durchs Leben gehen kann.

»Ich dachte, du fändest es aufregend, dass dich jemand interviewen will«, sagt Nancy, während sie den Einkaufswagen geschickt über eine Geschwindigkeitsbarriere auf dem Parkplatz manövriert.

Ihre Wortwahl ist nicht sehr glücklich. Ich habe mehr Aufregungen erlebt, als man sich wünschen kann. Mein Bedarf ist gedeckt.

Ein eisiger Windstoß versucht mit aller Kraft, unsere Kleider wegzupusten, unsere Schwächen bloßzulegen. Wir verstauen unsere Einkäufe im Auto und lassen uns vom Wind nicht unterkriegen, meine Mutter und ich. Sie, weil der Wind gegen ihren eisernen Willen nicht ankommt, und ich, weil ich mich hinter ihr verstecke und die kalten Böen an mir vorbeifegen lasse.

Als wir den Einkaufswagen an den Stellplatz zurückschieben, hebe ich meinen Kopf in den Wind und frage: »Welche Zeitung?« Sie hört mich nicht. Meine Worte werden davongetragen und wirbeln die Straße hinunter, um dort mit den Papierfetzen und der alten Plastiktüte Fangen zu spielen. Ich bin nichts als eine dünne Rohrflöte, unmelodisch und misstönend im Sausen und Brausen des Windes.

Was wird aus den Worten, nachdem wir sie ausgesprochen haben? Tanzen sie in der Luft herum wie meine unbeachtete Frage? Oder materialisieren sie sich und zerbröseln zu feinen Staubpartikeln, die Männer mit haarigen Nasenlöchern zum Niesen bringen, während Frauen mit empfindlicher Konstitution ihre tränenden Augen hinter Papiertaschentüchern und dunklen Brillen zu verstecken suchen?

Die Folter begann für mich mit Worten, mit der höflichen Bitte um einen Aufkleber. Ein simples Gespräch mit dem Manager hätte mir genügt. Stattdessen wurde ich sechsunddreißig Stunden lang mit einem Irren und einer Schrotflinte und einem guten Dutzend verängstigter Leute in ein unterirdisches Restaurant gesperrt. Letztlich fielen während dieser Geiselnahme sehr viele Worte – hasserfüllte, bittere, wütende Worte –, aber in Erinnerung blieben nur die von den Medien verbreiteten letzten Worte des Theo Constantine, Restaurant-Manager und Held, zur neunjährigen Freda: »Mach was aus diesem ganzen Wahnsinn. Mach ein gutes Leben daraus.«

Die junge Überlebende sollte sich vor letzten Worten hüten. Sie bringen so viele Ansprüche mit sich. Sie bringen die junge Überlebende in die Position, »darauf hin zu leben …«, wo es doch ihr natürlicher Instinkt ist »davon weg zu leben«. Sie tragen ihr auf, mehr von der Welt zu erwarten, als ihr zusteht.

Auf der Heimfahrt beginnt Nancy, aufs Lenkrad zu trommeln. Gleich wird sie anfangen zu pfeifen. Ich hasse es, wenn sie pfeift. Sie ist froh, weil Freda Opperman, nachdem sie so viele Jahren durch die Wüste gewandert ist, vielleicht bald wieder ein begehrtes Thema sein wird. Der bevorstehende zehnte Jahrestag der Geiselnahme könnte mich wieder ins Rampenlicht rücken.

Ich wüsste gern, wer das Interview in die Wege geleitet hat. Hat der Journalist aus heiterem Himmel bei uns angerufen, oder hat Nancy Opperman im Hintergrund die Fäden gezogen? Der Artikel wird weiß Gott jede Menge Aufmerksamkeit erregen, vor allem, wenn ich erzähle, was ich erzählen soll: dass N.O. und ihre Bannerträgerin, die kleine Opperman, in den vergangenen zehn Jahren so viel für Verbrechensopfer getan haben. Dass N.O. und das Mädchen (Sie wissen schon, die Kleine, die bei der Geiselnahme dabei war) dafür gesorgt haben, dass alle Unternehmen zittern, wenn sie nur das Wort »Prozess« hören.

Ich habe fast schon Mitleid mit diesem Journalisten. Zweifellos will er, dass ich ihm alles erzähle. Das wollen sie alle. Wenn ich die Augen schließe, sehe ich seine nikotinfleckigen Finger, die das winzige Tonbandgerät umklammern, die billige Krawatte mit der Comicfigur auf dem schlecht gebügelten weißen Hemd, seinen gierigen Gesichtsausdruck, während er darauf wartet, dass ich ihm die Wahrheit sage.

John Wayne O'Grady sagte, die Menschen seien faul und glaubten an Lügen, weil sie Angst davor hätten, was die Wahrheit mit ihnen machen könnte. Er sagte, je unverschämter die Lüge, desto erfolgreicher. John Wayne O'Grady versuchte, uns die Wahrheit aufzuzeigen, aber er wusste, dass ihm niemand zuhören würde, es sei denn, er unterstrich die Wahrheit mit Gewalt, mit der Barrett-Variante von »Alle mal herhören!«, John Wayne O'Grady ging mit Wörtern hausieren, beraubte sie ihrer Würde, bis sie genauso klebrig und dreckig waren wie der Restaurantfußboden, auf dem wir sitzen mussten, während er seine Vorträge hielt.

»Family Value ist wertloser Mist!« (Das war sein Lieblingsspruch.) »Was die hier anbieten, ist kein Essen sondern Gift. Es ist das Gift der Massenproduktion. Es ist das Gift der multinationalen Konzerne und ihrer Habgier. Dieser dreckigen Parasiten, die eure Leichtgläubigkeit ausnutzen. Sie sind der Feind. Sie holzen den Regenwald ab im Namen von Rinderherden und Hamburgerketten.«

Ich erinnere mich noch gut an die ältere Dame in meiner Gruppe, mit ihrer falsch geknöpften Strickjacke. Sie beugte sich vor und flüsterte dem jungen Burger-Koch mit der Krawatte, auf der »Family Value – du bist es uns wert« stand, ins Ohr: »Spricht er von der Heuschreckenplage?«

»Nein«, flüsterte der Koch zurück und tätschelte ihre faltige Hand. »Er spricht von den Betreibern dieses Restaurants. Ich glaube, er kann diese Leute nicht leiden.« Und Theo Constantine, der Manager mit den berühmten letzten Worten, stöhnte leise und begann zu schwitzen.

Unser Wagen schneidet durch den verblassenden, kalten Nachmittag. Ich schaue durch die Regenbäche auf meinem Fenster, suche nach Ablenkung, sehe aber nur eine verzerrte, wackelige, verregnete Vorstadtlandschaft. Ich kurble die Scheibe herunter, um den kalten Atem der Luft zu spüren, aber Nancy protestiert. Sie sagt, sie hat gerade zu viel gutes Geld für den Friseur ausgegeben. Als könnte sie je etwas anderes als »gutes« Geld ausgeben.

»Ich freue mich, dass du dieses Interview geben kannst, Freda. Freust du dich auch?«

»Hm?«, antworte ich. Für N.O. ist das nah genug an einem Ja.

»Die letzten Monate waren ziemlich schwierig für dich … der Schulabschluss und überhaupt. Du wirkst oft so … antriebslos.«

Im Gegensatz zu dem halb antriebslosen Zustand, in dem ich mich befand, als ich noch auf der Schule war? Ich seufze laut, und Nancy besitzt immerhin genug Anstand, mich zu fragen, was los sei. »Muss ich dieses Interview geben?«, frage ich. Manchmal versucht die junge Überlebende mitzureden, wenn es darum geht, wie mit ihrem Überleben umgegangen wird.

»Für dich ist das jetzt eine ganz entscheidende Phase, Freda«, sagte Nancy. »Du bist wahrscheinlich noch zu jung, um das richtig einzuschätzen. Das ist jetzt die Zeit des … Übergangs.«

Ich starre sie böse an, aber sie merkt es nicht. Kommt jetzt eins unserer Du-wirst-nun-erwachsen-Gespräche? Hoffentlich nicht. Ich winde mich unbehaglich, weil wir so knapp an diesem heiklen, peinlichen Thema vorbeischrammen. Sie hat mir schon einen Job besorgt. In einer ihrer Organisationen. Ich kann einfach so hingehen. Ohne Vorstellungsgespräch, ohne Bewerbungsprozedur. In zwei Wochen fange ich an.

Nancy wirft mir einen kurzen Blick zu und wechselt dann schnell das Thema. Ich höre nur mit halbem Ohr zu. Sie lenkt das Gespräch vom Erwachsenwerden der Freda Opperman weg. Sie unterlässt es, von Unabhängigkeit und Selbstbestimmung zu sprechen, weil sie weiß, wie mein Herz dann anfängt zu rasen.

»Außerdem dauert es höchstens eine halbe Stunde.« Sie spricht wieder von dem Interview. Das ist ihr Friedensangebot: Sie spielt die Sache herunter, damit ich mein Schicksal akzeptiere.

Wir belassen es dabei, die Überlebende und die Mutter, wir einigen uns darauf, dass das Interview nur ein akkurat abgepacktes Päckchen von Minuten ist, das genau dreißig Stück enthält und anschließend zu all den anderen Päckchen gelegt wird, die bereits die Regale meiner Lebensgeschichte füllen.

Ich habe leider kein unbefangenes Verhältnis zu meiner Geschichte, weil sie mit schrecklichen Dingen befrachtet ist, mit Menschen, die mit mir an diesem grässlichen Ort saßen und nach Schweiß und Angst rochen. Mich mit meiner Geschichte zu befassen, wirft Fragen auf wie: Wenn ich mich an *dieses* erinnere, weshalb erinnere ich mich dann nicht an *jenes*? An den staubigen Regalen steht viel zu oft: *Fehlt. Kommt vielleicht noch.* Sie haben etwas Hypnotisches, diese leeren Stellen, sie bewirken, dass man ständig daraufstarrt, bis einen das Licht blendet.

Jetzt pfeift N.O. Ich wusste, dass das kommen würde. Sie hat eine fürchterliche Technik, sie presst die Luft durch die zusammengebissenen Zähne, ein scheußliches Zischgeräusch, das sie stundenlang produzieren kann. Komisch, dass sie mir noch nicht gesagt hat, für welche Zeitung der Journalist arbeitet. Solche Details übergeht sie normalerweise nicht. Mich schaudert, wenn ich mir ausmale, was hinter dieser »kleinen Vergesslichkeit« steckt. Es muss schlimm sein. Irgendein mieses Revolverblatt vielleicht? Eine Provinzpostille mit unsauber gedruckten Farbfotos auf der ersten Seite?

Wieso machen sie sich die Mühe? Es gibt nichts Neues, jedenfalls nicht aus meinem Mund. Ich werde höflich sein, ich werde seine Fragen ohne großes Getue beantworten, aber unterm Strich werden meine Sätze sehr wenig hergeben.

N.O. biegt in unsere makellos saubere Zufahrt ein. Sie seufzt. Der Wind hat ein paar Blätter auf den Beton geweht, was bedeutet, dass sie später noch einmal herauskommen wird, um die Natur wieder dorthin zurückzubefördern, wo sie hingehört. Dabei ist es keineswegs so, dass N.O. eine pedantische Gärtnerin wäre, im Gegenteil. Der Garten hinter unserem Haus ist ein Dschungel aus ungezügeltem Gewucher. Der Vorgarten ist nur Fassade, um einen »anständigen« Eindruck zu machen. Nancy pflegt ihn sorgfältig, für den Fall, dass jemand vorbeifährt, um zu sehen, wo »die kleine Opperman« wohnt. Wir haben seit Jahren keine Sensationstouristen mehr hier gehabt, was Nancy aber nicht am Fegen hindert.

Wir tragen die Einkäufe ins Haus, unser gemütliches Heim aus rotem Backstein, in dem ich seit meiner Geburt wohne. Es hat sich seit meiner Kindheit nicht groß verändert, bis auf die Gitter an allen Fenstern, die Sicherheitstüren, die Alarmanlage und die einbruchssicheren Schlösser. Und das Gästezimmer wurde in ein Büro umfunktioniert, weil die Oppermans keinen Besuch mehr haben. Dafür bleibt keine Zeit.

Ich bin angespannt, als ich Nancy helfe, die Sachen auszupacken und all die Packungen und Dosen in die ordentlichen Küchenschränke einzusortieren. Statt die Dosenpfirsiche bei den Konserven einzureihen, stelle ich sie zu den Desserts. Nancy seufzt und korrigiert meinen Fehler. Ich achte nicht auf optische Dinge, meine Antennen sind immer auf das Akustische ausgerichtet. Ein Vogel singt, und ich schrecke zusammen. Die praktischen Halbschuhe von N.O. quietschen auf dem Linoleum, und ich horche sofort nach dem Telefon.

Ich finde mich albern und sage mir, dass es mir egal ist. Es ist mir egal, es ist mir egal. Aber die Ankündigung dieses Interviews hat mich aus dem Tritt gebracht. Hat mich kalt erwischt. War die Sache nicht endgültig abgeschlossen? Hatte mein Leben nicht eine andere Richtung eingeschlagen? Das Erwachsenwerden der Freda Opperman; das Mädchen in der Stadtbahn, das zur Arbeit fährt, wieder nach Hause kommt und am Ende eines langen Tages die Füße hochlegt? Hatten wir es nicht so geplant? Jetzt muss ich mir wieder die Regeln vergegenwärtigen. Was ich sagen darf, was ich nicht sagen darf und was ich auf gar keinen Fall preisgeben darf.

Das Telefon klingelt, und ich habe so ein komisches Gefühl, als würde mir die Brust eingedrückt.

»Das wird er sein«, sagt meine Mutter in vertraulichem Ton.

Ich sehe sie fragend an.

»Er heißt William«, sagt sie.

William? Wieso nicht »Bill« oder »Will«? »William« klingt gar nicht gut. Ist er mäkelig, anspruchsvoll und eigen? Will »Will« jede Einzelheit über mich und mein Leben wissen? William ist ein angeberischer Name. Ich werde nicht kooperieren. Ich werde den Hörer abnehmen, etwas Freches sagen und wieder auflegen. Ich werde den Apparat aus der Wand reißen.

Aber als ich vor dem Telefon stehe, kann ich es nur noch böse anstarren. Es ignoriert mich, klingelt schrill, verlangt, dass ich etwas unternehme, und zwar schnell. Nancy ruft aus der Küche: »Nun mach schon, Freda!« Ich hole tief Luft und nehme den Hörer ab.

»Hallo?«, sagt eine junge Männerstimme. »Ist dort Freda Opperman?«

Jetzt geht's los, William. Du bekommst gleich die wüstesten Beschimpfungen deines Lebens zu hören. Gleich trifft dich der geballte Zorn der Freda Opperman.

»Ja«, krächze ich.

Und er fängt an zu reden. Er beginnt unser Gespräch.

Ja, William, ich bin's. Ja, William, ich bin hier, schutzlos, sichtbar. Ja, William, ich werde zuhören. Sag, was du zu sagen hast.

Du siehst, ich bin ganz Ohr, William. Ganz Ohr.

John Wayne O'Grady

Es dauerte genau fünfzehn Sekunden, bis John Wayne O'Grady auf die Stimme des Mädchens reagierte. Fünfzehn Sekunden, in denen die kühle Waffe in seiner Hand bleischwer wurde. Er sah das Mädchen an der Theke stehen, die Hände vor dem Bauch übereinandergelegt und einen herrischen Ausdruck im Gesicht. Er sah, wie der dicke Mann sich instinktiv der Kleinen zuwandte und ihr sagte, sie solle sich hinsetzen. Er sah, wie sich die Schultern des Managers verkrampften, als ihm wieder einfiel, dass ihm ja der Tod drohte, wenn er etwas sagte. Er sah, wie sich der Manager unterwürfig umdrehte und auf die tödliche Waffe starrte. Er sah, wie die

Kleine Angst bekam, als ihr klar wurde, dass sich ein bewaffneter Mann im Raum befand.

Dann merkte er, wie verkrampft er die Waffe hielt, und fasste sie anders. Aus dem Mund des Managers kam ein kaum hörbares Stöhnen, das jedoch genügte, um O'Grady schlagartig in die Wirklichkeit zurückzuholen.

Fünfzehn Sekunden.

»Das gefällt dir nicht, was?« Ein schiefes Grinsen verzerrte O'Gradys Gesicht, während er beobachtete, wie sich der Manager die Stirn wischte. Er verlagerte die Waffe ein klein wenig, minimale Bewegungen, die die Vorstufe zu dramatischeren Aktionen sein mochten. Er fand es anscheinend amüsant, wie der Manager auf den Abzug der Barrett starrte, schweißgebadet, mit aufgedunsenen Lidern.

Da meldete sich das Mädchen an der Theke wieder, diesmal leise: »Was ist los?«

Die Restaurantgäste verfolgten erschrocken, wie O'Gradys Blick vom Manager zu der Kleinen schwenkte. Er war groß, deshalb musste er sich von seinem Posten auf dem Tisch weit hinabbeugen, um der Kleinen ins Gesicht zu sehen. Er runzelte die Stirn, stützte das Gewehr vorübergehend auf der Hüfte ab und fuhr sich durchs schüttere Haar. Schuppen rieselten ihm auf die Schultern. Sein Gesicht war steinern und leer, aber die Geiseln studierten es angestrengt, während sie angstvoll auf seinen nächsten Schritt warteten.

»Du da«, sagte O'Grady und deutete auf den schwitzenden Manager. »Du hast doch gelernt, wie das in den Family-Value-Restaurants so läuft, stimmt's? Du hast gelernt, wie man mit vorgefertigten Brötchen und tiefgefrorenem Fleisch umgeht.

Du hast gelernt, wie man sich an einem sterilen Arbeitsplatz verhält, wo alles in standardisiertes Formplastik passt.«

In seiner Panik konnte sich der Manager, Theo Constantine, nicht auf das Gesagte konzentrieren. Er war ohnehin ein nervöser Mensch und verbrachte seinen Arbeitstag vorwiegend damit, jedes kleine Missgeschick als Katastrophe zu betrachten. Jetzt aber war der fahrige, ungeschickte, kontaktscheue Manager vor Hysterie erstarrt.

»Wie lautet die Anweisung?«, fragte O'Grady und fixierte den Manager.

Constantine presste ein fiependes »Was?« aus seiner zugeschnürten Kehle.

»Ich weiß, wie deine multinationalen Herren denken«, sagte O'Grady. »Ich weiß, du hast in den endlosen Stunden deiner Manager-Ausbildung gelernt, wie man mit schwierigen Kindern umgeht. Also, wie lautet die Anweisung? Oder hast du etwa nicht so gut aufgepasst wie die anderen Manager? Hä? Diese Knaben mit ihren Bügelfaltenhosen und den sauberen weißen Hemden und dem Schildchen mit der Aufschrift: *Hi, ich bin Niemand* an der Brust? Was musst du tun, um die Kleine da vom Hals zu kriegen?« Mit einer Kopfbewegung deutete O'Grady auf das Mädchen.

»Die Kleine da?«, fragte Constantine. Er stieß auf O'Gradys stählernen Blick. »Sie wollen, dass ich mich um sie kümmere?«

O'Grady rührte sich nicht. Er verfolgte, wie der Manager seufzend zu dem Mädchen an der Theke ging und fragte: »Wo sind deine Eltern?«

»Ich weiß nicht …«

»Sind sie auf der Toilette?«,

»Ich weiß nicht!«

»So weit, so schlecht«, sagte O'Grady, als der Manager die Kleine am Arm packte und zu der Frau mit dem kleinen Jungen führte. Mutter und Sohn drückten sich noch enger an die Wand.

»Ist das Ihre Tochter?«

»Nein.«

»Und würde es Ihnen etwas ausmachen, ein Auge auf Sie zu haben, bis …«

Er brachte den Satz nicht zu Ende. Die Frau schüttelte so heftig den Kopf, dass man eine Halsmuskelzerrung befürchten musste. Der Manager sah sich nach einer anderen potenziellen Mutter- oder Vaterfigur um, aber die übrigen Gäste weigerten sich ebenso kategorisch. Die Kleine klammerte sich an seine Hand, mit angespanntem, fast schon verkniffenem Gesicht. Sie sah zu ihm auf, ihrem einzigen Halt in diesem Strudel des Irrsinns, aber er wollte sie auch nicht haben. Er führte sie zu der abgegrenzten Spielecke hinten im Restaurant und wies sie an, dort zu bleiben. Aber kaum hatte er sich weggedreht, kam sie tränenüberströmt angerannt und folgte ihm zurück zur Theke.

O'Grady lachte laut. »Seht ihr?«, brüllte er. »Das war die erste Umerziehungslektion. Die Kleine hier repräsentiert alles, was am sogenannten Firmenkodex von Family Value faul ist. Sie lässt sich nicht in eine normierte Plastikform stecken. Sie lässt sich nicht zwingen, sich dieser künstlichen Umgebung anzupassen. ***Sie*** ist real, nicht Family Value. Hier gibt es nur Plastik und Müll und gesättigte Fette, die nach nichts schmecken. Hier gibt es nur nutzlose Trottel wie diesen Manager, der sich an die Unternehmensrichtlinien hält und die Lügen des Konzerns unters Volk bringt, aber keine Ahnung hat, wie man mit Menschen umgeht!«

Der Manager wurde rot. Er sah sich um, auf der Suche nach einem Ventil für seine Verlegenheit, und als er hinter sich die Kleine entdeckte, fuhr er sie an: »Ich habe dir doch gesagt, du sollst da hinten bleiben!« Die Kleine brach in hysterisches Schluchzen aus, und unter den Gästen erhob sich empörtes Gemurmel.

O'Grady nickte weise, legte dann die Barrett an und zielte auf den Kopf des Managers. »Hierher, verdammt noch mal!«, zischte er.

»Großer Gott!«, jammerte der Manager, den Blick auf die Barrett geheftet. »Was wollen Sie mit dem Ding da?«

Da das Zielen mit einem Gewehr ein so eindeutiger, unmissverständlicher Akt ist, antwortete O'Grady nicht. Stattdessen wandte er sich den verängstigten Gästen zu, auf der Suche nach den verantwortungslosen Eltern, die ihr Kind der Demütigung durch »unser freundliches Family-Value-Personal« ausgesetzt hatten.

»Wem gehört die Kleine denn?«, fragte O'Grady. »Ihnen? Ihnen?«

Die Gäste schüttelten die Köpfe, starrten auf ihre Füße oder machten betont unbeteiligte Gesichter. Niemand bekannte sich zu der Kleinen. Keine Mutter trat vor, um ihre Tränen zu trocken, sie an sich zu drücken. Kein Vater meldete sich, um sie auf den Arm zu nehmen und zu trösten.

»Was ist hier los, verdammt noch mal?«, brüllte O'Grady.

»Anscheinend ist sie allein hier …«, begann der Manager, aber O'Grady brachte ihn mit einer Bewegung des Gewehrs zum Schweigen.

»Wo sind ihre Eltern, verdammt noch mal? Haben sie sich versteckt? Wo sind sie?«

Er schwenkte hektisch alle Ecken und Winkel des Restaurants ab, genau in Kopfhöhe der verängstigten Gäste und verschreckten Kinder.

»Ich weiß es nicht!«, schrie der Manager verzweifelt. »Bitte, beruhigen Sie sich doch …«

»Was ist hier los, verdammt noch mal? Wollen diese Leute hier die Helden spielen?«

»Nein. Sie …«

»Wenn sie das versuchen, bring ich sie um.«

»Niemand will den Helden spielen …«

»Kommt sofort raus! Kommt raus, oder ich schieße, verdammt noch mal!« Er hob den Ellbogen des Schussarms, visierte, und seine Wangenmuskeln zuckten vor Anspannung.

Der Manager öffnete den Mund, um Nein! zu rufen. Er holte so tief Luft, dass sich die Muskeln und das überschüssige Fett auf seinen Rippen dehnten. Doch noch ehe er die Luft wieder ablassen konnte, rief eine andere Stimme:

»Sie sind nicht hier, du böser Mann. Sie sind nicht hier!«

O'Grady ließ langsam die Waffe sinken. Er stand schwer atmend auf dem Tisch, und Schweiß rann ihm über die Stirn.

»Was?«, fragte er.

»Sie sind nicht hier«, wiederholte das Mädchen tränenüberströmt.

Wie kann es jemals passieren, dass man allein ist? Wo einem doch ständig ein Leben versprochen wird, in dem es nur Freunde, Familie und Liebe gibt? Wo mich doch meine Mutter am Anfang im Arm gehalten und mir ununterbrochen vermittelt hat, dass ich Teil eines größeren Ganzen sei? Wo sie mich doch gewiegt und geschaukelt und an sich gedrückt hat? Das weiß ich ganz sicher, denn ich habe die Fotos gesehen. Mein Vater und meine Mutter auf dem Sofa mit einem stramm gewickelten Bündel zwischen sich. Überall ringsum war jemand. Wo meine Haut endete, begann die von jemand anderem. Da, wo mein Atem ausströmte, atmete jemand anderes ein. Und wo meine Haare kribbelten, berührte sie jemandes Hand.

Das haben mir beide versprochen. Selbst als mein Vater anfing, auf den Fotos in der Sofaecke zu sitzen, dann auf der Armlehne, bis er schließlich ganz verschwand. Mir wurde fest versprochen, ich würde immer Teil einer Familie sein. Ihr Fleisch, ihr Blut, ihr Atem, ihr Geruch. Ich würde nie allein und schutzlos sein.

Aber ich war es.

Ich ziehe mich für das Interview mit diesem William um. Das ist eine ziemliche Prozedur. Mein Kleiderschrank steht offen, aber nichts gefällt mir. Manchmal stehe ich stundenlang vor dem Schrank und versuche zu entscheiden, was ich anziehen soll. Als ich noch auf der Schule war, war mir diese Entscheidung wenigstens abgenommen. Ich musste mir nicht überlegen, welche Farbe mir heute Glück bringen würde.

Mir ist aufgefallen, dass die Leute nichts darüber hören wollen, welche Kleider ich mir aussuche oder wie ich es tue. Vermutlich ist es kein passendes Gesprächsthema, obwohl ich oft mitgekriegt habe, wie sich meine Klassenkameradinnen stundenlang über Klamotten unterhielten. Vielleicht ist es ja die Art, wie ich über Kleider rede. Die versteckten Andeutungen, dass ich mich schütze, mich gegen schreckliche Ereignisse wappne. Die junge Überlebende sollte jeden Hinweis auf »schreckliche Ereignisse« meiden, wenn sie zum Kaffee eingeladen werden möchte. Sie sollte sich daran halten, welche Farben ihren Typ unterstreichen und ihre natürlichen »Wintertöne« hervorheben.

Ich habe die oppermansche Abneigung gegen Firlefanz. Ich versuche, mich schlicht zu kleiden, ich kämme mir die Haare aus dem Gesicht, ich denke so wenig wie möglich über Farben nach. Ohne jedes Bedauern träume ich in Schwarz-Weiß. Es ist sogar so, dass ich mir nichts Schlimmeres vorstellen kann, als in Farbe zu träumen. Das Untergeschoss, die Gesichter, das Mädchen auf der Treppe in Rot, Blau und Grün zu sehen. Ich wache lieber mit meinen gedämpft grauen Erinnerungen auf. Die verflüchtigen sich schneller im Dunkeln.

Nancy liebt Farben. Vor allem die europäischen Farbtöne, die sind weicher und dezenter. Sie passen zu ihrer pragmatischen Einstellung. Und ich glaube, sie dienen auch als eine Art Tarnung, verbergen ihre Kräfte vor ahnungslosen Gegenspielern, die sie für harmlos halten. Doch N.O. sollte man nie unterschätzen. Ich habe ihr Auftreten beobachtet, seit jener ersten Pressekonferenz nach der Geiselnahme. Bis dahin war sie eine begabte Anwältin, die vermutlich ihre Privatkanzlei weitergeführt hätte. Aber irgendetwas ist passiert, als wir bei dieser Pressekonferenz am Tisch saßen, neben ihr der Polizeichef, das Gesicht starr vor Anspannung, nachdem sie ihn unter vier Augen heruntergeputzt hatte, die Polizei habe viel zu lange gebraucht, um die Geiselnahme zu beenden. Da saßen wir und blinzelten in die Scheinwerfer, drei unglückliche Gestalten vor den Fernsehkameras und Journalisten.

»Freda, wie fühlst du dich, jetzt, wo du wieder bei deiner Mutter und deinem Vater bist?«

Warum wollten sie das wissen? Was glaubten sie, wie sich das anfühlte? Mein Stuhl war dicht an Nancys Stuhl herangerückt, meine Hand unterm Tisch in ihre zierliche Hand genestelt. Den Blick hielt ich gesenkt, damit die Reporter mich nicht sehen konnten. Es kam mir alles so unwirklich vor.

»Freda, wie fühlst du dich, jetzt, wo du wieder bei deiner Mutter und deinem Vater bist?«

Ich sah zu meinem Vater hin. Hugh stand hinten im Raum. Er nickte mir aufmunternd zu. Aber er war nicht gebeten worden, mit uns am Tisch Platz zu nehmen.

»Freda, wie fühlst du …?«

Wollten sie mich irgendwie reinlegen, diese Reporter? Ich konnte mich an nichts erinnern. Konnte nicht richtig atmen. Plötzlich erfasste mich Panik. Und dann spürte ich, wie sie meine Hand drückte. Nancy. »Sie ist erleichtert und braucht jetzt vor allem Ruhe, um sich von dem Schrecken zu erholen.« Diese Stimme. So sicher, so fest.

Die Journalisten ließen sich nur vorübergehend ablenken. »Kannst du uns sagen, was sich in diesen letzten Stunden abgespielt hat, Freda?«

Ich, jetzt wieder ganz klein, sah niemanden an. »Nicht so richtig.«

Das stimmte. Alles, was ich vor mir sah, war die Flinte, die in einem grellen Blitz explodierte.

Dann wieder Nancy. Sie wuchs an der Situation. Sie nahm die Sache in die Hand. Es war die Geburtsstunde meiner Beschützerin.

»Sie kann sich an kaum etwas erinnern. Nur an Mr Constantine, wie er auf dem Boden lag …«

»Hat er etwas gesagt?« Diese Frage war an Nancy gerichtet.

Wir sahen uns kurz an. Dann ergriff wieder Nancy das Wort: »Er hat ihr aufgetragen, aus dem ganzen Wahnsinn etwas Positives zu machen. Ein gutes Leben daraus zu machen.«

Ich nickte. Plötzlich brach ein lautes Geschrei los, und ich wurde mit Fragen beschossen.

»Ist Constantine ein Held?«

»Was hast du geantwortet?«

»Hast du seine Hand gehalten?«

Da brach Nancy die Pressekonferenz ab, und wir haben nie wieder eine gegeben. Seit diesem Debakel habe ich Interviewfragen nur noch in einer intimeren, ruhigeren Umgebung beantwortet.

War Theo Constantine ein Held? Ich glaube, er war vieles. Ein Restaurantmanager, eine verängstigte Geisel, sogar ein Träumer. Ich habe eine konkrete Erinnerung: Wir beide sitzen im Lagerraum, ich sehe ihn an, während er mir erzählt, er habe von einem Mann geträumt, der hier im Restaurant auf dem Tisch stand und eine Opernarie sang. Ich sehe sein Gesicht noch vor mir, während er mir das erzählt. Er wirkte ganz verlegen. Der arme Theo, er eilte am Anfang der Geiselnahme auf John Wayne O'Grady zu und erwartete eine Opernarie.

Ich soll Mr William Irgendwas heute zu einem »kurzen Gespräch« treffen. Ich finde es gut, dass er versucht, sein Interview mit so einem altmodischen Wort zu tarnen. Auch seine zögerliche Anfangsfrage am Telefon, diese Art, sich zu versichern, hat etwas in mir angerührt.

»Ist da Freda Opperman?«

Ich dachte: Wer denn sonst?, sagte aber: »Ja.«

»Hier ist William ...«, entgegnete er und nannte seinen Nachnamen, aber es war nur ein genuschelter Silbensalat. Ich verbrachte die nächste Minute damit, den Nachnamen in meinem Kopf zu rekonstruieren, und verpasste deswegen den Fortgang des Gesprächs.

»Es ist in der Grange Street ... ist das okay?«, fragte William.

»Heißen Sie wirklich William?«, fragte ich. »Oder sagen die Leute Will zu Ihnen? Oder Bill?«

»William«, antwortete er.

Fast hätte ich ihn gefragt: »Und was haben Sie erobert«, aber ich widerstand der Versuchung. Er wäre meinem skurrilen Humor sicher nicht gewachsen.

»Ist das okay?«, fragte Mr William, der junge Eroberer.

»Von welcher Zeitung kommen Sie?« Ich wollte mehr Informationen.

»Das habe ich Ihnen doch gerade eben erklärt.« Es folgte eine Pause, weil er verdauen musste, dass ich offensichtlich nicht zugehört hatte. Dann wiederholte er seine Einleitung. »Ich komme von einer Studentenzeitung ...« Mir wurde ganz schwummerig. Das war ja noch schlimmer, als ich befürchtet hatte. »Sie erscheint monatlich, und diese Geschichte würde ein fabelhaftes Feature abgeben …«

Ich vermute, es gibt viele verschiedene Arten von Scham. Da ist die Scham, wenn man beim Klauen erwischt wird; die Scham, wenn man einen Freund enttäuscht; die Scham, wenn man von einem VW-Käfer überfahren wird; und die Scham, wenn das eigene Leben von einer Studentenzeitung ans Licht gezerrt wird. Was wird Mr William, der Journalistikstudent, aus meinem kleinen Leben machen?

»Also … ist mein Vorschlag okay?«

»Welcher Vorschlag?«

»Der Blue House Coffeeshop … in der Grange Street …«

»Ja«, murmelte ich. »Bis dann.« Und legte auf.

Sicher wird er mich nach Theo Constantines berühmten letzten Worten fragen. Das tun sie alle. Er wird wissen wollen, was sie mir heute bedeuten, und ich werde darüber reden, dass man entweder gut *sein* oder Gutes *tun* oder beides anstreben kann. Ich werde auf den gerechten Kreuzzug verweisen, den N.O. für die Unterdrückten und Geschundenen – für Verbrechensopfer, für Leute, die aussichtslose Prozesse führen, für Sozialreformer – führt, und erläutern, was für ein aufrechter und guter Kampf das ist. So läuft es jedes Mal. *Alle* fragen nach diesen letzten Worten.

Im Kanon der berühmten letzten Worte sind die von Theo nichts Besonderes. Sie wurden weder in seinen Grabstein noch in den Sockel einer Statue gemeißelt. Sie wurden nicht einmal in einem der vielen Family-Value-Restaurants hier zu Lande in einen Papierhandtuchspender graviert. Trotzdem erinnert sich jeder an sie. Seit dem Desaster bei der Pressekonferenz bin ich hundertmal gefragt worden, was ich zu Constantine gesagt habe, nachdem er diese Worte gestammelt hatte, und jedes Mal habe ich geantwortet, dass ich mich nicht erinnere. Es sei alles wie ausgelöscht. Aber jetzt fällt mir eine passende Antwort ein, die allerdings nicht für die Medien geeignet wäre. Ich könnte William erzählen, dass ich mich über Theo Constantine gebeugt und ihm zugeflüstert habe: »Ich fand Sie netter, als Sie von der Opernarie geträumt haben.«

Mein Schrank ist mir keine Hilfe. Er steht stumm und stoisch da, präsentiert kommentarlos meine Kleider. Also, was trägt man, um einen Journalisten zu beeindrucken? Ich weiß, wie diese Leute sind, selbst die Uni-Schreiberlinge. Sie vereinbaren eine Uhrzeit und einen Treffpunkt, dann kommen sie zwanzig Minuten zu früh, damit sie dich taxieren können, wenn du hereinkommst. In ihren belanglosen Artikeln macht sich das gut. *Freda Opperman, einst unser aller kleiner Liebling, ist erwachsen geworden. Ganz in Taffeta-Nylon, hat sie in der Tat etwas »Kunstseidenes«, aber sie versteht es nicht wirklich, durch die Gegend zu rauschen, und wirkt auch eher wie die Knautsch-Variante dieses Materials.* Sie ziehen vorschnelle Schlüsse aus dem Schnitt deiner Hose, dem Stil deines T-Shirts, der Elastizität deiner Schuhe. Sie lesen deine Kleidung als Code, als ob sie etwas über deine Seele aussagen würde.

Vielleicht ganz normale Jeans und ein einfarbiges T-Shirt? Die lässige Freda, die sich einen Dreck um ein albernes Interview mit einer Studentenzeitung schert? Aber warum komme ich dann überhaupt? Also lieber ein verrücktes Outfit? Etwas, das dem Klischeebild entspricht? Er redet sich bestimmt ein, er hätte keine Vorurteile, aber letzten Endes würde er in meiner komischen Kleidung doch die Bestätigung dafür sehen, dass ich merkwürdig und verschroben bin. Es wäre Quatsch, ihm von vornherein in die Hände zu spielen.

Ich nehme eine Bluse vom Bügel. Auch wenn mir Farben nicht wichtig sind, weiß ich doch, dass sie andere beeinflussen. Diese Bluse ist unaufdringlich hellblau, eine Farbe, die vermutlich noch nie richtig modern war, aber auch nicht als Ausrutscher betrachtet würde. Vielleicht erinnert sie William ja an den Sommerhimmel, wenn man auf der Wiese liegt und die Wolken beobachtet.

Als ich vier war, sind Nancy und ich mit dem Flugzeug zu Tante Glenda geflogen. Ich weiß noch, wie ich aus dem Fenster guckte und die Sonne als strahlende Explosion von Licht durch die Wolken dringen sah. Ich weiß noch, wie ich Nancy fragte, ob hier die Engel wohnten. Sie beugte sich über meine Schulter und lächelte. Geantwortet hat sie nicht.

Ob William in Farbe träumt? Vielleicht frage ich ihn danach, wenn das Interview schlecht läuft. Ich entscheide mich für eine dunkle Hose aus Baumwollstoff, die zu der Bluse passt. Ich probiere sie an und stelle mich vor den Spiegel. In der Hose wirke ich groß und schlank. Ich bin sowieso groß (und relativ schlank), aber mein Instinkt sagt mir, dass ich diese Merkmale heute betonen sollte. Schließlich wähle ich noch eine apricotfarbene Strickjacke aus, weil sie mir als Erstes in die Hände fällt. Jetzt kann's losgehen.

Ich vermute, William findet seine Treffpunktwahl raffiniert. Er hofft, dass die Grange Street, in der sich früher das

Family-Value-Restaurant befand, mein Gedächtnis stimuliert und eine Flut von Erinnerungen auslöst. Was er nicht einkalkuliert hat, ist, dass ich regelmäßig in die Innenstadt komme und seit dieser schrecklichen Sache schon etwa tausendmal durch die Grange Street gegangen bin.

Nach Williams Theorie hätte ich inzwischen unzählige Leute ansprechen müssen. Ich hätte mich ihnen an der Ecke in den Weg gestellt und gesagt: »Jetzt weiß ich wieder, wie kalt es an dem Tag war.« Ich hätte sie bei der skandinavischen Eisdiele angehalten: »Das Gewehr war in meinen Kinderaugen riesig.« Hätte sie bei der Drogerie abgefangen, um ihnen ins Ohr zu flüstern: »Ich habe mich die ganze Zeit gefragt, ob ich meine Eltern je wiedersehen würde.«

Von den vielen Geschichten, die ich im Lauf der Jahre erzählt hätte, wäre mein Gehirn jetzt ganz leer und trocken und könnte allenfalls noch winzige Überreste der Geschehnisse enthalten. Aber das Gedächtnis ist ein seltsames Gefäß, das bei den unmöglichsten Anlässen überläuft. Wie oft schon bin ich die Grange Street entlanggegangen und habe mich an kein Fitzelchen erinnert. Und bei anderen Gelegenheiten kann ein Geruch oder das Geräusch eines Kinderspiels alles wieder lebendig machen.

An jenem kalten Nachmittag gingen wir – Nancy, Hugh und ich – die Treppe hinunter. Gemeinsam, weil N.O. es so wollte. Warum hätte sie zulassen sollen, dass mir die Scheidung die Möglichkeit nahm, mit beiden Eltern etwas zu unternehmen? Und ich fand es ganz toll. Ich fand es toll, die Hand meines Vaters zu halten, ich fand es sogar toll, Nancy über ihren letzten Fall reden zu hören. Wobei Hugh wie immer nur mit halbem Ohr zuhörte, aber zwischendurch nickte, immer höflich.

Ich hatte mit viel Mühe durchgesetzt, dass wir ins Family Value gingen – eine harter Kampf mit meiner Mutter, der allerdings eher einem Prozess ähnelte. Stück für Stück hatte ich ihre Verteidigungsstrategie aufgeweicht, Tag für Tag, seit dieser Ausflug zur Debatte stand. Ihr Eröffnungsplädoyer (»Das Essen in diesen Restaurants besteht doch nur aus Plastik!«) konterte ich ebenso geschickt *(Mir schmeckt es!)* wie ihre Expertengutachten (»Sie beuten die jungen Menschen aus, die dort arbeiten.« *Mich lächeln sie immer an!)*. Ich demontierte ihr Schlussplädoyer (»Die Atmosphäre ist so ungemütlich.« *Dad findet es dort schön. Er geht immer mit mir hin, wenn ich ihn besuche!)*. Schließlich fiel das Urteil zu meinen Gunsten aus. Es war ein schwieriger Prozess, aber einer, den ich gewinnen musste, weil Nancy mit uns in ein italienisches Restaurant gehen wollte und jeder weiß doch, dass man in einem italienischen Restaurant keine Wild-West-Aufkleber bekommt.

Wir saßen in der Nähe der Spielecke, unsere Plastiktabletts voller verheißungsvoller Schätze, und bei dem Gedanken, dass ich gleich meine Aufkleber auspacken würde, wie ich es bei dem Jungen im Fernsehen schon hundertmal gesehen hatte, pochte mein kleines Herz. Aber da waren keine Aufkleber, und als ich mich beschweren gehen wollte, sagte N.O., ich solle »sitzen bleiben und essen«. Ich bettelte um die Erlaubnis, mir meine Sticker holen zu dürfen. Ich wandte mich an Hugh, machte meine herzerweichendsten Gesichter, aber meine Mutter gab nicht nach. Sie wollte nicht mit Hugh Oppermans stiller, verträumter Präsenz allein sein. Wollte sich nicht über seine schüchterne Art und seinen abwesenden Blick aufregen müssen.

Selbst als wir wieder aus dem Restaurant eilten, so dicht an der Theke und den Wild-West-Stickern vorbei, sagte ich nichts. Erst als wir draußen auf der Straße waren und N.O. beschlossen hatte, in eine Buchhandlung zu gehen, erkannte Klein-Freda ihre Chance. Ich bearbeitete meinen Mitverschwörer, und er ließ sich herumkriegen.

»Gut, dann geh schon«, sagte Hugh. »Aber mach schnell.« Das waren die Worte, die mich die Stufen in die Hölle hinunterschickten.

Ich stehe jetzt vor meiner Kommode. Wie bin ich hierhergekommen? Vor mir befindet sich nichts Bemerkenswertes, nur Schubladen mit Socken und anderen unwichtigen Dingen. Die Schublade mit meiner Unterwäsche ist offen. Wieso? Mein Kopf ist ein bisschen benebelt. Das kommt von den Erinnerungen. Im Kopf höre ich schrille Töne, als sängen die Elemente falsch. Ich will mir die Ohren zuhalten, aber das würde nichts helfen. Es ist eine verrückte Melodie, und sie rast auf einen Höhepunkt zu, der mir Angst macht. Irgendetwas stimmt nicht. Ich werde gezwungen, mir Einzelheiten auszudenken, wo doch jeder weiß, ich erzähle keine Einzelheiten. Ich werde gezwungen, mein Zimmer zu verlassen und unbekanntes Terrain zu betreten, wo doch allgemein bekannt ist, dass ich dem Unbekannten nicht traue. So etwas tue ich einfach nicht. Das war nicht Teil des Plans.

Ich konzentriere mich ganz auf die alltäglichen Dinge in meinem Zimmer und versuche, mich zu beruhigen. Normalerweise ebbt die Panik nach ein paar Minuten wieder ab, aber diesmal dauert es länger. Ich sehe mein Bett. Meine Vorhänge. Meinen Schreibtisch. Meine Kommode. Warum ist meine Unterwäscheschublade offen? Ich schaue hinein, suche nach Hinweisen, und meine Hand stößt auf ein geschnitztes Holzkästchen. Ich halte inne, spüre ein Kribbeln auf der Haut, eine unangenehme Elektrizität, die mich erschauern lässt. Das ist falsch. Falsch. Ich schiebe die Schublade mit Wucht zu, es gibt einen Knall, einen Schuss, der die schützende Hülle des Zimmers beschädigt, Löcher zu einer anderen Welt, anderen Orten aufreißt.

Ich fühle mich gejagt. Ein junger Mann will über mich schreiben. Ich fühle mich in die Enge getrieben. Die Unversehrbarkeit meines Zimmers wird durch penetrante Geräusche zerrüttet. Die Membran, die mich so viele Jahre geschützt hat, fühlt sich zerschlissen und gespannt an.

Ich knipse alle Lampen in meinem Zimmer an – Decken-, Nachttisch-, Schreibtischlampe, Nachtlicht. Ich gebe ihnen Leben und Energie, damit sie mit der Dunkelheit hinter mir sprechen und sie beschäftigt halten. Ich schaue in jede Ecke, um mir einzuprägen, wie alles aussehen muss, dann gehe ich hinaus, mache die Tür zu, verriegle alle drei Schlösser. Mein Zimmer ist jetzt versiegelt, kann sich nicht danebenbenehmen. Brav wartet es auf meine Rückkehr. Jetzt muss ich mich mit dem auseinandersetzen, was vor mir liegt, und das passt mir nicht. Wie kann ich erreichen, dass sich da nichts danebenbenimmt? Wie kann ich Licht in jeden dunklen Winkel richten, damit nicht plötzlich, wenn ich nicht aufpasse, kleine Monster hervorspringen?

Eine böse Ahnung verfolgt mich, als ich den Flur hinuntergehe, schlimmer als mein übliches Weltuntergangsgefühl, schlimmer als mein normales Maß an Angst. Als ich auf dem Weg zur Küche am Telefon vorbeikomme, klingelt es, schreit nach meiner Aufmerksamkeit, und ich zucke zusammen. Das Telefon klingelt schon den ganzen Morgen, ruft mich und verstummt dann, ehe ich abheben kann. Ich habe das Gefühl, jemand will mich warnen, mir sagen, ich soll weglaufen, solange es noch geht. Das Klingeln hört auf, und ich will schon erleichtert durchatmen, aber so einfach komme ich nicht davon. Es klingelt wieder. Und diesmal ist es beharrlich, verlangt, dass ich den Hörer abhebe, was ich auch tue.

»Hallo«, sage ich ziemlich zaghaft.

Eine Stimme antwortet. Falls man es eine Stimme nennen kann. Sie ist weder männlich noch weiblich, weder jung noch alt. Sie ist wie dickflüssiger, klebriger Teer, der aus dem Hörer in mein Ohr fließt, stinkend und giftig. Hätte ich doch auf die Warnung gehört! Es ist die Stimme des Bösen, die auf meine Kleidung tropft, mich beschmutzt. Sie sagt fünf Wörter, die unmöglich wahr sein können.

Fünf Wörter. Nicht gerade ein Gespräch.

»Ich weiß von den Papierservietten.«

Ob die Wörter wiederholt werden, ob mir die Stimme mit Beweisen droht, weiß ich nicht, weil mir der Hörer aus der Hand fällt. Er kracht auf meinen Fuß, kippt von da auf den Teppich, zappelt an seiner Schnur wie ein übergeschnappter Teebeutel.

Mein Denken ist gefangen – ein Kaninchen im tödlichen Zangengriff eines Fuchses. Ich komme nicht los.

»Hört zu, Leute«, sprach John Wayne O'Grady, selbst ernannter Revolutionär und Geiselnehmer. »Haltet euch genau an meine Befehle, dann passiert euch nichts.« Er sah sie an, wie sie sich an die Wand drückten, jeder um sein Leben bangend, und gestattete sich ein zufriedenes Grinsen. Das war ein großer Augenblick in der Geschichte. Er wusste, dass sie diesen Moment nicht so genießen konnten wie er. Das würde schon noch kommen. Sie wussten nicht, dass ihnen eine gütige Hand gereicht wurde. Sie würden die Wahrheit erfahren, und eines Tages sogar darüber lachen, dass sie solche Angst gehabt hatten. So sah das O'Grady.

Selbst die Kleine würde lachen.

In den letzten Minuten hatte es draußen ständig gerüttelt, und O'Grady vermutete, dass es die Eltern des Mädchens waren, die durch die abgeschlossene Eingangstür zu kommen versuchten. Darum musste er sich gleich kümmern. Verschlossene Türen konnten zwar verzweifelte Eltern aufhalten, aber für die Polizei stellten sie kein ernsthaftes Hindernis dar.

»Alle hinlegen! Los! Hier in der Mitte!«, befahl er.

Niemand rührte sich, also rammte O'Grady das Gewehr dem nächstbesten Mann in die Rippen. Es war der Koch. Die Geiseln trotteten langsam in die Mitte des Restaurants, wie eine Rinderherde.

»Hinlegen!«, brüllte O'Grady und teilte wahllos Fußtritte aus. Zögernd legten sich alle auf den Fußboden.

»Ich habe hier im Restaurant eine Bombe gelegt«, sagte O'Grady.

Manche Geiseln begannen zu weinen, während andere den Kopf reckten, um nach der Bombe Ausschau zu halten.

»Ruhe hier!«, schrie O'Grady, ging zu dem Langen und trat ihm in den Rücken. »Runter mit dir, oder ihr seid alle tot. Runter! Sofort runter!«

Sie gehorchten, legten sich flach auf den Boden.

»Keine Bewegung! Ich habe eine Fernzündung. Ruhe! Keiner rührt sich!«

Er rannte in die Küche und drückte den Knopf am Speiseaufzug. Der kleine hölzerne Aufzug war in die Rückwand eingelassen. Mit einem knarrenden Geräusch kam er langsam vom Erdgeschoss herunter. Im Grunde war es nur ein primitiver Kasten, um die Vorräte ins Restaurant hinunter- und die Abfälle zu den Mülltonnen hinterm Haus hinaufzutransportieren. Aber er war groß genug für einen Menschen mit einer Waffe. Als der Aufzug im Untergeschoss angekommen war, fixierte O'Grady die Türen mit einem Metallstab, der dazu diente, die Kühlschränke während des Einräumens offen zu halten. Dadurch war der Aufzug außer Betrieb gesetzt: Man konnte ihn nicht nach oben rufen, solange die Türen offen waren. Vorsichtshalber drehte O'Grady auch noch die Sicherung für den Aufzug heraus. Dann brachte er oben auf dem Aufzugkasten ein kleines elektronisches Gerät an. Er rüttelte an dem Kasten, und das Gerät gab ein schrilles Jaulen von sich. Er aktivierte es wieder und ging ins Restaurant zurück. Die Geiseln lagen immer noch auf dem Boden.

Ein beharrliches Flüstern drang an O'Gradys Ohr, und er sah sich um, weil er die Quelle ausfindig machen wollte. Schließlich merkte er, dass es der Koch war, der mit einer der

Burger-Queens stritt. Er ging zu den beiden, packte den jungen Mann an den Haaren und riss ihm den Kopf zurück. »Ruhe, verdammt noch mal!«, schrie O'Grady. »Noch ein Wort, und ihr seid alle tot. Eine Bewegung und *du* bist tot.« Er ließ die Haare los. Der Kopf des Kochs schlug hart auf den Boden.

Stille senkte sich über das Restaurant. O'Grady nickte befriedigt, weil jetzt alle wussten, wer hier das Kommando hatte. Er holte eine zweite Tasche, die harmlos in der Ecke gestanden hatte, und verkündete drohend: »Dass sich mir ja keiner rührt! Oder flüstert! Oder auch nur zuckt! Ich kriege alles mit.« Dann erklomm er die Treppe zum Erdgeschoss.

Das war der Schwachpunkt seines Plans. Ein gutes Dutzend Menschen lagen hinter ihm auf dem Fußboden, nur wenige Schritte vom Telefon, aber dennoch rührte sich keiner. Die Bombendrohung schüchterte sie ein, sie wagten es nicht, sich zu rühren, geschweige denn, etwas zu sagen.

Die Treppe war der einzige Ein- und Ausgang des unterirdischen Restaurants, einer der Gründe, weshalb O'Grady diesen Ort als Ausgangspunkt seiner Revolution gewählt hatte. Er stieg die steilen Stufen zu der Glastür hinauf. Der Gehweg draußen war leer. Derjenige, der an der verschlossenen Tür gerüttelt hatte, war verschwunden.

Hinter O'Grady war eine hohe Wand. Linksherum ging es ins Restaurant. Von der Straße aus sah man nur die Treppenhauswand, die ein riesiges Plakat mit einem Hamburger und einem glitzernden Preisschild zierte. Für einen ahnungslosen Passanten musste es so aussehen, als sei das Restaurant aus irgendeinem Grund geschlossen.

O'Grady wickelte vorsichtig ein rechteckiges Stück Plastiksprengstoff aus und wog es in der Hand. Er knetete das graue Semtex wie Teig und drückte es in die Ritze zwischen den beiden Türflügeln. Er achtete darauf, dass man es von draußen sehen konnte: Die Polizei sollte wissen, dass jeder Versuch, das Restaurant zu stürmen, den sicheren Tod bedeutete. Er befestigte den Sprengstoff zusätzlich mit Textilklebeband und holte dann eine Blechschachtel aus seiner Tasche. Der Schachtel entnahm er einen Sprengzünder. Seine Hände zitterten leicht. Er traute Sprengstoff grundsätzlich nicht und hatte gehört, dass diese elektrischen Zündkapseln manchmal unzuverlässig waren, vor allem die illegalen vom Schwarzmarkt. Er wäre nicht der erste Revolutionär, der durch seine eigene Bombe umkam. Nachdem er unbeschadet den Zünder in das Semtex gedrückt hatte, atmete er erleichtert auf und trat einen Schritt zurück, um sein Werk zu begutachten. So simpel und doch so tödlich.

Zwei Schulkinder blieben stehen und beobachteten interessiert, wie O'Grady zwei Rollen mit dünnem Elektrodraht aus seiner Tasche holte und die Enden mit dem Zünder verband.

»Was machen Sie da?«, fragten die Kinder, aber O'Grady reagierte nicht. »Ist das 'ne Bombe?«

Vorsichtig wickelte O'Grady jeweils ein Stück Draht ab, wobei er darauf achtete, die Drähte auf Abstand zu halten, damit nicht irgendeine statische Ladung den Zünder versehentlich auslösen konnte. Er legte die Rollen auf den Boden, richtete sich mit zittrigen Knien auf und bückte sich wieder, um eine dicke Kette aus seiner Tasche zu holen. Er wickelte die

Kette um die beiden Türgriffe und sicherte sie mit einem Vorhängeschloss. Das sollte Neugierige fernhalten. Die Bombe war für die Polizei gedacht.

Als Nächstes klebte O'Grady mit Klebstreifen einen kleinen handschriftlichen Zettel an die Tür. *Versucht nicht, ins Restaurant zu kommen. Dann passiert keinem etwas. Diese Bombe ist scharf. Ich habe keine Forderungen.* Die Unterschrift lautete: »*Der Kommandeur*«. Er steckte das Klebeband wieder in die Tasche, hängte sich diese über die Schulter und hob die beiden Drahtrollen auf. Als er gerade gehen wollte, rüttelte ein Mann an der Glastür.

»Was machen Sie da?«, rief der Mann. »Meine Tochter ist da drin!«

Kopfschüttelnd antwortete O'Grady: »Zu spät.«

»Bitte!«, rief der Mann. »Ich weiß nicht, was Sie für ein Problem haben, aber bitte, lassen Sie meine Tochter raus!«

O'Grady mied den Blickkontakt mit dem verzweifelten Vater, überprüfte seine Waffe, griff sie mit einer Hand und entrollte im Rückwärtsgehen behutsam die beiden Drähte. Es war eine unpraktische Methode und sehr zeitaufwändig, vor allem, weil der Vater oben brüllte und rüttelte.

»Halten Sie endlich die Klappe, verdammt noch mal!«, schrie O'Grady, als er am unteren Ende der Treppe angekommen war. Schweiß lief ihm über die Stirn. »Und hören Sie auf, an der Tür zu rütteln, sonst gehen Sie in die Luft!«

Da erst entdeckte der Vater die Bombe und wich erschrocken einen Schritt zurück.

O'Grady war nun wieder im Restaurant und musterte die Geiseln. Alle waren still, niemand hatte sich bewegt. Mit Klebeband befestigte er die Enden der beiden abgerollten Drähte an der Restaurantwand und holte anschließend eine große Batterie aus der Tasche. Einen Moment lang überlegte er, ob er einen der Drähte an den Batteriepol anschließen sollte. Doch dann befand er das für zu gefährlich. Womöglich wurde eine der Geiseln plötzlich vom revolutionären Geist gepackt und zündete die Bombe. Er packte die Batterie wieder weg und begab sich zu seinen Geiseln.

»Hinsetzen!«, schrie er, die Waffe in der Hand. »Hinsetzen, oder ihr seid tot!«

Langsam setzten sich alle auf und sahen sich um, als erwarteten sie, irgendwo eine große Bombe zu entdecken.

Manche rieben sich die Gesichter, andere zupften sich Schmutz oder Flusen von den Kleidern. Die meisten wirkten hilflos und völlig verängstigt.

O'Grady zählte nach. Die Geiseln waren für ihn keine Menschen, sondern Ziffern, abstrakte Faktoren in seiner Gesamtrechnung. Er kategorisierte sie nach ihren sichtbaren Charakteristiken. Da waren eine ältere Frau, ein langer Typ, eine rothaarige Frau, zwei Burger-Queens, ein Koch, zwei Küchenhilfen, ein Mann in den mittleren Jahren, eine Mutter, ihr kleiner Sohn, der Manager und das kleine Mädchen. Dreizehn. Ob sie sich kannten oder miteinander verwandt waren oder ob sie als Gruppe gekommen waren, um einen Geburtstag oder Hochzeitstag zu feiern, war ihm gleichgültig. Das war jetzt alles Vergangenheit, bald würden sie ihre alte Haut abstreifen. Diese ängstlichen Wesen würden sich in Soldaten verwandeln, in einen Trupp von Kämpfern, die sich gegenseitig »Genosse« nannten.

Er merkte, wie durcheinander die Kleine war, und ihm wurde klar, dass sie nicht lang durchhalten würde, wenn er ihr im verwirrenden Anfangsstadium seiner Umerziehungsmaßnahmen nicht jemanden an die Seite gab.

»Du da«, sagte O'Grady und deutete auf Theo Constantine. »Du wirst dich von jetzt an um die Kleine kümmern. Weil ihre Eltern nicht hier sind, bist du ihr verantwortlicher Genosse …«

»Verantwortlicher Genosse?«, fragte Theo Constantine verständnislos.

»Ja. Das ist dein Weg der Umerziehung«, sagte der Geiselnehmer und wandte sich den anderen zu. »Von euch wird sich keiner um die Kleine kümmern. Nur der Manager. Er wird sich um sie kümmern, sie trösten. Er wird all ihre Bedürfnisse befriedigen. Kapiert?«

Alles nickte, und O'Grady grinste. »Gut.«

Die Kleine schmiegte sich an den Restaurantmanager, der sie anschaute, als wüsste er nicht so recht, was sie von ihm wollte. Dann fiel ihm O'Gradys Anweisung wieder ein, und er tätschelte sie ungeschickt, ehe er sie wieder ignorierte.

»Eins will ich ganz unmissverständlich klarstellen«, sagte O'Grady, während er vor den verschreckten Geiseln auf und ab marschierte. »Wenn mir einer von euch in die Quere kommt oder hier den Helden spielen will, bringe ich euch um. Es interessiert mich nicht, ob ihr jung, alt, krank oder gesund seid. Ich erschieße euch, ich dulde keinen Ungehorsam, keinen Widerspruch. Tut, was ich euch sage, und ihr habt die Chance, an einem der spannendsten Momente der Geschichte teilzuhaben.«

Das Wandtelefon in der Küche begann zu klingeln, aber O'Grady beachtete es nicht. »Ich bin nicht hier, weil ich Geld will«, erklärte O'Grady. »Ich bin auch nicht Mitglied einer religiösen Sekte oder einer politischen Gruppe. Das sind alles nur Illusionen. Ich bin hier, um die Welt zu verändern …«

Das Telefon verstummte.

»In den nächsten Tagen werdet ihr euch von schwachen, stumpfsinnigen Bürgern in gestählte Soldaten verwandeln. Ihr werdet eine revolutionäre Zelle werden, die nur ein einziges Ziel kennt, nämlich die Wahrheit in der Welt zu verbreiten, bis die Bosse der Konzerne, die dieses ganze Marionettentheater kontrollieren, entmachtet sind.«

Ein paar Geiseln tauschten Blicke. Es bestand eine gewisse Hoffnung, dass dieser Mann doch kein Killer war.

O'Grady zählte die Geiseln noch einmal durch, zog dann den Manager wieder ab, weil er dachte, der Trottel sei schon zu verbogen, um sich noch umerziehen zu lassen. Blieben noch zwölf. Genau ein Dutzend. Eine schöne runde Zahl.

»Euch zwölf will ich umerziehen«, verkündete er. »Ich helfe euch, die Lügen und Täuschungsmanöver der Puppenspieler, die euch kontrollieren, abzuschütteln und die Wahrheit zu erkennen. Dann werdet ihr zwölf hinausgehen, und jeder von euch wird wieder zwölf Menschen umerziehen. Das bedeutet, dass dann schon hundertvierundvierzig Revolutionäre unterwegs sind. Und diese hundertvierundvierzig werden ausziehen, um wiederum jeweils zwölf Leute umzuerziehen, sodass binnen kürzester Zeit eintausendsiebenhundertachtundzwanzig Soldaten bereitstehen werden, um die Puppenspieler der Konzerne zu entmachten.«

Hochgerechnet hieß das für O'Grady, dass binnen weniger Monate die überwältigende Mehrheit der Menschen wissen würde, dass sie von den Konzernen ständig mit Lügen gefüttert worden war. Sie würde durchschauen, was die Multis im Schilde führten, und sie würde handeln.

»Jetzt heißt es, Schulungszirkel bilden!«, rief O'Grady. »Jetzt heißt es, in der Gruppe lernen!«

Die Geiseln bewegten sich langsam, weil sie keine Ahnung hatten, wer mit wem eine Gruppe bilden und wie groß diese Gruppe sein sollte.

»Merkt ihr, dass ihr überhaupt nicht mehr selbstständig denken könnt?«, rief O'Grady. »Die Puppenspieler haben das Schulsystem und die Medien dazu benutzt, dumpfe Idioten aus euch zu machen. Ihr müsst euch verändern! Wie wollt ihr mit dieser Haltung die Multis bezwingen?« Er wartete nicht auf eine Antwort. Stattdessen packte er das Gewehr am Lauf, stieß die Männer roh mit dem Kolben und blaffte sie an, sie sollten sich jetzt endlich konzentrieren, um Schulungszirkel zu bilden.

»Aber … wie meinen Sie das?«, fragte Theo Constantine und hob in einer übertriebenen Geste der Hilflosigkeit die Arme.

»Willst du etwa einen Befehl deines Kommandeurs in Frage stellen?«, schrie O'Grady und presste Constantine den Gewehrkolben an die Kehle.

»Nein«, krächzte der Manager und wich zurück. »Nein … ich …«

»Schulungszirkel, ihr Trottel. Drei Kreise. Los jetzt! Ich habe nicht so viel Zeit.«

Auf dem Boden bildeten sich drei Kreise. Die ältere Frau wollte sich einen Stuhl nehmen, aber O'Grady blaffte sie an, sie solle sich gefälligst zu ihren Genossen auf den Fußboden setzen.

»Aber mein Rücken ...«, wandte sie ein.

»Du bist jetzt Soldat!«, rief O'Grady. »Und Soldaten haben keine Rückenschmerzen. Runter auf den Fußboden zu deinen Genossen.«

Theo Constantine half der Frau beim Hinsetzen und murmelte ihr beruhigend ins Ohr.

»Ich verstehe das nicht«, sagte die Frau. »Was sollen wir denn lernen?«,

»Die Wahrheit!«, schrie O'Grady.

Er stapfte zwischen den Gruppen auf und ab. »Euer bisheriges Leben basierte auf Lügen«, dröhnte er. »Eure Lehrer haben euch belogen, die Medien haben euch belogen, eure Eltern haben euch belogen.«

Jemand begann zu schluchzen und O'Grady verstummte. Es war die Kleine. Der Manager beugte sich zu ihr herunter, legte ihr tröstend die plumpe Hand auf den Rücken, und O'Grady blaffte ärgerlich: »Musst du eigentlich immer so dämlich sein?«

»Aber ... ich ... Sie haben doch gesagt, ich soll mich um sie kümmern ...«

Wieder klingelte das Küchentelefon. Die Family-Value-Angestellten wechselten Blicke.

»Lass die Kleine in Ruhe«, donnerte O'Grady, ohne auf das hartnäckige Telefonklingeln zu reagieren. »Dass sie weint, ist ein Zeichen. Für den Durchbruch der Wahrheit.«

»Aber … sie …«, stammelte der Manager.

O'Grady wedelte ihn weg wie eine lästige Fliege. Er sah das Mädchen forschend an und fragte: »Warum weinst du?«

»Ich will zu meiner Mama«, schluchzte die Kleine.

In dem Moment hörte das Telefon auf zu klingeln.

»Meinst du, das interessiert sie?«, fragte O'Grady. »Sie ist nicht hier. Dein Vater ist auch nicht hier. Sie rufen nicht mal an. Deine Eltern haben dich allein gelassen. Jetzt hast du nur noch mich. John Wayne O'Grady. Ich bin hier und ich stehe für die Wahrheit. Möchtest du die Wahrheit hören?«

Die Kleine antwortete nicht. Sie schluchzte weiter, die Hände vors Gesicht geschlagen. Ihre Schultern zuckten, sie krümmte sich zusammen. O'Grady ging zu ihr, kniete sich auf den Boden und sagte leise und freundlich: »Ich bin John Wayne O'Grady. Das ist das Einzige, was zählt. Du wolltest einen Wild-West-Sticker, als du hier reingekommen bist. Ich bin John Wayne und alle Helden, die du dir denken kannst. Ich bin deine Zukunft. Du bist doch intelligent. Heb den Kopf und sprich mir nach: ›John Wayne O'Grady ist die Zukunft.‹«

Das Mädchen schüttelte den Kopf und stieß ein trotziges Nein hervor. O'Grady legte ihr den Arm um die Schultern. »Ich weiß, es ist schwer«, sagte er begütigend. »Am Anfang ist es immer so. Aber du bist nicht allein. Den anderen hier geht es ganz ähnlich, und sie möchten, dass du es für sie sagst. Sie wollen, dass du für sie sagst: ›John Wayne O'Grady ist die Zukunft.‹ Du darfst sie nicht enttäuschen. Sie zählen auf dich.«

Die Kleine hob den Kopf. Tränen liefen ihr übers Gesicht.

»Komm schon«, sagte O'Grady. »Schau ihnen ins Gesicht. Sie wollen, dass du es sagst.«

Sie sah in die gequälten Gesichter der Geiseln aus ihrer Gruppe, aber alle guckten weg oder auf den Boden. Bis auf den Manager, der sie vorhin angeschrien hatte. Er nickte ihr zu, forderte sie auf, dem Mann mit der Waffe zu gehorchen, und das Mädchen nickte zurück.

»John … Wayne …«, begann die Kleine zögernd und mit leiser Stimme.

»Sehr gut«, sagte O'Grady. »Du schaffst es.«

»John Wayne O'Grady ist …« Aber ihre Stimme versagte und sie begann wieder zu weinen.

»Ich weiß genau, dass du es kannst, Schätzchen. Ich weiß es!«, sagte O'Grady. »Komm, mach mich stolz!«

Die Kleine sah wieder auf und wischte sich die Tränen weg. »John Wayne O'Grady ist die Zukunft«, sagte sie, den Blick stur geradeaus gerichtet.

»Ausgezeichnet!«, rief O'Grady so laut, dass die Kleine zusammenfuhr. O'Grady lachte und tätschelte ihr den Rücken. »Nur keine Angst«, sagte er. »Das hast du sehr gut gemacht. Niemand muss sich vor John Wayne O'Grady fürchten, wenn er alles richtig macht.«

O'Grady stand auf und ging durch den Raum.

»Seht ihr?«, rief er. »Kindermund tut Wahrheit kund.«

Die Kleine sah den Manager wieder flehend an, aber der Mann war peinlich berührt, und es fiel ihm schwer, ihren Blick zu erwidern. Schließlich senkte er den Kopf, starrte auf seine Schuhe, und das Mädchen ließ die Schultern hängen.

»Das ist eure Bestimmung«, donnerte O'Grady. »Jetzt, da euch der Weg gezeigt worden ist, können wir alle voranschreiten …«

Er wurde durch ein Geräusch unterbrochen, ein raues Pfeifen, das eher nach einem Tier als nach einem Menschen klang. Es war die Kleine. Sie umklammerte ihren Brustkorb, und ihr Gesicht war feuerrot vor Anstrengung, während sie diese fürchterlichen Töne von sich gab.

»Was ist denn jetzt los?«, fragte O'Grady alarmiert. »Was hat sie?«

»Sie kriegt keine Luft«, sagte die ältere Dame mit dem kranken Rücken.

»Helft ihr doch!«, rief jemand aus der nächsten Schulungsgruppe.

Niemand rührte sich, weil jeder Angst hatte, ohne Erlaubnis zu handeln. Alle starrten das Mädchen an, das keuchend nach Luft rang.

»Was soll das, verdammt noch mal?«, schrie O'Grady und richtete das Gewehr auf den Manager. »Bring sie sofort hier weg!«

Der Manager erhob sich umständlich, packte das keuchende Mädchen unter den Armen, schleifte es in den Lagerraum und schloss die Tür hinter sich. Alle horchten, wie das Keuchen hinter der Tür immer heftiger wurde, bis es schließlich aufhörte.

Keiner wusste, ob sie noch lebte. Sie sahen nur die verschlossene Lagerraumtür und John Wayne O'Gradys aschfahles Gesicht. Dann hörten sie von der Straße oben die Sirenen. Eine nach der anderen beantwortete gellend einen Hilferuf, der von so weit weg zu kommen schien – aus einer anderen Welt.

PAPIERSERVIETTE

Sonntag. Ich heiße Theo Constantine. Ich will versuchen aufzuschreiben, was hier passiert. Im Moment bin ich gerade allein mit einem Kind, das krank ist oder was. Hier ist nur ein Bewaffneter. Ein Irrer namens O'Grady. Er hat ein Gewehr und eine Bombe, glaube ich. Er behauptet, er sei ein Revolutionär. Bisher hat er keine Forderungen gestellt. Dieser O'Grady ist irgendwie gestört. Er hasst mich. Er hasst Family Value. Sobald ich die Möglichkeit habe, schreibe ich weiter.
Theo Constantine.

FREDA OPPERMAN

Wenn ich mich jetzt bewege, war dieser Anruf dann Wirklichkeit oder nur wieder ein Albtraum? Wenn ich aufstehe, in mein Zimmer zurückgehe und dann so tue, als würde ich wieder herauskommen, sind dann diese letzten paar Minuten nie gewesen? Was soll ich tun?

Ich vergesse so vieles.

Ich vergesse, dass jede wache Minute die Möglichkeit birgt, dass etwas Schlimmes passiert. Telefonanrufe können einen überfallen, wenn man sie am wenigsten erwartet. Schreckliche Stimmen, körperlos und unmenschlich, können Dinge behaupten, die schlicht unmöglich sind. Wenn mir eine logische Erklärung einfällt – würde das helfen? War es eine Verbraucherumfrage, irgendein schlecht gelaunter Callcenter-Typ, der wissen will, welche Papierservietten ich zu Hause verwende? Oder ist es tatsächlich jemand, der über die Servietten Bescheid weiß?

Ich vergesse, wie man Wörter dazu bringt, das zu tun, was man will.

Warum beobachtest du mich die ganze Zeit?

Ich weiß …

Ich will nur einen Moment meine Ruhe haben …

… das mit …

Erzähl diesem Dreckskerl ja nichts von den Servietten! Kapiert?

… den Papierservietten!

Wie kann das sein? Sie wurden von einem toten Mann geschrieben, von einem verängstigten Mädchen gerettet und auf Befehl einer verzweifelten Mutter für immer versteckt. Mit zittrigen Knien gehe ich zurück in mein Zimmer. Vor ein paar Minuten waren sie noch da. Ich habe das Kästchen gesehen. Es sei denn, jemand wäre bei uns eingebrochen und hätte sie gestohlen, aber das ist absurd. Nichts und niemand gelangt ins Fort Opperman.

N.O. ist nicht zu Hause. Das ist gut. Ich schließe die Tür hinter mir, greife in meine Unterwäscheschublade und hole das Holzkästchen heraus. Meine Hand zittert. Das Kästchen ist selbstverständlich abgeschlossen. Ich hole den Schlüssel, der mit Klebeband unter meinem Bett befestigt ist. Ganz einfache Dinge, Schlüssel und Kästchen, normale praktische

Gegenstände. Dann öffne ich das Kästchen, und das wirbelnde Gefühl von vorhin steigert sich so weit, dass ich fürchte, gleich umzufallen.

Ich gucke hinein. Da sind sie.

Die Papierservietten.

Obwohl von den Jahren ausgebügelt, zeigen sie immer noch die Falten und Risse von jenem Moment, als ich sie in meiner klebrigen kleinen Hand hielt, während mich der Polizist aus dem Restaurant trug. Ich nehme die oberste Serviette heraus und werfe einen kurzen Blick darauf, um mich zu vergewissern, dass es sich noch um das Original handelt. *Ich heiße Theo Constantine. Ich will versuchen aufzuschreiben, was hier passiert.*

Ich halte das billige Papier in der Hand, sehe, wo Theos Stift es durchstochen, wo sein fieberhaftes Gekritzel das Medium seiner Dokumentation zerrissen hat. *Ich heiße Theo …* So eine simple Sache, Zeugnis abzulegen, Tatsachen festzuhalten für die, die nach einem kommen. Die Idee kam ihm, als wir in dem Lagerraum waren, nach meinem Anfall. Er hatte mich in seiner Verzweiflung dort hineingezerrt und immer wieder gesagt: »Alles okay? Brauchst du ein Medikament? Was hast du?«

Schließlich ließ die Panik nach, und ich beruhigte instinktiv meine Atmung, indem ich mir die Hand vors Gesicht hielt. Theo starrte mich an, als könnte ich ihm gleich unter den Händen wegsterben. Als er merkte, dass dem nicht so war, seufzte er erleichtert auf. Es war so komisch, wie seine Spannung spürbar nachließ. Ich musste lächeln. Er fing an, in dem Raum herumzukramen, und ich fragte ihn, was er suche.

»Papier«, antwortete er. »Ich muss ihnen mitteilen, was hier läuft.«

Theo, der Manager, der herumfuhrwerkte und Schachteln mit Styroporbechern herunterwarf, bis er schließlich eine Packung Papierservietten fand. »Perfekt!«, sagte er und fing an zu schreiben. Ich beobachtete ihn fasziniert: seine fleischige Hand auf der Serviette, seine kindliche Art, den Stift zu halten, seine Zungenspitze, die aus dem Mund herauslugte, während er schrieb.

»Was wollen Sie damit machen?«, fragte ich ihn.

»Keine Ahnung … vielleicht der Polizei zeigen.«

Einen Moment lang dachte ich, er hätte einen Plan, um uns hier herauszuholen. Mein »verantwortlicher Genosse«, der Mann, dem ich anvertraut worden war, der Held der Geiselnahme, würde seine Serviette den Polizisten zeigen, und irgendwie würden sie dann wissen, was sie tun mussten, um uns zu retten. Doch als er fertig geschrieben hatte, nahm er die Serviette, sah zu der geschlossenen Tür hinüber, stopfte die Serviette in einen Papierkorb und murmelte leise, da würde O'Grady bestimmt nicht nachgucken. Mich verließ der Mut.

Die Servietten füllen das Holzkästchen in meinen Händen nur zur Hälfte. Es sind nicht mehr als ein Dutzend. Sie liegen hier in chronologischer Reihenfolge, vom Sonntagnachmittag bis zu den wahnsinnigen Stunden am frühen Dienstagmorgen. Ich lege die Hand auf den Stapel und frage mich gerade, ob ich die späteren Servietten lesen soll, als es höflich an meine Tür klopft. N.O. kommt hereingestürmt, bleibt abrupt stehen, erfasst die ganze Szene – ich, die Servietten, mein Gesicht, die Angst.

»Was machst du da, Freda? Warum hast du sie rausgeholt?«, fragt Mum.

»Ach, keine Ahnung«, sage ich leichthin. »Ich wollte sie nur mal kurz angucken …«

Nancy kriegt ihr beunruhigtes Gesicht, die Wangen eingesogen, der Blick hart und scharf. »Ich habe eben das Telefon gehört«, sagt sie.

»Hm?«, brumme ich.

»Hast du sie wegen des Anrufs rausgeholt?«

»Nein«, antworte ich. »Es hat wieder aufgehört zu klingeln. Das geht schon den ganzen Vormittag so.«

»Ach«, sagt Nancy verdutzt. »Ich dachte, ich hätte dich reden hören.«

Vorsichtig nimmt sie mir das Kästchen aus der Hand, hält es wie eine tote Katze. »Ich wollte, wir hätten sie verbrannt … Wir hätten sie gleich verbrennen sollen …«

»Nein! Du kannst sie nicht verbrennen«, zische ich.

»Ja, Freda, ich weiß«, sagt Nancy, und ihr Gesicht ist ein einziger Widerspruch von Gefühlen.

Ich starre sie schwer atmend an, mein Gedankenfaden ist weg. »Du kannst sie nicht verbrennen«, wiederhole ich. Dann sage ich nichts mehr.

Nancy stellt das Kästchen wieder zwischen meine Unterwäsche und schließt die Schublade, schafft es aber nicht, sie so zuzuknallen wie ich. »Ich hasse diese Dinger«, sagt sie. »Und ich glaube beinahe …«

Ich verdrehe die Augen. Diesen Teil des Gesprächs kenne ich in- und auswendig. »Du glaubst, sie blockieren mich«, beende ich seufzend ihren Satz.

»Aber es ist doch so, Freda …«

»Sind wir zu spät daran, Mum?«, frage ich.

»Wofür?« Sie ist verblüfft, dass ich sie unterbrochen habe.

»Das Interview.«

Jetzt starrt sie mich an. Ihre Augen zucken, und ihr Gesicht nimmt einen gekränkten Ausdruck an. Verdammt! Ich hasse es, wenn sie so guckt. Ich habe schon miterlebt, wie sie routinierte Anwälte wegen kleinerer Dinge auseinandernimmt, aber bei mir hält sie sich immer zurück. Es geht zu tief, rührt zu sehr daran, wie sie Nacht für Nacht in mein Zimmer kommen musste, um mich in meiner Panik zu beruhigen. Ich will ihr nicht wehtun, nie.

Jetzt räumt sie mein Zimmer auf, zupft zurecht, was gar nicht zurechtgezupft werden muss. Ein sicheres Zeichen dafür, dass sie wütend ist. Gleich wird sie wieder reden, mir vernünftig und nüchtern eine Frage stellen.

»Ist es wegen des Zeitungsinterviews?«, fragt sie. Da haben wir's. »Bist du deswegen besorgt?«

»Nicht direkt«, antworte ich.

»Es beunruhigt mich, wenn du so bist, Freda …«

»Ich bin durchaus fähig, ein Interview zu geben.«

»Ich weiß nur nicht, was er von dir hält, wenn du in so einer merkwürdigen Stimmung bist …«

Was soll William schon von mir halten? Ich bin merkwürdig. Ein Wesen, das sich an einen Stapel alte Servietten klammert, als ginge es um Leben und Tod. Ich bin ein seltsamer Teenager, eine Außerirdische.

»Ich weiß nicht, was du bist«, murmle ich.

»Shelley«, schnaubt N.O.

Sie mag es nicht, wenn ich Shelley zitiere. N.O. hatte für diesen Dichter noch nie viel übrig, oder genauer gesagt, für sein Gedicht »An eine Feldlerche«. Das ist in den letzten Jahren zu einem heiklen Punkt zwischen uns geworden. Anfangs dachte ich, sie könnte jemandem, der einen schlichten Gedankengang in einer so schönen Sprache vorbringt, einfach keinen Respekt entgegenbringen. Als Anwältin ist sie von Natur aus misstrauisch gegenüber berauschenden Worten. Aber inzwischen frage ich mich, ob hinter Nancys Ablehnung nicht noch mehr steckt. Hat sie mein Gesicht gesehen, als ich das Gedicht las, hat sie mich an meinem Schreibtisch sitzen sehen, davongetragen von diesem »seligen Geist«, emporgehoben in Regionen, wo das Lied eines Vogels den Sterblichen zu offenbaren vermag, dass die Welt von Gnade erfüllt ist?

»Heißt das, es ist alles in Ordnung?«, fragte sie jetzt in energischem Ton. N.O. hat alle unnötigen Gefühle weggefegt.

»Ja, ich werde die üblichen Antworten auf die üblichen Fragen geben …«

Und nie die eigentliche Freda Opperman zum Vorschein kommen lassen müssen. Nie von dem sprechen zu müssen, was mir am ehesten gleicht. Denn was immer das sein mag – William ist ihm garantiert noch nie begegnet. Ich war dem auch noch nie begegnet, bis ich Shelleys Gedicht las.

»Ich finde trotzdem, dass du dir ein paar Gedanken darüber machen solltest, was du sagen willst, Freda«, fährt meine Mutter fort und zupft meine säuberlich glatt gestrichene Tagesdecke zurecht.

Was soll ich sagen? Dass ich ein Teenager bin, der noch nie wie ein typischer Teenie gelebt hat? Dass ich so daran gewöhnt bin, hinter mir abzuschließen, dass ich gar nicht mehr weiß, wo ich versteckt bin? Dass ich Stimmen höre? Nein, das werde ich William auf keinen Fall erzählen. Was würde er dann schreiben? Dass Freda Opperman Dinge hört, die gar nicht existieren? Dass sie Gespräche mit körperlosen Anrufern führt, die etwas zu wissen scheinen, was kein Mensch auf der Welt wissen kann? Das würde eine umständliche Erklärung verlangen. Eine regelrechte Geschichte.

Ein kleines Mädchen wird aus einem Restaurant getragen. Es ist früh am Morgen und die Luft ist eisig. Die Kleine wird in den Fond eines Polizeiwagens gehoben, wo ihre Mutter darauf wartet, sie in die Arme zu schließen. Sie so fest wie möglich an sich zu pressen. Dann sieht die Mutter etwas in der Hand des Mädchens. Die Servietten. Sie liest Bruchstücke des Geschriebenen und sagt: »Freda, Schätzchen, gib das Mummy …«

Ich weiß noch genau, wie mir die Hand wehtat, nachdem ich die Servietten losgelassen hatte. Ich erinnere mich an den Schmerz, während ich zusah, wie Nancy sie in ihre Tasche steckte.

Das ist eine Geschichte, die noch keine Menschenseele gehört hat.

Ich schätze, ich muss mir wirklich überlegen, was ich William sagen soll. Wenn man nicht vorbereitet ist, kann man in unangenehme Situationen kommen. Anekdoten sind immer eine Alternative zu ernsthaften Geschichten, amüsante kleine Tupfer, die nicht viel aussagen. Meine wenigen Versuche in dieser Kunstform haben immer nur verlegenes Schweigen geerntet. Die junge Überlebende sollte möglichst viele Einladungen zu Dinnerpartys annehmen, um ihre Fähigkeiten auf dem Gebiet der Konversationskunst zu entwickeln. Wenn die erwünschten Fortschritte trotzdem ausbleiben, sollte sie mit Familienmitgliedern, Haustieren oder ihrem eigenen Spiegelbild üben.

Zum Beispiel: Eine Lehrerin stellte uns die Aufgabe, eine Anekdote zu Papier zu bringen, ein kurzes Geschichtchen über ein besonders peinliches Erlebnis. Sie sah mich dabei entschuldigungheischend an. Mir fiel nur die Sache mit der »Rede« ein.

Auf N.O.s Initiative sollte ich vor einer Gruppe hochnäsiger reicher Mädchen in einer Schule für hochnäsige reiche Mädchen reden. Es war ein paar Monate nach der Geiselnahme, denn ich weiß noch genau, dass ich gerade wieder zur Schule ging. Die Direktorin schlug vor, ich sollte den Mädchen doch erzählen, wie ich es geschafft hatte, während der ganzen Zeit nicht die Hoffnung aufzugeben.

Aber als es so weit war, ging ich aufs Podium und sprach mit der schneidendsten Politikerstimme, die ich zustande brachte.

»Ihr seid Einfallspinsel!«, kläffte ich.

Als Eröffnung einer Rede fand ich das gar nicht so übel. Ich genoss jedenfalls sofort die ungeteilte Aufmerksamkeit des Publikums. Was störten da schon kleine Versprecher?

»Family Value ist wertloser Mist«, donnerte ich los. »Gezüchtet im tropfigen Regenwald, wo die Kühe von den Mulis abgeholzt werden, beten die Puppenspieler jeden Abend …«

Meine Zuhörerinnen starrten mich an, das Lächeln gefror ihnen auf den Gesichtern.

»Tod den Schmarotzern!«, schrie ich.

Meine Mutter griff ein. Sie führte mich vom Mikrofon weg, rettete Family Value vor meiner wirren Syntax und meinen leicht entstellten Beschimpfungen. Bereits zwei Tage später strengte sie in meinem Namen fünf verschiedene Prozesse an, die alle irgendwie außergerichtlich beigelegt wurden. Und die Lehrerin las meine Geschichte nie vor.

Ich frage mich, ob William sie publizieren würde. Oder ist er vielleicht ein knallharter Journalist, der den Wahrheitsgehalt solcher Geschichten sofort infrage stellt? »Wie soll ich diesen Quatsch glauben? Eine Neunjährige, die so kurz nach einer Geiselnahme schon eine Rede hält?« Vielleicht hätte er ja Recht. Vielleicht ist es ja gar nicht passiert. Niemand hatte ein Tonbandgerät dabei, also lässt es sich nicht belegen.

Niemand hat es aufgeschrieben.

Nancy hat jetzt aufgehört mit dem Aufräumen und mustert mich. Vielleicht will sie ja feststellen, ob es irgendwelche Anzeichen dafür gibt, dass ich gleich wie eine Irre losbrabbeln werde.

»Ich bin bei dem Interview nicht dabei«, sagt sie.

Ich starre sie erschrocken an und bringe keinen Ton über die Lippen. Sie ist immer bei meinen Interviews dabei.

»Ich glaube, es ist an der Zeit. Du hast schon Hunderte von Interviews gegeben, du bist alt genug … und du weißt, wie man mit Fragen umgeht.«

»Meinst du?«, frage ich nach einer Weile.

»Freda, du bist neunzehn. Ich halte es für das Beste. Ich kann nicht bis in alle Ewigkeit dabei sein. Es wird Zeit, dass du's allein versuchst. Findest du nicht?«

Ich bin neunzehn. Das ist schrecklich. Warum schlägt nur mir das Herz im Hals, sobald jemand mein Alter erwähnt? Neunzehn. Aus dem Nest geworfen, mit einem Fußabdruck auf dem Hinterteil. Über Bord gegangen.

»Ich warte im Auto«, sagt Nancy traurig. Sie geht.

Sobald sie weg ist, räume ich mein Zimmer wieder um, kämpfe gegen den Schwindel an, starre auf die Schublade mit meiner Unterwäsche, eine Spur von unterdrückter Wut im Blick, und mache mich schließlich auf den Weg zum Auto. Das Telefon besitzt den Anstand, nicht wieder zu klingeln. Es regnet, und ein kalter Wind peitscht mir Tropfen ins Gesicht, stechend und betäubend zugleich. Ich steige auf der Beifahrerseite ein und werfe einen schnellen Blick auf meine Mutter neben mir. Sie ist kalt und abweisend, also schaue ich stur aus dem Fenster, als wir losfahren. Auf dieser Fahrt wird nicht gepfiffen.

Verwischte graue Regentropfenmuster lassen die Szenerie draußen vor meinem Autofenster verschwimmen. Die Aussicht beruhigt mich. Es ist eine ungefährliche Szenerie, eine Welt ohne Farben und Kontraste. Eine gedämpfte Welt, hinter einem Schleier aus Wasser und kalter Luft. Eine in sich zurückgezogene Welt.

Selbst Nancy ist in sich zurückgezogen. Absolutes Schweigen breitet sich im Wagen aus. Meine Mutter befürchtet, ich könnte das Team blamieren. Sie hat mir direkt vor dem Tor den Ball zugespielt, in der Hoffnung, dass ich einen Sieg für das Gute und Richtige erringe. Und was ist gut und richtig? Die Dinge, für die sie kämpft. Nancy Opperman, Sprecherin der Gruppe gegen Gewaltverbrechen, Präsidentin des Netzwerks für die Unterstützung von Verbrechensopfern, Ehrenmitglied des Nationalen Ausschusses für Waffenkontrolle.

Ich studiere ihr Gesicht, sehe, wie resolut sie die Kiefermuskeln anspannt. Man sieht ihr an, dass sie älter wird, was mich beunruhigt, weil sie immer eine Konstante in meinem Leben war.

Ich seufze, und Nancy schaut mich an.

»Denkst du an die Servietten?«, fragt sie.

Ich frage mich, ob ich je aufgehört habe, an Theos Servietten zu denken. Diese Stimme, der Telefonhörer, der zu meinen Füßen baumelt. Wann verwandelt sich ein schrecklicher Augenblick deines Lebens in eine Geschichte? Wann wird aus diesem Zwischenfall etwas, was du aufschreiben kannst oder erzählen oder niemals erzählen …?

»Was soll ich machen, verdammt noch mal?«, frage ich. Die Frage ist eigentlich an niemanden gerichtet, aber Nancy wirft sich in den Kampf.

»Beantworte einfach seine Fragen«, sagt sie.

»Was soll ich ihm sagen?«

Sie beißt wieder die Zähne zusammen, zerquetscht hundert Antworten zu Brei, bis sie schließlich eine herausrückt: »Was auch immer angemessen ist …«

Und wieder erfüllt bleiernes Schweigen den Wagen.

Vielleicht will William ja etwas über John Wayne O'Grady hören. Wie er uns während seiner Umerziehungsmaßnahmen stundenlang auf dem Boden sitzen ließ. Etwa während der Lektion, kurz bevor er die Männer in die Toilette sperrte. Draußen war es unheimlich still, am späten Montagnachmittag. Nachdem die Polizei vierundzwanzig Stunden lang versucht hatte, mit O'Grady Kontakt aufzunehmen, um zu verhandeln, hatten sie schließlich beschlossen, eine Befreiungsaktion vorzubereiten. Man wusste jetzt, wer der Geiselnehmer war. Sie hatten die Personalakten von Family Value nach Angestellten durchsucht, die eventuell einen Groll gegen das Unternehmen hegten, und dabei waren sie auf ein Foto gestoßen, das mein Vater als das des Täters identifiziert hatte.

O'Grady behagte die Stille draußen nicht. Sie machte ihn nervös. Er nahm zwei große Metallschüsseln und hielt sie auf dem Schoß. Schüssel eins und Schüssel zwei, Musikinstrumente. Er drehte sie gegeneinander, immer hin und her, was ein unvorstellbar nerviges, metallisches Schrappen hervorrief. Und wir sollten still dasitzen und zuhören.

Schrapp! Schrapp! Schrapp!

Auf Gedeih und Verderb sind wir John Wayne O'Grady ausgeliefert.

Das ist eine blöde Geschichte, und ich werfe sie weg, sehe zu, wie sie davonhüpft und in den Rinnstein kullert, wo sie in einer Limodose verschwindet. Vielleicht springt sie ja einen ahnungslosen Dosensammler an und quält seine armen Ohren – alles nur wegen des jämmerlichen Dosenpfands.

Da meine Anekdotenstrategie nichts taugt, forsche ich in meinem Kopf nach anderen Gesprächsanfängen. Aber die junge Überlebende verfügt mal wieder über zu wenig Erfahrung. Wäre ich zu mehr Frühstückstees, Lesegruppen und Wohltätigkeitsaktionen eingeladen worden, hätte ich diverse Einleitungen für eine fesselnde Konversation bei der Hand.
Aber ich weiß nicht mal, wie man Smalltalk macht. Alles, was ich sage, bringt die Leute irgendwie aus dem Konzept. Viel-

leicht könnte es mit irgendwelchen Bemerkungen über Musik funktionieren. Das müsste hinhauen. Von Musik versteht jeder ein bisschen was.

Gut, das werde ich ausprobieren. William wird dann womöglich denken, dass ich in der Popkultur richtig bewandert bin. Ich muss nur horchen, was im Café gerade gespielt wird, und sagen: »Dieser Song ist ja wohl gerade sehr populär«, und er wird die Augenbrauen hochziehen, sich Notizen machen und lebhaft nicken. Am besten sollte ich gleich mal üben, aber im Autoradio kommt keine Musik, und ich will auf jeden Fall verhindern, dass Nancy anfängt zu pfeifen.

Jetzt haben wir die Grange Street erreicht. N.O. hält vor dem Café und verursacht so ein Verkehrschaos. »Wir sind spät dran«, sagt sie, ohne auf das Gehupe hinter uns zu achten. »Geh schon mal rein, ich suche einen Parkplatz.« Ich nicke wieder und frage mich, warum sie den Wagen abstellen will.

»Ich komme mit rein«, beantwortet N.O. meine ungestellte Frage. »Für den Fall, dass du mich brauchst.« Ihre Worte dringen mit Mühe durch das ungeduldige Gehupe hinter uns.

»Geh schon, Freda«, drängt N.O. »Er wartet.«

Ich steige aus, streiche mir im Nieselregen die Kleidung glatt, schließe dann die Tür. Der Fahrer des Wagens hinter uns steckt den Kopf zum Fenster heraus und brüllt sarkastisch: »Lass dir ruhig Zeit, wir haben's nicht eilig.«

Ich schaue zu ihm hin und nicke dankbar. Er hat mich daran erinnert, dass ich mir Zeit lassen kann. Zeit à la Freda Opperman. Stunden, um mich auf irgendeine plötzliche Entwicklung vorzubereiten. Tage, um mich an den Gedanken zu gewöhnen, dass ich gleich in dieses Café gehen werde.

Aber ich habe nur ein paar Sekunden.

Mein Leben reduziert sich eigentlich immer auf einen einzigen Herzschlag, die Mini-Pause zwischen Entschluss und Handeln. Ich lebe in diesen winzigen Zwischenräumen, in die Sekundenbruchteile der Stille gequetscht. Dort ist es ruhig, und die Enge ist genau richtig für ein dünnes Geschöpf wie mich. Ich bewege mich in keine Himmelsrichtung. Ich lebe in einer flüchtigen Momentaufnahme, in der Hoffnung, dass das misstönende Chaos an mir vorübergeht.

Ich lebe hier mit einem einzigen Wunsch. Niemand zu sein. Nichts zu sein.

Das ist der Deal, den ich mit dem Leben gemacht habe.

Das gute Leben der Freda O., 13

Dreizehn. Ein Bonus von vier zusätzlichen Jahren. Freda, dreizehn, draußen in der Welt, wo sie herumläuft, redet, lernt. Neun plus vier. Eine Zahl, ein Alter, ein Stadium – etwas, wovon Nancy Opperman in ihren dunkelsten Stunden nicht mehr glaubte, dass es je eintreten würde. Ihre Tochter jetzt eine Jugendliche, die sich bemüht, normal zu sein, sich anzupassen. Indem sie tut, was alle Jugendlichen tun. Indem sie nach der Schule eine Freundin mit nach Hause bringt.

Etwas, was sie seit der Geiselnahme nicht mehr getan hat.

»Das hier ist Rani«, sagte Freda, als sie linkisch in der Diele stand, neben einem dunkelhäutigen Mädchen mit den schönsten braunen Augen, die Nancy je gesehen hatte.

Nancy sagte dem Mädchen lächelnd Guten Tag. Freda trat von einem Fuß auf den anderen, als erwartete sie Bestätigung. Ist es in Ordnung, die Routine zu durchbrechen? Nancy wollte gerade »Möchtet ihr etwas essen?« fragen, da tippte Freda Rani auf die Schulter, führte sie in ihr Zimmer und schloss die Tür.

»Oh nein!«, dachte Nancy Opperman. Mit geschlossenen Türen konnte sie nicht umgehen, hatte es noch nie gekonnt. Nach einer kurzen Anstandspause klopfte sie an die Tür und trat ein, mit einem Tablett voller kleiner Snacks. Alles schien in bester Ordnung. Die Mädchen saßen auf dem Bett und hörten indische Musik. Eine ruhige, entspannte Atmosphäre.

Die Freundin hatte einen roten Punkt auf der Stirn.

Später versuchte Nancy, Freda über das Mädchen auszufragen.

»Sie hat so eine wunderschöne dunkle Haut.«

»Ihre Mutter ist Inderin. Ihr Vater ist Ire. Rani sagt, sie ist halb spirituell und halb verrückt.«

»Rani ist ein hübscher Name. Sie erinnert mich ein bisschen an Andrew Crushmam.«

»Wer ist das?«, fragte Freda.

»Du erinnerst dich nicht mehr an Andrew? Er war dein bester Freund im Kindergarten …«

»Ach so … ja. Er war ganz braun …«

»Ein Inder. Ein sehr netter Junge. Er war nach dem Kindergarten mal zum Spielen hier, und ihr seid auf die Idee gekommen, einkaufen zu gehen.«

Freda lächelte still-verzückt. »Wir waren nicht einkaufen«, sagte sie. »Wir haben was anderes gesucht.«

»Wo sind die Elfen?«, quengelte Andrew.

Sie waren ganz da hinten. Am Ende der Straße. Klein Freda hatte sie mal gesehen, bei einem Spaziergang mit ihren Eltern. Hell und glitzernd im Sonnenlicht, mit schwirrenden Flügeln. Ihr Flug so wild und unberechenbar.

Sie drehte sich schnell zu ihrem Freund um. »Da sind ganz viele«, versicherte sie ihm. »Eine für dich und zehn für mich.«

»Ich seh keine einzige …«

»Sie kommen gleich. Ehrlich. Ganz bestimmt. Ganz, ganz viele.«

»Kann ich meiner Elfe einen Namen geben?«

»Ja. Aber es muss ein richtiger Elfenname sein.«

»Was ist ein richtiger Elfenname?«

»Irgendwas Süßes«, antwortete die Kleine.

Am Abend nach Ranis Besuch ging Nancy ins Zimmer ihrer Tochter, um den Wäschehaufen zu holen, den Freda unter ihr Bett gestopft hatte. Dort verstaute sie ihre Dreckwäsche, damit sie nicht mitten in der Nacht aufwachte und die komischen Formen sah. Nancy schüttelte die Kleidungsstücke einzeln aus. Etwas fiel aus Fredas Schuluniform. Eine Karte. Darauf war ein Mann mit einem roten Punkt auf der Stirn. Genau wie Rani. Nancy hielt die Karte in der zitternden Hand.

»Du hast Andrew verboten, zu uns zu kommen, nachdem wir weggelaufen waren, stimmt's?«, rief Freda vom Wohnzimmer aus.

»Verboten?«, fragte Nancy verdattert. Sie ging zu ihrer Tochter ins Wohnzimmer. »Nein … er war noch öfter da, das weiß ich …«

»Mm-mm«, sagte Freda. »Er durfte nicht mehr kommen.«

Das Telefon klingelte. Es war das Mädchen. Rani. Nancy Opperman hörte mit, was ihre Tochter zu dem Gespräch beitrug, und schnappte Wörter wie »Guru« und »Ashram« auf. Als Freda auflegte, zählte Nancy bis zwanzig, dann ging sie ins Zimmer ihrer Tochter. Sie kam nicht mal dazu, ihren ersten Satz vorzubringen.

»Lass mich gefälligst mein eigenes Leben leben, kapiert?«, schrie Freda.

»Ich will mich doch gar nicht einmischen«, sagte Nancy. »Du bist jung, deshalb gibt es Dinge, die du noch nicht einschätzen kannst. Ich will dich nur davor beschützen, dass dir jemand wehtut.«

»Entschuldige«, sagte Freda und drehte ihrer Mutter den Rücken zu. »Ich habe die goldene Regel vergessen! Wir glauben nur an Nancys Art zu leben …«

»Das ist unfair!«

»Elfen!«, jubelte Andrew.

Sie jubelte auch, rief ihnen etwas zu und gab jeder einen Namen. Ihre eigenen Elfen. Eine, zwei, zehn … hundert! Am Ende der Straße schwirrten sie durchs Sonnenlicht.

Die Kleine streckte die Hand aus, um die in der Sonne tanzenden Insekten zu berühren, und spürte leichte Berührungen an ihrer Haut. Sie waren echt. Sie gehörten ihr.

»Die hier heißt Schokolade!«, rief sie.

»Und die hier Chutney!«, rief Andrew.

Sie sah ihn verdutzt an.

»Chutney ist ganz süß und schmeckt toll!«

Nancy wollte ihrer Tochter den Arm um die Schulter legen, aber Freda schüttelte sie ab.

»Lass mich in Ruhe!«, schrie sie.

»Ihr bösen Kinder …«

»Chutney!«

»Andrew! Freda! Was fällt euch ein, aus dem Garten auszubüxen. Wer ist denn auf die Idee gekommen?«

»Chutney!«

»Kinder! Kommt sofort hierher!«

»Nein, Mum! Wir haben noch nicht allen einen Namen gegeben.«

»Chutney eins und Chutney zwei und …«

»Wem habt ihr noch keinen Namen gegeben?«

»Den Elfen …«

»Das sind keine Elfen, Freda. Das sind Insekten. Und jetzt ab ins Haus mit euch.«

Rani O'Hara kam nur noch ein einziges Mal zu Besuch. Wieder schlossen die Mädchen die Zimmertür hinter sich. Diesmal lauschte Nancy und zu ihrer Verblüffung hörte sie eine Art Singsang aus dem Zimmer dringen. Sie hatte Freda schon so lange nicht mehr singen hören, dass sich eine kleine Träne in ihrem Augenwinkel bildete.

Als Kind hatte Freda immer gesungen, ihre eigenen Texte erfunden. Lieder übers Kochen, über ihre Puppen oder über das Helfen im Haus. Sie hatte sogar ein Lied über eine Ratte gedichtet. Klein Freda, die, aus voller Kehle singend, die Ratte bis zum Gehtnichtmehr ausquetschte.

Danach war Schluss mit Rani. Freda weigerte sich zu sagen, was passiert war. Nur durch Zufall fand Nancy es heraus. Ein paar Monate später entdeckte sie Fredas Tagebuch im Wohnzimmer. Sie schlug es auf und warf einen kurzen Blick auf das Geschriebene, als ihr auf einmal das Wort »Rani« ins Auge sprang.

Als wir gesungen haben, kam ich mir so blöd vor. Rani sagte, im Singen würden wir unsere Liebe zu Gott ausdrücken. Aber nicht zu Gott im Himmel. Sie sagte, Gott ist in uns selbst. Ich habe gelacht, als sie das sagte, aber sie meinte es ernst. Sie sagte: »Du bist Gott.« Ich habe den Kopf geschüttelt und bin wütend geworden. »Du bist Gott«, sagte sie. Ich wollte dieses Zeug nicht hören. »Nein«, sagte ich. »Das kapierst du nicht. Ich kann nicht Gott sein. Ich nicht.«
Jetzt redet sie praktisch nicht mehr mit mir. Ich glaube, ich habe ihr Angst gemacht.

Nancy klappte das Tagebuch zu und schloss die Augen. Sie wollte nicht weinen. Nach allem, was sie schon durchgemacht hatte – wie konnte sie da so eine alberne Teenagerschwärmerei aus dem Gleichgewicht bringen?

Aber ein Bild kam ihr in den Sinn, eine plastische Erinnerung: Klein Freda auf einer Schaukel, das Kleid vom Wind aufgeplustert. Sie lacht so wild, dass ihr Gesicht ganz rot ist, ihre Wangen glühen. Sie lacht, bis sie fast herunterfällt. Und ruft laut: »Ich bin die beste Schauklerin auf der ganzen Welt!«

Sie fliegt.

Die Luft war abgestanden, stickig, angefüllt mit Wörtern, den Überbleibseln der endlosen Tiraden des Geiselnehmers. Er hatte ohne Punkt und Komma geredet, ohne auch nur einen Blick auf die Tür des Lagerraums zu werfen. Der Manager und das Mädchen waren noch dort drin. Er hatte geredet und geredet, bis die einzig erkennbaren Sätze die waren, die er ständig wiederholte. Dann plötzlich hörte er auf und sagte, sie sollten sich etwas zu essen holen. Manche mussten dringend auf die Toilette, und O'Grady gab ihnen sechzig Sekunden, um sich zu erleichtern, sonst würde er reinkommen und sie erschießen. Einige hatten Hunger und aßen Hamburgerbrötchen. Manche versuchten, Fleisch aus den Kühlschränken zu holen, um es zu braten, bis O'Grady sie heftig beschimpfte: »Das ist das Gift dieser Konzernfaschisten! Für diese Hamburger mussten Bauern sterben. Weg damit!« Manche blieben einfach auf dem Restaurantfußboden sitzen, weil sie zu erschöpft waren, um sich zu bewegen. Wieder andere begnügten sich mit schwarzem Kaffee aus der Maschine. John Wayne O'Grady ging zwischen ihnen hin und her und bemerkte, dass sie immer wieder auf die Tür des Lagerraumes guckten.

»Ein gefallener Genosse darf die Gruppe nicht aufhalten«, sagte er leise und besänftigend. »Die Gruppe ist das Entscheidende. Sie muss weiterziehen, dem Feind entgegen. Das ist der einzige Weg, den Sieg zu erringen. Von jetzt an ist das auch euer Weg. Die Wahrheit wird euch stark machen.«

Wieder klingelte das Telefon an der Küchenwand, und ein paar Geiseln zuckten zusammen. Sie sahen ihren Aufpasser an, der das Klingeln gar nicht zu bemerken schien. Während seines endlosen Monologs hatte es immer wieder geklingelt, eine schrille Erinnerung an die Freiheit.

O'Grady tauchte jäh aus seinen Gedanken auf, ging in die Küche, nahm den Hörer ab und brüllte: »Ich stelle keine Forderungen. Ich will kein Geld. Ich bin nicht hier, um zu verhandeln …« Dann folgte eine Pause, während der Verhandlungsspezialist der Polizei am anderen Ende der Leitung etwas zu sagen versuchte. O'Grady hielt sich den Hörer vom Ohr weg und schrie: »Klappe halten und zuhören! Ich werde nicht verhandeln! Bleibt hinter eurer Absperrung, und die Leute hier kommen frei. Sobald ihr hier einzudringen versucht, sind die Leute tot.« Dann riss er das Telefon aus der Wand. Er hielt es in den Händen und starrte es so wütend an, als hätte es ihn höchstpersönlich beleidigt. Irgendwo am anderen Ende fluchte der Polizeiunterhändler und begann dann, Befehle zu schreien.

»Die Polizisten«, sagte O'Grady, an niemand Bestimmtes gewandt, »die werden als Erste verschwinden. Wenn ihr alle umerzogen seid und ich euch in die Gesellschaft entlasse, dann ist Schluss mit Marionetten wie diesen Polizisten … sie werden an der Wahrheitskrankheit sterben.« Er grinste, begeistert von seiner Metapher. »Genau das seid ihr dann nämlich«, verkündete er gut gelaunt. »Ihr seid ein Virus, und ich bin der Virus-Mann.«

Die Tür des Lagerraums öffnete sich, und John Wayne O'Grady sah auf. Der Manager, Theo Constantine, kam heraus. Einige Geiseln wollten sich erheben, sahen dann aber O'Grady an und blieben, wo sie waren. Gleich darauf kam auch die Kleine aus dem Raum. Sie schien von ihrem Anfall immer noch ziemlich mitgenommen. Die ältere Dame mit den Rückenproblemen flüsterte: »Ist alles in Ordnung, Liebes?«, aber die Kleine hörte sie nicht. Sie drückte sich an die Wand neben dem Lagerraum, guckte auf ihre Füße und mied jeden Blickkontakt mit O'Grady.

»Na, geht's dir wieder besser?«, fragte O'Grady. Das Mädchen nickte. »Seht ihr?«, schrie er. »Es war nichts. Ihr haltet euch für normale Sterbliche? Aber ihr seid keine normalen Sterblichen! Ihr seid Revolutionäre, und Revolutionäre sind unbesiegbar. Stimmt doch, Schätzchen – oder?«

Die Kleine ignorierte seine Frage, konzentrierte sich ganz auf ihre blanken Schuhe.

»Komm mal her, Schätzchen«, sagte O'Grady, die Waffe in der Armbeuge wiegend. Das Mädchen rührte sich nicht. »Komm her, ich tu dir nichts. Ich bin nicht böse. Ehrlich. Ich bin echt froh, dass es dir besser geht. Du hast mir einen schönen Schrecken eingejagt.« Sie näherte sich ihm zögernd. »Wie heißt du?«, fragte O'Grady.

»Freda«, antwortete das Mädchen kaum hörbar.

»Das ist ein guter Name für eine Revolutionärin«, sagte O'Grady und tätschelte ihr aufmunternd den Kopf.

»Danke«, murmelte die Kleine. Sie lächelte O'Grady an, und für einen Moment hellte sich ihr Gesicht auf.

»Na, so ein Lächeln lob ich mir«, sagte O'Grady. Er reagierte so herzlich und offen auf das Lächeln der Kleinen, dass sie sich sichtlich entspannte, ihre Schultern sich lockerten.
»Zeig doch dieses Lächeln mal den Genossen«, sagte O'Grady. Das Mädchen guckte verständnislos. »Den Genossen hier«,

sagte O'Grady und deutete auf die Geiseln, die auf dem Fußboden saßen. »Sie könnten ein bisschen Aufmunterung vertragen … ein bisschen Sonnenschein, was?« Die Kleine nickte, und O'Grady streckte die Hand nach ihr aus, doch in diesem Augenblick kam der Manager angelaufen und verfing sich fast in seinem Arm. O'Gradys Miene verdüsterte sich prompt. Misstrauisch musterte er den Manager.

»Das Medikament«, sagte dieser mit einem verlegenen Grinsen. »Sie … ähm … sie braucht was für ihr Asthma. Ich hatte ein Medikament … im Lagerraum … das habe ich ihr gegeben. Sie kriegt Anfälle, genau wie ich. Also habe ich ihr mein Medikament gegeben … im Lagerraum.«

Der Manager wurde immer aufgeregter, weil O'Grady nichts sagte, sondern ihn nur grimmig fixierte.

»Deshalb … ähm … werde ich ihr das Medikament immer wieder geben …«

Constantine verstummte, vom durchdringenden Blick des Geiselnehmers zum Schweigen gebracht. Sie starrten sich mehrere Sekunden lang an, bis O'Grady schließlich mit dem Finger auf Constantine zeigte und sagte: »Du bist daran. Geh die Tür kontrollieren.«

»Was?«, fragte der Manager.

O'Grady antwortete betont langsam, als hätte er es mit einem Schwachsinnigen zu tun: »Geh die Treppe hinauf und sieh nach, ob irgendjemand reinzukommen versucht. Verstanden?«

»Ja … klar«, sagte der Manager. Er eilte zum Ausgang und verschwand die Treppe hinauf. John Wayne O'Grady wusste, dass dort oben die Todeszone war. Von draußen hatten die

Scharfschützen der Polizei jeden Zentimeter des Treppenflurs im Visier, bereit, den Feind – ihn – zu erledigen.

Ein paar Sekunden vergingen, ehe Constantine »Hier ist nichts!« rief und wieder herunterkam.

»Warum hast du so lange gebraucht?«, wollte O'Grady wissen, als Constantine sich gerade neben dem Koch niederlassen wollte.

»Wie bitte?«, fragte Constantine zurück.

»Es wird dir leidtun, wenn du mich anlügst. Was war da los?«

»Nichts ...« Constantine begann wieder zu schwitzen.

»Lüg mich nicht an!«, brüllte O'Grady. Die Kleine neben ihm fuhr zusammen und wich erschrocken vor seiner lauten Stimme zurück.

»Es war ... sie ...« Er konnte seinen Satz nicht zu Ende bringen.

O'Grady starrte ihn eine ganze Weile an, fragte ihn dann leise, kaum hörbar: »Haben die da oben eine Botschaft für dich hochgehalten?«

Im Restaurant wurde es so still, dass man das ferne Brummen des Straßenverkehrs hören konnte. Plötzlich jaulte eine Sirene, und einige Geiseln zuckten erschrocken zusammen. Die meisten sahen Constantine an und warteten auf seine Antwort. Manche schienen nervöser als andere – vor allem die, die schon oben auf dem Treppenabsatz gewesen waren.

»Raus mit der Sprache!«, sagte O'Grady. »Haben sie dir eine schriftliche Botschaft gezeigt?«

»Ja«, brummelte Constantine.

Enttäuschtes Gemurmel erhob sich.

»Haltet die Klappe! Ruhe hier!«, brüllte O'Grady. »Wie kannst du's wagen, dich meinem Befehl zu widersetzen? Wie kannst du's wagen?« Er fuchtelte mit dem Gewehr. »Glaubst du etwa, ich bin zum Jux hier?«

Alle schwiegen, weil sie nicht wussten, was der Irre jetzt vorhatte. Sie sahen nur die Waffe und seinen wilden Blick.

»Und was stand da?«, brüllte O'Grady Constantine an.

»Es war … ich konnte es nicht lesen.«

O'Grady ging auf Constantine zu, setzte ihm die Waffe an die Brust und drängte ihn an die Wand. Dann sagte er beherrscht, aber drohend: »Beantworte meine Frage in drei Sekunden, oder du bist ein toter Mann!«

Constantine hustete, dann beantwortete er die Frage: »Auf dem Schild stand: ›Wie viele Bewaffnete?‹«

John Wayne O'Grady senkte seine Waffe und setzte sich lachend wieder auf seinen Plastikstuhl. Der Lauf der Barrett wackelte gefährlich herum, zeigte willkürlich auf irgendwelche Geiseln.

»Diese Idioten!«, rief er schließlich. »Die haben ja keine Ahnung. ›Wie viele Bewaffnete?‹ Na schön, dann antworte ihnen.«

Er fuchtelte mit der Waffe in Constantines Richtung und der Manager deutete sich wie ein aufgeregter Schuljunge auf die Brust. »Ich?«, fragte er.

»Ja, du Trottel. Wie viele sind hier?«

Constantine schaute sich um, als könnte sich der eine oder andere Bewaffnete hinter seinem Rücken ins Restaurant geschlichen haben. Erleichtert stellte er fest, dass da tatsächlich nur einer war. »Einer«, antwortete er.

»Falsch!«, donnerte O'Grady, und der Manager fuhr zurück. »Du bist ein fetter, nutzloser Trottel. Schau dich um! Was siehst du? Deine Genossen! Die Zukunft der Revolution! Sie brauchen keine Gewehre, in ihren Köpfen und Herzen entsteht etwas viel Wirkungsvolleres. Sie sind die Bewaffneten, vor denen sich diese Polizei-Lakaien in Zukunft zu fürchten haben.«

O'Grady lachte wieder, begeistert von seinem eigenen Witz, der allerdings bei den »Genossen« nicht richtig ankam. Er richtete das Gewehr auf einen hoch gewachsenen Mann, der hinten in der Gruppe stand. »He, du da!«, rief er. »Nimm einen Zettel und einen Stift und schreib was für mich auf. Schreib: ›Der unsichtbare Mann plus zwölf!‹.«

Der große Mann zögerte einen Augenblick. »Der unsichtbare Mann?«, fragte er.

»Ja, du Idiot. *Ich* bin der unsichtbare Mann. So, und jetzt schreib das auf.«

Papier und Stift wurden herbeigeschafft, der lange Typ schrieb die Nachricht auf und hielt den Zettel hoch, um ihn von O'Grady absegnen zu lassen.

»Los«, sagte O'Grady. »Bring ihn nach oben und halt ihn an die Tür. Aber du hast nur fünfzehn Sekunden. Wenn du länger brauchst, bringe ich deine Freundin hier um.« Er deutete lässig mit dem Lauf der Waffe auf die rothaarige Frau, die neben dem hoch gewachsenen Mann stand. Der Mann raste los, die Treppe hinauf. Seine schweren Schritte hallten durchs Restaurant. Dann herrschte einen Moment Stille, ehe er wieder die Stufen herunter in das Restaurant gepoltert kam. Wilde Panik stand ihm ins Gesicht geschrieben.

Er hatte nur sieben Sekunden gebraucht.

O'Grady schien seine Rückkehr gar nicht zu registrieren, er sah nicht einmal auf, als der Mann keuchend vor ihm stand. »Ich bin wieder da«, sagte der Lange schließlich. Von O'Grady kam nur ein kurzes Nicken. Den Blick hob er immer noch nicht. Das Mädchen entfernte sich nun ein paar Schritte von O'Grady, verunsichert, weil der schreiende, schimpfende, tobende Mann mit der Waffe jetzt so merkwürdig still war.

Plötzlich durchbrach eine laute Stimme die Stille: Der Polizeiunterhändler meldete sich per Megafon.

»Hier spricht die Polizei. Es ist im Interesse aller Beteiligten, dass Sie ans Telefon gehen und mit uns reden. Wir möchten die Situation friedlich lösen, weiter nichts. Man wird Sie fair und gerecht behandeln ...«

O'Grady richtete sich auf, den Kopf schief gelegt, und hörte der Stimme aufmerksam zu.

»Da drin sind Kinder. Und Menschen, die medizinische Hilfe brauchen. Geben Sie uns ein Zeichen Ihres guten Willens und lassen Sie diese Personen frei. Sie wollen doch bestimmt nicht, dass jemandem etwas zustößt. Ich wiederhole: Wir wollen alle eine friedliche Lösung. Wenn Sie die Kinder freilassen, beweisen Sie Ihre guten Absichten ...«

O'Grady lachte laut und schlug sich übertrieben belustigt auf die Schenkel. »Habt ihr das gehört?«, rief er. »Sie denken, Ihr seid in Gefahr. Sie denken, ich will euch etwas antun ...«

Das Mädchen, das gehört hatte, wie die Stimme sagte, er solle die Kinder freilassen, funkelte ihn böse an.

»Keiner von euch will freigelassen werden, stimmt's?«, fragte er.

Sie wollte gerade vortreten und »Doch, ich« sagen, als sie eine anonyme Hand auf ihrer Schulter spürte. Sie blieb abrupt stehen.

»Lassen Sie die Kinder aus dem Restaurant. Sie sind noch klein …«

O'Grady packte Constantine am Hemd und schubste ihn in Richtung Ausgang.

»Was? Was ist?«, stammelte der Manager.

»Mach, dass sie die Klappe halten, oder sie sehen dich sterben.«

Er schubste den Manager die Stufen hinauf und setzte ihm das Gewehr an die Schläfe. Die Polizei konnte Constantine dort, wo er nun stand, genau sehen. Von draußen war ein erschrockenes Aufstöhnen zu hören, und der Polizeiunterhändler redete nicht mehr weiter. O'Grady selbst war von draußen nicht sichtbar.

»Er hat gesagt, Sie sollen still sein!«, schrie Constantine und schielte auf die Waffe an seinem Kopf. »Bitte! Reden Sie nicht mit ihm. Seien Sie einfach still. Er hat hier drin auch noch eine Bombe. Er meint es ernst.«

O'Grady nickte und sagte dann: »Komm wieder hierher.«

Constantine stolperte mit schockverzerrtem Gesicht ins Restaurant zurück. Er ging zu den anderen Geiseln, während O'Grady sich auf einen Stuhl setzte und seinen Gedanken nachhing. Schließlich begann er ohne aufzusehen mit leiser, drohender Stimme zu reden: »Wollt ihr wissen, wie ich die Türen abgeschlossen habe?«

Da die Frage an niemand Bestimmtes gerichtet war, antwortete auch niemand.

»Du da!«, sagte O'Grady und sah den Manager an. »Willst du's wissen?«

»Nein … Es geht mich nichts an«, murmelte Constantine.

»Da irrst du dich. Es geht dich sehr wohl etwas an. Weil dich der Laden hier etwas angeht. Es ist dein Laden. Dein Family-Value-Laden. Ich sag's dir: Ich hatte meinen eigenen Schlüssel.«

»Einen eigenen Schlüssel? Aber … wie kann das sein?«

O'Grady lachte. »Da staunst du, was? Der unsichtbare Mann hat wieder zugeschlagen. Wieso habe ich meinen eigenen Schlüssel? Weil ich auch einmal ein Family-Value-Restaurant geleitet habe. Weil ich *dieses* Restaurant übernehmen sollte.«

John Wayne O'Grady stand auf und wartete, bis die Information in Theo Constantines langsames Gehirn gesickert war. Bis der Verrat den Manager bis in die Family-Value-Socken erschüttert hatte.

»Aber warum tun Sie das?«, fragte Constantine.

»Ich bin der unsichtbare Mann«, antwortete O'Grady »Ich bin der Nachbar, den du für deinen Freund gehalten hast. Ich bin der Typ auf der Straße, den du gar nicht richtig wahrgenommen hast. Ich bin der Manager, der dachte, wenn er alles richtig macht, wird er befördert. Ich bin der Depp, von dem jeder dachte, er könnte ihn ausnützen. Ich war ein *Nichts* für diese Leute! Ein absoluter Niemand! Ich bin unsichtbar, weil du nicht die Augen hast, mein wahres Ich zu sehen. Ich bin John O'Grady, der sich den Mittelnamen Wayne gegeben hat. Ich bin ein bewaffneter Cowboy, der in die Stadt geritten kommt, um sich die Schurken zu schnappen. Du wirst mein wahres Ich nicht sehen, solange du noch an das System glaubst. Nur die wahrhaft Gläubigen können mich sehen. Nur sie wissen, dass ich das Abzeichen der Wahrheit trage, dass ich der Gute bin, und dort draußen, auf der anderen Seite der Tür lauert die Bande mit den schwarzen Hüten darauf, mich zu erschießen. Ich bin John Wayne O'Grady! Ich bin deine Chance, von hier wegzukommen. Siehst du mich jetzt?«

Niemand von den Leuten vor ihm sagte etwas. Keine der geduckten Geiseln ließ sich anmerken, dass sie nur einen durchgedrehten Mann sahen und dass er, wenn er denn ein Cowboy war, in ihrer aller düstere Zukunft ritt.

Aber eine Geisel stand neben ihm. Sie blickte zu dem riesigen Mann mit der gewaltigen Waffe auf und sah einen Neon-Heiligenschein um seinen Kopf. Und in ihrer Angst, in ihrer rasenden Panik glaubte sie, auf seiner Brust ein Abzeichen im Neonlicht blinken zu sehen. Da ein Pistolenhalfter … da ein Paar Stiefel … da eine staubige Weste. Das Mädchen guckte in ein unwirkliches Licht, staunte, begann zu fantasieren.

FREDA OPPERMAN

Als ich das Café betrete, erhebt er sich beflissen, einen Bleistift in der Hand, das Notizbuch vor sich auf dem Tisch. Er ist höchstens ein, zwei Jahre älter als ich. William. Er sieht aus wie ein schlecht proportionierter Teddybär, mit einem unübersehbaren Bäuchlein und einem Kopf, der, ganz egal, von welcher Seite man ihn betrachtet, irgendwie ein paar Nummern zu groß wirkt.

Einen Moment lang glaube ich, ihn zu kennen. Nicht, dass sein Gesicht mir bekannt vorkäme, nein, es ist etwas anderes. Es ist die Art, wie er mich ansieht, der »William«, den ich hinter der Mauer seiner Augen sehe. Ich *kenne* diesen Menschen, ohne ihm je begegnet zu sein. Es ist ein sehr seltsames Gefühl, ein Wiedererkennen, das ich so noch nie erlebt habe. Es entwaffnet mich, schwächt mich. Ich könnte mich zu ihm setzen, mich entspannen, ich selbst sein … Dann verändert sich sein Gesicht, sein Lächeln wird ein bisschen verkrampfter, sein Blick munter. Er ist ein bisschen *zu* erfreut, mich zu sehen. Und ich rufe mich zur Ordnung. Wie konnte ich auf so etwas Albernes reinfallen? In so eine typische Mädchenfalle tappen? Das war kein Wiedererkennen, das war Charme. Der Charme eines Journalismus-Studenten. Ein junger Mann, der versucht, mich für sich einzunehmen, damit ich mehr offenbare. Er ist ein nickender Teddybär mit Notizbuch und Bleistift.

Sonst nichts.

William streckt mir die Hand hin, als ich näher komme, und fragt: »Freda Opperman?« Angesichts der Tatsache, dass er die letzten dreißig Sekunden damit verbracht hat, mich anzugrinsen, ist das eine ziemlich blöde Frage. Vielleicht sichert er sich gern gründlich ab. Ich nicke, setze mich hin und beobachte, wie sein großer Kopf wippt, während er Platz nimmt, wie sein gewölbter Bauch hinterm Tisch verschwindet. Williams Körper gibt sich alle Mühe. Auf die Frage, was ich trinken möchte, antworte ich: »Wasser.«

»Mineralwasser?«

Ach, Gott, immer diese Entscheidungen. Es ist grotesk – man kann heutzutage nicht einfach Wasser bestellen, sondern muss einen komplizierten Tanz aufführen. Mit oder lieber ohne Kohlensäure? Tafelwasser? Quellwasser? So viele Varianten von Wasser.

»Einfach nur Wasser«, sage ich, um ihn aus dem Konzept zu bringen. Er nickt dem Kellner zu. Ich erwarte schon halb, dass er »einmal Leitungswasser« bestellt, aber er ist wohlerzogen genug, »ein Glas Wasser für meinen Gast« zu verlangen. Als wäre das hier sein Café, sein Tisch, seine kleine Ecke der Welt.

Und dann warten wir. Er wirkt nervös. Das ist etwas Neues für mich. Normalerweise mache ich die Leute nicht nervös. Sie reagieren vielleicht erschrocken, betroffen, konsterniert, aber nicht nervös. Eine Pause tritt ein, ein Schweigen, das schnell peinlich wird. Ich bin Expertin in puncto Schweigen. Ich suche nach einem Eröffnungssatz, aber all meine Vorbereitungen und Proben waren umsonst. Mir fällt beim besten Willen nichts ein, ich horche auf die Lautsprecher, in der Hoffnung, die Musik könnte mir eine Inspiration liefern. Es ist irgendein lateinamerikanischer Rhythmus, und ich habe absolut keine Ahnung, was ich zu diesem »Cha-cha-cha« sagen könnte.

Schließlich fängt William an zu reden, stolpert mit einer linkischen Einleitung in die Lücke. »Ich freue mich, dass du kommen konntest … Es ist mir eine Ehre, dich kennenzulernen … Ich habe viel über dich gelesen … früher stand ja so oft was über dich in der Zeitung …«

Die junge Überlebende wird viele Gespräche führen, bei denen ihr Repräsentanten der Öffentlichkeit erklären, welchen Platz sie in ihrer Welt einnimmt, inwiefern sie ein Wegweiser an ihrem persönlichen Lebensweg ist. Sie sollte höflich und aufmerksam bleiben und diese Gespräche gutwillig über sich ergehen lassen. Sie sollte versuchen, nicht zu sehr darunter zu leiden, dass sie auf ein Symbol reduziert wird.

»Wenn es dir recht ist, würde ich zunächst gern das Thema dieses Interviews umreißen«, sagt er.

Ich bin etwas schockiert. Kommen wir schon zur Sache? Zu früh, William. Zu früh und zu schnell. Sei geduldig, sei sanft, freundlich und einfühlsam. Fummle noch nicht an den Häkchen und Ösen meiner Abwehr herum. Wir sollten übers Wetter reden, über das Café, über Musik. Was ist das eigentlich für ein Lied, das gerade gespielt wird?

»Ich habe in der letzten Woche ausgiebig darüber nachgedacht …«

Wenn ich mir überlege, dass ich für einen kurzen Moment diesen Jungen beinahe hätte lieben können! Er erinnert mich ein bisschen an meine erste und bisher einzige sexuelle Begegnung. Nicht, dass sie besonders sexuell gewesen wäre oder eine Begegnung im eigentlichen Sinn des Wortes. Eher eine Art Überfall. Es war bei einer Schuljahresabschlussfete an meiner Schule, und da sie für alle Schüler organisiert wurde, war zwangsläufig auch ich eingeladen.

Ich wurde an diesem Abend konsequent übersehen, nur ein einziger Junge forderte mich zum Tanzen auf. Er war rundlich, ein bisschen wie William, mit einem Meer von Aknepickeln im Gesicht. Vielleicht dachte er, ich sei verzweifelt genug, um mich auch mit einem entstellten Gesicht zufriedenzugeben. Oder aber er erfasste die Situation auf einer tieferen Ebene – er wusste, dass wir beide gezeichnet waren.

Nach ein paar Pflichttänzen führte er mich nach draußen, zum Küssen und Knutschen. Ich war neugierig und machte deshalb eine Weile mit, ließ das Gefummel seiner ungeschickten Hände über mich ergehen, während er Miniatursiege über meinen Körper errang. Zuerst der Kuss, dann das Betatschen meiner Brüste durch das Kleid, dann der Griff in den Ausschnitt, um meinen Büstenhalter zu begrabbeln. Als er zur nächsten Heldentat ansetzte, beschloss ich, dass es mir reichte, und machte der Sache ein Ende.

Das Komische war, dass der Junge nicht überrascht oder sauer schien, als ich unsere Begegnung abbrach. Er wirkte beinahe erleichtert, wich einen Schritt zurück und murmelte »Entschuldigung«. Ich empfand daraufhin eine solche Zärtlichkeit für ihn, dass ich seine Hand nahm, und wir saßen zwischen den knutschenden Paaren, ohne viel zu sagen.

»Was mich interessiert«, stürzt sich William jetzt auf sein Thema, »ist die Frage, wie die verschiedenen Mitspieler bei einer Geiselnahme deren Ausgang beeinflussen.«

Ist das nicht niedlich? Er nennt uns »Mitspieler«. John Wayne O'Grady mit seinem brutalen Regiment und seiner noch brutaleren Waffe war nichts anderes als ein »Mitspieler« bei einem Spiel. Ich nehme an, mit so was muss man rechnen, wenn man bereit ist, sich für eine Studentenzeitung interviewen zu lassen.

»In gewisser Weise«, fährt William fort, »ist klar, dass Menschen, die in eine Naturkatastrophe wie zum Beispiel einen Erdrutsch oder ein Erdbeben geraten, wirklich unschuldige Opfer sind. Sie haben keinerlei Einfluss auf das Geschehen. Aber bei einer Geiselnahme ist das etwas anderes.«

Er schweigt, um zu sehen, wie ich reagiere. Ich gerate in leise Panik. Müsste ich eine Reaktion zeigen? Zum Glück kommt in diesem Moment der Kellner mit meinem Glas, um das eine Papierserviette drapiert ist, die ich sofort entferne. William sieht sich im Café um; vielleicht hat er den Faden verloren. Das käme mir gerade recht.

Ich sehe, wie N.O. diskret den Raum betritt und ein paar Tische weiter Platz nimmt. Auf ihre entschiedene Art ruft sie den Kellner. Soll ich mir anmerken lassen, dass ich sie kenne? Oder soll ich ihre Anwesenheit ignorieren? Ich weiß nicht mehr, wie die Regeln lauten. William sieht aus, als wollte er wieder auf sein Thema zurückkommen, also ergreife ich die Initiative und lenke ihn ab.

»Wie alt bist du?«

»Wie bitte?«

»Wie alt bist du?«

»Zwanzig«, murmelt er.

»Da sind wir ja fast gleich alt«, sage ich, und er mustert mich mit zusammengekniffenen Augen, als wollte er herausfinden, ob das Ganze eine Fangfrage ist.

»Es interessiert mich, mehr nicht«, sage ich. »Du gehst auf die Uni und ich nicht. Was studierst du?«

»Journalismus«, brummelt er. »Politikwissenschaften … und so. Aber um auf die Geiselnahme zurückzukommen«, greift er sein Thema wieder auf. »Es ist irgendwie faszinierend, wie sich manche Leute in so einer Situation völlig in sich selbst zurückziehen, während andere sich herauszukämpfen versuchen und wieder andere … na ja … also, irgendwie mitmachen.«

Er spielt mit seinem Stift und kann mir nicht in die Augen sehen, was mir ganz recht ist, weil ich ihn auch nicht angucke. Ist er fertig? Hoffentlich. Die Sache wird mir ein bisschen zu heikel. Ich krame in meinem Gehirn nach einer Bemerkung, aber mein Teddy-Gegenüber kommt mir zuvor.

»Wie lange hat die Geiselnahme gedauert?«, fragt er. »Zwei Tage?«

»Sechsunddreißig Stunden«, antworte ich. »Vom Sonntagnachmittag bis zum frühen Dienstagmorgen, William.«

»Und was kam dann? Eine gerichtliche Untersuchung, bei der die Beweisaufnahme mehr als fünfzig Tage in Anspruch nahm?«

»Ich glaube, ja«, sage ich. Diffuses Unbehagen überkommt mich. Dieses »Gespräch« verläuft nicht nach dem normalen Muster.

»Weißt du – genau das fasziniert mich«, sagt William und ruckt nervös mit dem Kopf. »Das Nachspiel, die Folgen, die sich ewig hinziehen – das scheint doch fast wichtiger. Findest du nicht?«

»Ich … ich finde …«

William wartet nicht drauf, was ich finde. »All diese vielen verschiedenen Aspekte – Sanktion, Entschädigung, Wiedereingliederung …«

»Das sind ziemlich komplizierte Wörter«, versuche ich ihn mit einem amüsierten Lächeln von seinem Vortrag abzubringen.

Er mustert mich kurz, zuckt dann die Achseln. »Entschuldige. Ich wollte sagen … also … was machen die Geiseln – was machen sie mit dem ganzen Zeug?«

Mit dem ganzen Zeug? Mit welchem Zeug? Das ist das seltsamste Interview, das ich je erlebt habe. William scheint sich mehr für seine eigene Meinung zu interessieren als für meine. Bevor ich ihn auffordern kann, sich etwas deutlicher auszudrücken, redet er schon weiter.

»Na ja, ist nicht so wichtig. Ich hab mir das nur schon mal überlegt. Also … ähm …« Er schaut in sein Notizbuch. Es ist beruhigend, dass er sich wenigstens ein paar Fragen aufgeschrieben hat. »Die gerichtliche Untersuchung. Findest du es nicht interessant, dass nach dieser ganzen langen Zeit, nach dieser ganzen endlosen Untersucherei, immer noch nicht mit Sicherheit festgestellt werden konnte, welche Umstände zu Theo Constantines Tod führten?«

Ich knautsche die Serviette in der Hand zu einem Klumpen, lasse sie dann los.

»Es war ein Schuss«, sage ich. »Der Gerichtsmediziner hat die Todesursache festgestellt … Hör zu … ich glaube nicht, dass das hier viel Sinn hat.« Ich will aufstehen, aber William sprudelt los.

»Tut mir leid«, sagt er und streckt mir die Hand hin. »War nicht so gemeint … weißt du … ich dachte nur … Es war taktlos. Für dich war das alles bestimmt ganz schrecklich. Ich meine, du bist ja bei der Untersuchung auch ausführlich befragt worden. Insgesamt warst du fast einen ganzen Tag im Zeugenstand, stimmt's? Aber dann hat deine Mutter erwirkt, dass an deiner Stelle dieser Psychiater redet, und sie haben dich entlassen. Und was kam dann? Noch sechs Tage ohne dich, in denen man versuchte, die letzten Stunden der Geiselnahme zu rekonstruieren?«

Ich sehe ihn ganze zehn Sekunden schweigend an, gucke dann zu Nancy hinüber. Warum winkt sie nicht und signalisiert mir, es sei Zeit, aufzustehen und zu gehen? Dieses »Gespräch« entwickelt sich zu einem Albtraum. William sieht mir die Qual an und wechselt die Taktik.

»Hör zu – vergiss die gerichtliche Untersuchung, okay?«, sagt er. »Ich nehme an, die andern Geiseln sind jetzt für dich so eine Art Familie.«

Worauf will er hinaus? Er springt von einer Frage zur nächsten, scheint aber ein Grundthema zu verfolgen. Ich kann nur nicht den Finger darauflegen. Jetzt will er wissen, ob die anderen Geiseln für mich so etwas wie eine Familie sind?

»Ähm … eigentlich nicht«, sage ich.

»Aber ihr habt doch so viel gemeinsam durchgemacht. Habt ihr den Kontakt nicht aufrechterhalten? Haben sie dir nicht geholfen, dich genau zu erinnern?«

Unbehaglich rutsche ich auf meinem Stuhl hin und her und weiche Williams Blick aus. Nein, meine Mitgeiseln sind nicht meine Familie. Selbst wenn ich sie nie im Leben wieder sehe, werde ich ihnen keine Träne nachweinen.

William mustert mein Gesicht. Er sucht nach etwas … nach mir. Mir gefällt das nicht, und ich versuche, ihn abzulenken, indem ich zu dem Lautsprecher hinaufschaue und frage: »Kennst du den Song?«

Er schüttelt irritiert den Kopf und fährt dann mit seinen Fragen fort. »Findest du's nicht grotesk, dass sich der Untersuchungsrichter nach sechs Tagen Beweisaufnahme damit begnügt, die letzten beiden Stunden der Geiselnahme als nicht rekonstruierbar abzuschreiben?«

Du kannst nicht damit aufhören, stimmt's? Du musst wieder darin herumstochern, obwohl ich dir gesagt habe, du sollst aufhören. Diese Unterhaltung ist innerhalb kürzester Zeit unhöflich und fies geworden. Sie hält sich an keine Regeln mehr, und ich merke, wie ich immer wütender auf diesen Teddybären und seine Fragen werde. Sechs Tage Beweisaufnahme bei der gerichtlichen Untersuchung? Das ist ein Witz! Sechs Tage Spekulationen darüber, was passierte, als O'Grady sämtliche Geiseln in die Toiletten eingesperrt hatte und nur Theo und ich noch im Restaurant herumlaufen durften. Sechs Tage Stochern im Nebel – und im unzuverlässigen Gedächtnis einer Neunjährigen.

Ich lächle William an, weil ich spüre, dass ihn das verunsichert. Innerlich bin ich am Rand der Panik. Aber die junge Überlebende sollte niemals in Panik geraten. Das führt nur zu unerquicklichen emotionalen Ausbrüchen oder zu schrecklichen Erinnerungen, die genau dann auf sie einstürmen, wenn sie wehrlos ist. Die junge Überlebende sollte stattdessen nach dem letzten Strohhalm greifen, nach der Waffe der Verzweiflung. Nach der Rhetorik ihrer Mutter.

»Ich habe den größten Teil meines Lebens damit verbracht, Verbrechensopfern zu helfen, ein Netzwerk gegen Waffengewalt zu unterstützen und …«

»Du meinst die Organisationen, die deine Mutter leitet?«

Ich nicke.

»Mach ein gutes Leben draus«, brummelt er.

Ah, er kennt die berühmten letzten Worte. Jetzt befinden wir uns wieder auf sichererem Terrain. Ich habe seinen neugierigen Denkapparat auf *mein* Thema gelenkt.

»Ja«, sage ich. »Ich habe zwar keinen Kontakt mit den Geiseln gepflegt, aber ich habe viele Jahre damit verbracht, dafür zu sorgen, dass andere Menschen in ähnlichen Situationen bessere Chancen haben. Ich hätte mich auch zurückziehen können, aber das habe ich nicht getan.«

»Also«, sagt William und kratzt sich im Nacken. »Was ich interessant finde … die Taktik, die die Organisationen deiner Mutter anwenden … die Prozesse gegen Konzerne – den Weg über die Justiz, um Regierungsorgane auf Linie zu bringen – würdest du nicht sagen, dass die Stoßrichtung dieser Aktionen eine gewisse Ähnlichkeit mit dem hat, was während der Geiselnahme propagiert wurde?«

Ich lasse meine Serviette fallen und bücke mich, um sie aufzuheben. Soll ich einfach aufstehen und weglaufen? Dieses unverschämte Jüngelchen neben mir hat es tatsächlich irgendwie geschafft, mich völlig lahmzulegen. Ich habe das blöde Gefühl, das ganze Café versteht den Witz, um den es hier geht, nur ich habe ihn noch nicht kapiert. Mr William, der Journalismus-Student, mustert mich eingehend, prüft, wie ich auf seine These reagiere. Wenn er nicht aufpasst, reagiere ich gleich über sein ganzes Hemd!

»Du magst Interviews nicht besonders, stimmt's?«, fragt er nach einer Weile.

»Soll das hier ein Interview sein?«, frage ich zurück, und meiner Stimme hört man an, dass ich verletzt und wütend bin. »Ich dachte, das sei nur eine kleine Plauderei.«

Das Wort »Plauderei« verwirrt ihn. Er überlegt, was ich damit meinen könnte. Während er nachdenkt, horche ich auf die Cha-cha-Musik im Lautsprecher. Dieser verdammte William – ich will nicht, dass er mit seinem widerlichen kleinen Verhör fortfährt. Egal, was für eine Musik das ist, ich werde sie benutzen, um mich aus seiner Umklammerung zu befreien.

»Ist das Suntanna?«, frage ich und zeige lässig auf den Lautsprecher.

»Was?« Jetzt klingt William ärgerlich.

»Die Musik«, füge ich erklärend hinzu.

Er korrigiert mich. »Santana. Du meinst Carlos Santana. Nein, ist er nicht.«

Er scheint zu schmollen und dreht sich ein bisschen von mir weg. Er wollte tatsächlich etwas Bestimmtes aus mir herauskitzeln, und ich habe ihn frustriert, indem ich über die Musik geredet habe. Vielleicht gibt er jetzt auf und schmollt nur noch. Ich muss den Druck aufrechterhalten und dafür sorgen, dass er den Faden nicht wieder findet.

»Ehrlich gesagt – ich interessiere mich gar nicht besonders für Musik«, sage ich. »Und du? Magst du Popsongs und so was?«

»Ich mag am liebsten traurige Lieder«, antwortet er schnell, und seine Stimme klingt weit weg.

Ach, William. Traurige Lieder? Ehrlich? Er bemerkt meinen Gesichtsausdruck und will sich verteidigen.

»Das heißt nicht, dass ich alles, was traurig ist, gut finde«, erklärt er. »Ich habe nur an ein Zitat gedacht. *Und unsre schönsten Lieder sollen traurig sein.*«

Shelley. Er kommt mir mit Shelley oder versucht es jedenfalls.

Kurz steigt Panik in mir hoch, weil ich denke, der Teddybär hat in meiner Vergangenheit herumgeschnüffelt, hat bei meinen alten Lehrern blöde Geschichten über mich ausgegraben. *Oh ja, sie hat immerzu dieses Shelley-Gedicht gelesen …* Wie sonst sollte er auf dieses Zitat kommen? Außer er hat das Gedicht mal auswendig gelernt und es jetzt aus seinem Gedächtnis hervorgekramt, um mich zu beeindrucken. Das ist wahrscheinlicher. Dafür gibt es verschiedene Anzeichen. Wie zum Beispiel die Tatsache, dass er die Zeilen aus »An eine Feldlerche« falsch zitiert hat.

Und unsre schönsten Lieder sollen traurig machen.

Noch entlarvender ist allerdings, dass er das Zitat verstümmelt hat. Er hat die letzte Zeile der Strophe genommen und dadurch Percy Bysshe Shelley auf eine allgemein verständliche, für jedermann zugängliche Aussage reduziert.

Ich schließe die Augen und rufe mir meine Lieblingsstrophe ins Gedächtnis. Sie wurde für mich geschrieben. Wer kann das verstehen?

Wir sehn voraus und rückwärts,
Vergehn nach andern Sachen:
Immer ist mit Schmerz
Gemischt das reinste Lachen;
Und unsre schönsten Lieder sollen traurig machen.

Wir sehn voraus und rückwärts, vergehn nach andern Sachen. Na, wäre das nicht ein Thema für dich, William? Ein starkes, elementares Lebensthema, verkörpert in der Art, wie ich hier sitze, spreche, lächle und deine dummen Fragen beantworte. Verkörpert in meinem Alltag, meinem Leben als Freda Opperman, Ikone der Nation.

»Ich glaube nicht, dass du mich überhaupt interviewen wolltest, stimmt's?«

»Du hast doch keine Ahnung, was ich will«, entgegnet er. »Nicht den geringsten Schimmer ...«

Das war's. Das Interview ist beendet. Ich sehe zu Nancy hinüber und werfe ihr einen flehenden Blick zu. Sie nickt und steht auf.

»Da ist meine Mutter«, sage ich.

»Was?«, ruft William und stößt vor Schreck fast seine Tasse um. Sein Wackelkopf fährt herum, sucht meine Mutter und entdeckt sie schließlich auch. »Warum ... Was tut sie hier?«

»Wahrscheinlich Zufall«, sage ich im Aufstehen. »War nett, sich mit dir über Musik zu unterhalten.«

Es kostet mich enorm viel Kraft, langsam zu Nancy zu gehen, nicht zu rennen, nicht in Panik zu ihr zu fliehen. Das ist echt schlecht gelaufen. Hier ist etwas aufgerissen worden, hier in diesem sauberen kleinen Café, mit seinen adrett um die Gläser gewickelten Servietten. Ein scheußlicher Geruch ist freigesetzt worden, und sosehr ich mich auch bemühe, ihn dorthin zurückzudrängen, wo er hingehört – er ist entfleucht. Ich sehe William nicht an, ich kann nicht. Ich hake mich bei meiner Mutter unter und sage nur: »Nichts wie raus hier.«

Sie schaut über meine Schulter und führt mich dann zur Tür hinaus. Als wir auf die Straße treten, fällt mir die Regel wieder ein, die mir vorhin entfallen war. *Nicht reden. Nichts verraten. Ihnen nichts erzählen. Sie nicht einmal anschauen, weil sie dir an den Augen ansehen können, wer du wirklich bist. So einfach ist das mit der Wahrheit. Sie können die Wahrheit in deinen Augen sehen.*

Seine Tochter sah ihn an und wartete auf eine Antwort. In ihrer Schuluniform stand sie in seiner Werkstatt. Hugh Opperman erwiderte ihren Blick und fragte sich, was für eine Antwort sie haben wollte. Ihre jungen Augen suchten sein Gesicht ab. Er war es nicht gewohnt, in seiner Möbelwerkstatt irgendjemandem zu antworten. Normalerweise war es hier still, und er konzentrierte sich auf seine Arbeit, ganz den Gerüchen und der Textur des Holzes hingegeben.

In den vergangenen zwei Monaten, seit ihrem vierzehnten Geburtstag, kam Freda immer wieder zu ihm in die Werkstatt. Sie schwänzte die Schule, widersetzte sich ihrer Mutter. Wäre er Anwalt geblieben, hätte Freda jetzt vermutlich keinen Ort, wo sie der Rolle als Nancys Tochter entkommen konnte.

Er hatte weiches Holz für sie besorgt, damit sie etwas schnitzen konnte. Ein simples Mittel, sie ein bisschen abzulenken, aber im Moment funktionierte es nicht. »Tut mir leid«, sagte er achselzuckend, um ihre Frage irgendwie abzuwimmeln. »Bin ein bisschen zerstreut.«

Dann widmete er sich wieder seiner Arbeit, in der Erwartung, dass Freda es ihm gleichtun würde. Er war ein verschlossener Mensch, aber am verschlossensten war er, wenn seine Hände über ein Stück tasmanische Gummitanne strichen. Wenn er den satten Geruch einatmete, den urtümlichen Duft von Harz und Regenwald, der aus dem Holz drang, während er dessen Geschichte las. Fast konnte er den Baum vor sich sehen, von dem das Holz stammte. Ein alter, toter Stamm vielleicht, ein Relikt aus den Zeiten fieberhaften Rodens, als die tasmanische Tanne Freiwild gewesen war.

Freda arbeitete hinter ihm. Sie schmirgelte wieder eine dieser seltsamen Formen. Ihre Schnitzereien stellten nie etwas Bestimmtes dar. Aber was machte das schon? Was zählte, war allein der Kontakt mit dem Holz. Das gleichmäßige, rhythmische Schnitzen und Schmirgeln, das Momente der Wahrheit brachte. Er mochte es, dass sie mit ihm im Gleichtakt atmete. Dass ihr Rhythmus, ihre Bewegungen wie ein Begleitinstrument zu seinen waren.

Er musste daran denken, als sie noch klein gewesen war, ein Kind mit hochfliegenden Idealen und einem eisernen Willen. Ihre fordernde, frühreife Art – das alles war an jenem Ort verloren gegangen. Er hielt inne. Atmete tief durch. Hoffte, dass der Geruch *dieses* Ortes ihn festhalten würde. Dass er nicht in jene bleischweren Stunden zurückversetzt würde. Als er vor dem Restaurant gewartet hatte. Darauf gewartet hatte, sie wenigstens flüchtig zu Gesicht zu bekommen.

»Ich hab dich gefragt, was du machst«, sagte Freda. »Vorhin.«

Ihre Stimme brach in seine Gedanken ein, und er drehte sich zu ihr um. Sie hatte Sägemehl auf ihrer Schuluniform und einen feinen weißen Schleier am Kinn. Auf ihrer Wange war ein Strich, wo sie den Holzstaub weggewischt hatte. Wie eine Kriegsbemalung.

»Hm?«, sagte er. »Ähm … ich mache eine Kommode.«

»Aus …?«

»Tasmanischer Tanne.«

»Ich mag den Geruch.«

»Ich auch.«

Normalerweise war sie nicht zum Reden aufgelegt, aber heute war es anders. Sie hatte irgendetwas auf dem Herzen. Er gab sich Mühe, nicht genervt zu klingen, wenn er ihre Fragen beantwortete. Das wäre nämlich ganz schlimm. Genervt zu sein, wenn doch jede Sekunde, die er mit seiner Tochter verbrachte, eine dem Schicksal abgetrotzte Sekunde war. Während der langen Stunden der Geiselnahme hatte er davon geträumt, wie es wäre, wenn sie endlich herauskäme. Wie er sie in die Arme schließen würde. Wie er sie an sich drücken würde, bis sie sagte: »Daddy! Du zerquetschst mich!« Und in seinem Traum hatte er gelacht, weil es bedeutete, dass sie am Leben war.

Als sie schließlich freikam, war er gerade ein Stück entfernt und versuchte, die Medienmeute in Schach zu halten. Nancy nahm das Mädchen zu sich auf den Rücksitz eines Polizeiwagens. Er sagte sich, er würde gleich bei ihr sein. Sie brauchte Schutz. Und als die Medienmeute endlich abgefertigt war, kam ein junger Polizist zu ihm und sagte: »Sie sind bestimmt sehr erleichtert, Sir.« In dem Moment erst war ihm aufgefallen, wie leer er sich fühlte. Seine Tochter war frei, und er war wie betäubt.

»Du hast mich noch gar nicht gefragt, was ich mache«, sagte Freda. Ihr ernstes Gesicht wirkte durch die Zahnspange etwas komisch. Eine Zahnspange, gegen die sie sich gewehrt hatte, weil sie fand, die Prozedur lohne sich nicht.

»Ich dachte, du erzählst es mir sicher, wenn du so weit bist«, antwortete er.

»Hm«, sagte sie. »Dann bin ich noch nicht so weit.«

Er nickte und machte sich wieder an die Arbeit. Er versuchte das Bild abzuschütteln, das er mit jenem kalten Morgen verband. Er hatte vor dem Restaurant gestanden, unfähig, sich zu rühren. Der Polizist war zurückgekommen und hatte auf das Polizeiauto gedeutet. »Sie ist da drin«, hatte er gesagt. Und Hugh hatte gerade einsteigen wollen, als er aus irgendeinem unerfindlichen Grund zum Restaurant zurückschaute.

Da hatte er das Mädchen in der Tür gesehen.

»Miss Dumbleton hat im Religionsunterricht behauptet, es bringt uns Gott näher, wenn wir irgendwelche Dinge erschaffen«, sagte Freda, offenbar immer noch mitteilungsbedürftig.

»Ach, ja?«, brummelte Hugh nach einer Pause und fing an zu vermessen.

»Aber ich finde, das ist dummes Zeug. So dumm wie ihr Name, Miss Dumbleton.«

»Stimmt«, sagte er.

Bis zum heutigen Tag fragte er sich, was sein Gehirn beabsichtigt hatte, als es ihm das Mädchen in der Tür zeigte.

»Ich meine – was glaubst du, wie hat Gott das menschliche Herz erschaffen?«, fragte seine Tochter und hörte wieder auf zu schmirgeln.

Er antwortete nicht. Das Holz war teuer. Zu schön, um zu pfuschen.

»Dad?«, sagte sie streng.

»Ja?«

»Hast du gehört, was ich gerade gefragt habe?«

Er nickte. Er hatte ihre Frage vage mitbekommen. Er legte den Bleistift weg und wandte sich Freda zu, in der Hoffnung, dieses Gespräch schnell abschließen zu können.

»Ich weiß nicht, wie Gott das menschliche Herz erschaffen hat«, sagte er. »Wahrscheinlich so ähnlich, wie wenn man eine Pumpe baut.«

»Aber … genau das meine ich doch! Das ist doch etwas anderes«, sagte sie. »Eine Pumpe arbeitet mit Strom. Etwas setzt sie in Bewegung. Wodurch fängt das menschliche Herz an zu schlagen? Ich meine … findest du das nicht irre? Es gibt keine Antwort … jedenfalls keine wissenschaftliche.«

»Ich bin sicher, es gibt eine«, sagte er. »Die Wissenschaft hat garantiert eine Theorie, wie das Herz zu schlagen beginnt.«

»Ich bin mir da gar nicht sicher«, erwiderte sie. »Wie können wir je so was erschaffen?«

»Ich glaube nicht, dass wir es mit dieser Art Schöpfung aufnehmen können«, sagte er. »Wir spielen nicht in derselben Liga.«

Sie sah ihn einen Moment an, vielleicht weil sie auf eine ausführlichere Erläuterung hoffte. Als keine kam, seufzte sie und sagte: »Stimmt.«

Hugh beschäftigte sich wieder mit seinem Holz und hörte, wie Freda kurz darauf auch wieder zu werkeln begann. Er merkte nicht, wie sie hinter seinem Rücken innehielt und sich mit glitzernden Augen im Raum umschaute. Merkte nicht, wie ihr Blick von Ecke zu Ecke huschte, als würde sie seltsame Bewegungen im Schattendunkel verfolgen.

»Wir helfen in der Schule einem Mädchen aus Indonesien«, sagte sie, fast als spräche sie zu sich selbst. »Bis vor ein paar Monaten hat sie sechzehn Stunden am Tag gearbeitet für einen Monatslohn, mit dem sie in den meisten Städten nicht mal eine Tasse Kaffee bezahlen könnte.«

Er drehte sich lächelnd zu ihr um. »Das klingt, als hättest du's aus einer Broschüre.«

»Hab ich, glaube ich, auch«, antwortete sie mit einem breiten Grinsen. »Sechzehn Stunden am Tag! Ich kann mir nicht vorstellen, dass sie sich Gott besonders nahe gefühlt hat.«

»Das stimmt«, sagte Hugh Opperman. »Wahrscheinlich hat sie sich eher der Erschöpfung nahe gefühlt.«

Freda gefiel sein Witz. Sie nickte zufrieden. Er wollte gerade weitermachen, als sie kaum hörbar murmelte: »Sie ist erst neun.«

Er erstarrte. Er konnte sie nicht anschauen, weil er den Schmerz, den er in ihrer Stimme gehört hatte, nicht sehen wollte. Schließlich setzte ihr Schmirgeln wieder ein. Er beschäftigte sich erneut mit seiner tasmanischen Tanne, spannte das Holz in den Schraubstock und griff zur Säge.

Minuten später atmeten sie wieder im Gleichtakt. Hugh dachte an den Polizeiwagen. Die kleine Freda auf dem Rücksitz, ihre Mutter, die sie so fest hielt. Er war nicht eingestiegen, zu erschüttert von seiner verrückten Vision, um die paar Schritte zu seiner Familie zurückzulegen.

»Meinst du, wenn ich Sachen für andere Leute machen würde«, sagte Freda hinter ihm. »Meinst du, das wäre … dann wäre ich …«

Ihr Satz blieb unvollendet in der Luft hängen. Ein einziges Wort fehlte noch. Sie kannten es beide, hörten es beide im Kopf, sprachen es aber nicht aus.

Hugh drehte sich um und nahm die Hand seiner Tochter.

»Du hast Holzstaub unter den Fingernägeln«, sagte er.

Sie schaute auf ihre Hände und lächelte. »Und?«, fragte sie.

»Fragst du dich je, wie er dahin kommt?«

Sie schüttelte den Kopf.

»Ich auch nicht«, sagte er und widmete sich wieder seinem Holz. Er wusste, dass er jetzt nicht mehr gestört werden würde. Als er wieder im Gleichtakt mit seiner Tochter arbeitete und das Schmirgeln in eine ausgedehnte Meditation im schwindenden Nachmittagslicht überging, sann er über die Stille nach, über den tiefen Frieden, den er hier in diesem Raum empfinden konnte.

Und er wusste, es stimmte.

Es war … gut.

Freda Opperman

Man stelle sich eine Filmszene vor, die in einem Auto spielt. Tochter und Mutter, die durch den Regen fahren. Vielleicht beginnt die Szene mit der Tochter, die sich auf dem Beifahrersitz leicht zum Fenster dreht, auf der Suche nach einer bequemen Position. Oder sie beginnt damit, dass die Mutter etwas sagt …

»Und? Wie ist das Interview gelaufen?«

»Nicht besonders gut.«

Der Wagen schien schwer auf der Straße zu liegen, wie ein Lastkahn, der sich langsam durch widrige Gewässer pflügte. Die Tochter versuchte, ihre Erregung zu verbergen, während die Mutter versuchte, sich durch den Wahnsinnsverkehr zu manövrieren.

»Warum?«

»Er hat keine einzige Frage gestellt.«

Selbst die Scheibenwischer hatten Schwierigkeiten, mit den Wassermassen fertig zu werden, die über die Windschutzscheibe strömten. Die Mutter biss sich auf die Unterlippe und sah zu der Tochter hinüber, die jetzt ganz still dasaß, den Blick nach vorne gerichtet.

»Was hat er dann gemacht?«

»Er hat sich über mich geärgert. Wollte, dass ich irgendwas sage. Hat nach meinen Erinnerungen gefragt … Es war richtig blöd.«

Der Motor kämpfte gegen die Fluten an, schob Tonnen von Metall, Gummi und Innenpolsterung die nasse Schnellstraße entlang. Die Mutter achtete nicht mehr richtig auf die Straße, den Verkehr und die Straßenbeleuchtung. In ihrem Kopf wirbelten Myriaden scheußlicher Möglichkeiten durcheinander, und sie hatte das dumpfe Gefühl, dass ihr alles aus der Hand glitt.

»Deine Erinnerungen? Was hast du gesagt?«

»Nicht viel.«

»Oh.«

Die Tochter guckte die Mutter an und sah die Besorgnis in ihren Augen. Sie wollte gerade fragen, was los sei, doch in dem Moment bog die Mutter ein bisschen zu schnell in ihre Straße ein.

Der Wagen kam ins Schleudern, geriet für einen kurzen Moment außer Kontrolle. Noch ehe die Tochter aufschreien konnte, war alles wieder im Lot, und das Auto rollte ruhig auf die Einfahrt zu.

Niemand hörte das Herzklopfen der Mutter, als sie die Handbremse anzog. Niemand sah das Zittern der Tochter, als sie die Wagentür öffnete.

Beides Reaktionen auf einen Schrecken, der nichts mit nassen Straßen oder schleudernden Autos zu tun hatte.

In Wirklichkeit gibt es zwischen meiner Mutter und mir nach dem Debakel mit Wackel-William nur einen kurzen Wortwechsel. Sie fragt: »Wie ist es gelaufen?« Und ich fauche: »Tu mir so was nie wieder an!«

Es war eine sehr schweigsame Heimfahrt, jede von uns mit ihren eigenen Gedanken beschäftigt. Nancys Taktik, mich allein in dieses Interview gehen zu lassen, hat nur dazu geführt, dass ich über Williams linkische Füße gestolpert bin. Wir waren wie zwei Tölpel auf der Tanzfläche, die bei ihrem wilden Gewirbel zusammenstoßen, aber nicht die Zeit haben, sich zu entschuldigen.

Wobei ich nicht glaube, dass William irgendetwas leidtut.

Andere haben es mit ähnlichen Strategien versucht, haben mich aus dem Tritt gebracht, indem sie mir unlogische Fragen stellten. Aber sie wurden immer von N.O. am Schlafittchen gepackt und wieder mit der Nase auf ihren Notizblock gestoßen. »Stellen Sie bitte eine qualifizierte Frage, oder wir müssen gehen …« In äußerst zuvorkommendem Ton, versteht sich. Denn Nancy hatte immer ein freundschaftliches Verhältnis zu den Medien, betrachtete sie als ihre Verbündeten im ewigen Kampf um die Aufrechterhaltung des öffentlichen Bildes der Freda Opperman. Daraus hat sich im Lauf der Jahre ein Verhältnis wechselseitiger Ausbeutung entwickelt.

Und nun verlangt meine Mutter von mir, dass ich die Zügel in die Hand nehme. Dass ich erwachsen werde. Ich habe die sogenannten Erwachsenen studiert, habe sie genau beobachtet, wenn sie in der Bahn zur Arbeit fahren. Sie sitzen da, jeder für sich, denken ruhig vor sich hin. Sie wissen genau, wohin sie gehen und woher sie kommen. Ich sehe es an ihren Augen. Nicht einer von ihnen ist ein Suchender. Der Zug bringt sie an ein vorhersagbares Ziel. Sie hoffen nicht auf etwas Unerwartetes, das Licht oder Gnade in ihr Leben bringen könnte. Vermutlich habe ich mit diesen Kreaturen vieles gemeinsam. Man muss mich nur ansehen, wie ich auf meinem Sitz sitze, von den Kurven, dem verzogenen Metall, den Unebenheiten hin und her geworfen. Aber es scheint so enttäuschend, dass alles so enden soll.

Nancy biegt in die Einfahrt und stellt den Motor ab. Sie hält das Lenkrad noch einen Moment fest, sieht mich dann an. »Alles in Ordnung?«, fragt sie.

»Nein«, sage ich.

Sie schließt die Augen. Ich habe wieder zugeschlagen. Obwohl ich es gar nicht wollte. »Entschuldige«, sagt sie, dann öffnet sie ihre Tür, und die Luft schlägt mich ins Gesicht.

Ich folge ihr ins Haus, gehe aber gleich in mein Zimmer, wo ich mich aufs Bett fallen lasse. Das Telefon klingelt. Gott! Bitte, lass mir wenigstens die nächste Minute. Mehr verlange ich ja gar nicht. Die nächsten sechzig Sekunden. Ich biete dir alles dafür. Meine Vergangenheit, meine Gegenwart, meine Zukunft. Lass mich hier liegen, in dem Wissen, dass meine Mutter gleich auf der anderen Seite der Wand ist, nur durch die offene Tür und ein Stückchen Flur von mir getrennt. Lass die alten Regeln wieder gelten. Schluss mit der Zudringlichkeit. Hör auf, deine Fragen zu stellen. Sie schneiden mich auf, sie öffnen die Bandagen und enthüllen mich.

Das Telefon hört auf zu klingeln.

Ich seufze kurz und lege mir die Hand auf die Brust, spüre, wie sie sich hebt und senkt. Dann fängt das Telefon wieder an. Nancy ruft, ich solle drangehen. Sie ist in ihrem Büro. Wenn ich nicht drangehe, tut sie's. Würde die Stimme mit ihr sprechen? Dieses Risiko darf ich nicht eingehen, also stehe ich auf, gehe hinaus auf den Flur, nehme den Hörer ab und sage: »Hallo?«

»Warum hast du niemandem von den Servietten erzählt?«

Ich höre zu. Ich lasse die Frage und die dahintersteckenden Anklagen auf mich wirken. Diesmal fühle ich mich nicht gezwungen zu antworten. Ich kann einfach nur zuhören. So wie immer. Schließlich verstummt die Stimme, und ich lege auf, gehe zurück in mein Zimmer. Ich hole das Kästchen aus meiner Unterwäscheschublade. Eine kurze Überprüfung des Inhalts ergibt, dass alle Servietten noch da sind. Theos handschriftlicher Bericht aus der Hölle. Eine schwierige Aufgabe, die Rolle des Protokollanten. Das Grauen zu beobachten und die Zahlen, Ereignisse und Zeiten genau festzuhalten. Die verängstigten Menschen zu zählen. Dreizehn. Die Stunden zu zählen. Sechsunddreißig. Nachzurechnen, wie oft er uns Angst eingejagt hat. Zu zeigen, dass wir vergaßen, wie es sich anfühlte, in Sicherheit zu sein. Die Stimme der Unterdrückten zu sein. In Erinnerung zu behalten, was wir zurückließen, und es uns vorzuhalten wie ein Fenster mit Aussicht, damit wir, wenn wir hinausschauen, das tiefe Bedauern empfinden, das einen überkommt, wenn man diesen Ort nie wieder sehen wird. Ja, die Verantwortung des Protokollanten ist groß. Er muss es für uns alle erzählen.

Für uns *alle*.

Ich hole die Servietten heraus, stopfe das leere Kästchen in meinen Wäschekorb und gehe zum Vorhang. Mit ein paar Schnitten und etwas Zupfen gelingt es mir, einen Teil der Unterfütterung vom Vorhangstoff abzutrennen. Ich schiebe die Servietten in den Schlitz zwischen den Stoffbahnen und verschließe ihn mit einer Sicherheitsnadel.

Ein Täuschungsmanöver.

Ich stehe auf und betrachte mein Zimmer, einst meine Zuflucht vor dem Wahnsinn draußen. Ich werde mich hier drin nie wieder so fühlen wie vorher. Ich habe die Ritze in der Zeit verloren, den Ort zwischen den Himmelsrichtungen, wo ich mich versteckt habe. Es ist nicht der mysteriöse Anrufer, vor dem ich die Servietten verstecke. Nein, ich habe sie vor Nancy Opperman versteckt. Sie wird mich testen. Sie wird warten, bis ich mal entspannt bin, und dann ihr Verhör unauffällig ins Gespräch einflechten. Sie hat die Telefonanrufe gehört. Sie hat gesehen, dass ich die Servietten herausgeholt habe, etwas, was ich sonst nie tue. Sie überlegt. Und wartet.

Ich habe das Gefühl, dass mir alles entgleitet.

Ich gehe aus dem Zimmer und schließe die Tür hinter mir ab. Das Telefon klingelt wieder. Ich bleibe stehen. Starre darauf. Welche Frage käme diesmal, wenn ich abnehmen würde? Was für ein Spiel spielst du, Freda Opperman? Warum lügst du? Bist du gut? Nancy hat mir versprochen, immer da zu sein. Wenn sie mir eine unangenehme Frage stellen würden, müsste ich nur ihre Hand drücken, und sie würde sofort einschreiten.

Das Telefon hört auf zu klingeln. Nancy ist noch in ihrem Büro, und ich gehe dorthin, halte mich an der Tür fest, damit ich nicht ins Zimmer stürze, zu ihrem Schreibtisch renne und an ihrem Rocksaum zupfe. Sie sieht mich verdutzt an.

»Was ist?«, fragt N.O.

Bilde ich mir das nur ein, oder ist da in ihrem Blick wirklich etwas Verstohlenes?

»Ich dachte, wir könnten vielleicht noch rausgehen«, sage ich.

»Raus? Wohin?«

»Essen. Ich möchte wirklich raus hier …«

»Wer hat vorhin angerufen?«

Ich starre sie an, wie ein kleines Kind, das auf frischer Tat ertappt wurde. »Keine Ahnung …«

»Du weißt es nicht?«

»Können wir ausgehen?«

Sie schaut auf ihr Bürotelefon, eine separate Leitung, debattiert mit sich. Vielleicht erwartet sie einen Anruf? Schließlich nickt sie. »Okay, ich hole meinen Schlüssel.«

Im Auto beschließen wir, zu dem Restaurant in den Bergen zu fahren. Man fährt fast eine Stunde, aber wir haben genug Zeit, es ist erst Spätnachmittag. Es ist mein Lieblingsrestaurant, hoch droben auf dem Berg, die Stadt weit unter einem. Ich mag den Überblick, den man von dort oben hat, weil einem bewusst wird, dass es dort unten Tausende und Abertausende von Menschen gibt, die alle ihren eigenen Geschäften nachgehen und in ihren eigenen Problemen stecken.

Nancy sagte wieder nichts. Vielleicht muss sie sich zu sehr auf die Straße konzentrieren. Die Straße ist nass und rutschig, und es ist, als führen alle Autofahrer, die vom Berg herunterkommen, gegen die Uhr. Ein weißer Wagen schießt auf unserer Seite um die Kurve, und Nancy bremst. Ihr bleibt nicht mal genug Zeit, um erschrocken aufzuschreien. Der Fahrer des weißen Wagens schwenkt wieder auf seine Straßenseite hinüber und ist blitzschnell vorbei, eine verschwommene Gefahr, schon wieder verschwunden.

»Das war knapp«, sagt Nancy nach einer Weile.

Ich nicke.

Von den Kurven wird mir übel, und ich versuche, stur geradeaus zu schauen. Als wir beim Restaurant ankommen, geht Nancy hinein, um einen Tisch für uns zu reservieren. Sie kommt wieder heraus und sagt, es gebe leider keinen Fensterplatz mehr, aber in vierzig Minuten sei ein Tisch für uns frei. Wir gehen zur großen Terrasse, um bis dahin die Aussicht zu genießen.

Während wir auf das flache Meer der Stadt und der Vororte hinunterschauen, sagt Nancy: »Du hast mir noch gar nicht richtig erzählt, was bei dem Interview passiert ist.«

»Ich finde schon«, entgegne ich. Meine Finger beginnen nervös zu kribbeln.

»Nein«, sagt sie.

»Na ja – *du* hast doch gemeint, du müsstest nicht dabei sein.«

»Freda! Du warst sichtlich durcheinander …«

»Er hat blöde Sachen gefragt und nicht mal meine Antworten abgewartet. Er hatte keinen Plan, und am Schluss ist er in seiner tappigen Art schlichtweg unhöflich geworden. Mehr gibt es nicht zu sagen.«

»Bist du sicher?«, fragt Nancy Opperman fast beiläufig.

Jetzt ist es also so weit. Seit Jahren beobachte ich, wie meine Mutter ihre Opfer einwickelt, indem sie diesen leicht irritierten, aber scheinbar wohlwollenden Ton anschlägt. Ich habe gesehen, wie sie lächelt, wenn die Opfer antworten, nur um ihre Aussagen anschließend in Sensen zu verwandeln und die Leute mit ihren eigenen Worten niederzumähen. Und nun bin ich an der Reihe. Wie konnte es so weit kommen? Die junge Überlebende muss ruhig und heiter bleiben. Sie darf nicht weinen oder sich verzweifelt an den Arm ihrer Mutter klammern. Die kleine Überlebende kann nicht ewig klein bleiben.

»Er war wirklich ziemlich dumm und langweilig«, lenke ich ab. »Ich hatte gehofft, diese Unitypen wären ein bisschen intelligenter.«

Nancy mustert mich aufmerksam. Sie hat wieder diesen traurigen Blick. »Freda«, sagt sie ruhig. »Was ist das mit diesen Telefonanrufen?«

Ich kann es nicht ausstehen, wenn sie das macht. Nicht bei mir. »Komm schon, Mum«, sage ich. »Frag mich doch lieber direkt, was du wissen möchtest.«

»Das ist kein Spiel, Freda«, sagt sie. »Haben die Anrufe etwas damit zu tun, dass du die Papierservietten herausgeholt hast? Geht es darum? Würdest du mir bitte sagen, was los ist?«

»Kann ich nicht«, erwidere ich. »Ich habe Angst vor dem, was du tun könntest.«

»Aber Freda! Ich bin deine Mutter.«

Ein Bus fährt auf den Parkplatz hinter uns, die Bremsen fauchen. Ich drehe mich um, sehe beschlagene Fenster, Regentropfen, die seitlich herunterlaufen. »Weißt du, dass O'Grady in der letzten Nacht dauernd auf mich eingeflüstert hat?«

»Freda!« Sie ist echt schockiert. Ich habe an *das* Thema gerührt. »Das ist doch alles schon so lange her …«

»Aber er hat geflüstert«, sage ich mit fester Stimme und drehe ihr den Rücken zu. »Ich erinnere mich genau daran. Es passt dir nicht, wenn ich das tue, stimmt's? Ich erinnere mich an seine Stimme. ›Mit der Wahrheit kann man keine Deals machen. Sie schlägt zurück und vernichtet dich am Schluss.‹ Das hat der Dreckskerl zu mir gesagt.«

»Er war ein Irrer«, sagt Nancy. »Denk am besten gar nicht an ihn.« Sie berührt meine Hand. »Er war verrückt.«

Ihre Berührung ist mir angenehm. Immer schon. Sie beruhigt mich. Hinter uns hören wir, wie sich die Bustüren öffnen, und Stimmen erfüllen den Spätnachmittag. Nancy wirft mir einen besorgten Blick zu, während sich die Touristen um uns scharen, uns bedrängen. Wir sind umzingelt. Ich atme schwer, starre ins Leere, nehme mich zusammen. Nancy tritt näher zu mir, sie weiß ja, wie ich auf Menschenmengen reagiere. Nach einer Weile bewegen sich die japanischen Touristen zum anderen Ende der Terrasse. Sie unterhalten sich angeregt über die Aussicht. Als ich wieder einigermaßen ruhig bin, beobachte ich sie – sie sind so fröhlich, so mitteilsam, und sie tun mir fast leid. Vielleicht haben sie ein Sonderangebot ergattert, das sie zwingt, ausgerechnet in der kältesten Phase des Winters hierherzukommen. Aber das stört sie offenbar nicht weiter, denn sie stellen sich alle zum Fotografieren auf, die Älteren mit starren Gesichtern, die Jüngeren machen das Friedenszeichen.

»Weißt du noch, wie du mir früher immer gesagt hast, ich soll mir vorstellen, dass ich O'Grady aus meinem Zimmer werfe?«, sage ich.

Nancy wirkt beunruhigt.

»Ich glaube nicht, dass sie Englisch verstehen«, sage ich mit einer Kopfbewegung zu den Touristen hinüber.

»An die habe ich gar nicht gedacht ...«

»Erinnerst du dich?«, frage ich.

»Ja.«

»Also, ich habe dir nie gesagt, dass ich mich noch so anstrengen konnte – er ist immer wiedergekommen. Er ist unter der Tür durchgesickert. Er hat sich durch die Wände gequetscht. Er war immer da ...«

»Ach, Freda.«

Sie will mich umarmen, aber wir werden von einem jungen Mann mit Fotoapparat gestört. Er hält uns die Kamera hin und sagt mit einem starken japanischen Akzent: »Enta-schuldigung ...« Ich zucke zusammen, und er entschuldigt sich überschwänglich auf Japanisch. Ich kann ihn nur bremsen, indem ich die Kamera nehme. Mit seinen Freunden stellt er sich am Geländer auf, den Rücken zum Panorama, und sie machen ernste Gesichter, während ich sie knipse und so dokumentiere, dass sie einmal an dieser Stelle standen, während der Wind sie umbrauste und die Wolken zu platzen drohten und die Luft so kalt war, dass sich ihre Wangen röteten.

Die Gruppe genießt noch eine Weile die Aussicht, bis der Reiseführer die Stimme erhebt. Die für diesen Ort vorgesehene Zeit ist um, und der japanische Touristenschwarm verschwindet wieder im Bus.

»Wir haben noch eine halbe Stunde«, sagt Nancy.

Wir gehen erst zum einen, dann zum anderen Ende der Terrasse, als würde sich dadurch die Aussicht grundlegend verändern. Was sie nicht tut. Wir sind höher als der Mond, und auch wenn wir unseren Standort modifizieren – die Welt weigert sich, sich zu verändern.

Als wir später im Foyer sitzen und auf unseren Tisch warten, empfinde ich die Wärme als so wohltuend, dass ich regelrecht schläfrig werde. Nancy erzählt mir von ihrer Mutter. Sie erzählt mir verrückte, lustige Geschichten von Tellern und Schüsseln und der Suche nach Mosaikmaterial. Sie erzählt mir, wie ihre Mutter einmal von einer guten Freundin zum Geburtstag einen Teller geschenkt bekam und von dem Muster so begeistert war, dass sie ihn ein paar Tage später »versehentlich« fallen ließ. Er endete auf der Platte des Gartentischs.

»Sie hatte eine schlimme Kindheit«, sagt Nancy. »Ihre Mutter kam bei einem Zugunglück ums Leben, als sie erst sechs oder sieben war. Weißt du, was man ihr gesagt hat? Ihre Mutter sei jetzt ein Stern. Und Mum hat dann immer abends zum Himmel hinaufgeguckt und sich überlegt, welcher von den Sternen ihre Mutter ist. Nach einer Weile kam sie zu dem Schluss, dass sie alle Sterne gleichzeitig ist. So ist man damals mit Kindern umgegangen. ›Sie ist ein Stern.‹ Manchmal denke ich, dass die ganzen Mosaiken der Versuch waren, ihre Mutter wieder zusammenzusetzen.

»Wie Humpty Dumpty«, sage ich.

Sie nickt. »Wahrscheinlich hat jeder seine eigenen Strategien, mit Problemen umzugehen.«

Der Keller teilt uns mit, dass unser Tisch jetzt frei sei, und obwohl wir nicht am Fenster sitzen, können wir von unserem Platz aus die Lichter der Stadt sehen. Das Essen ist warm und sättigend, und Nancy und ich lenken das Gespräch auf ein weniger gefährliches Terrain, schieben die Verwicklungen von vorhin erst mal weg. Als der Nachtisch kommt, denke ich an Klein William und seinen verpfuschten Interview-Versuch. Nancy sagt, alle Interviewer hätten eine Agenda, und wenn man der auf die Spur komme, könne man gefahrlos antworten, ohne auf die vorgefassten Meinungen des Betreffenden hereinzufallen. Ich kann mir nicht vorstellen, wie Williams Vorurteile aussehen, außer, dass ich ein schlechter Mensch bin. Und noch weniger kann ich mir vorstellen, was er über mich schreiben wird.

Ich frage Nancy, ob sie glaubt, dass er den Artikel schreiben wird, obwohl er doch kaum Fragen gestellt hat. Sie schweigt, ihr Eislöffel verharrt zwischen Teller und Mund.

»Das habe ich mir noch gar nicht überlegt«, sagt sie. »Vielleicht könntest du ihn anrufen.«

»Nein«, sage ich. »Nein. Auf keinen Fall.«

Sie schaut auf ihren Teller. Ich habe sie wieder enttäuscht. Was ich auch tue … was ich auch sage … Wir lassen das Thema auf sich beruhen, essen unseren Nachtisch auf. Hinter uns knistert das Feuer. Als wir gehen, regnet es wieder, wir rennen zum Wagen, die Mäntel über die Köpfe gezogen. Weil sie die Tür möglichst schnell aufschließen möchte, lässt Nancy den Schlüssel fallen und flucht laut. Wir fahren schweigend nach Hause. Diesmal wird mir nicht schlecht. Nancy geht gleich in ihr Büro und macht die Tür hinter sich zu.

Ich gehe in mein Zimmer, lege mich aufs Bett und denke über William nach. Über Nancys Aufforderung, noch einmal mit ihm Kontakt aufzunehmen. Sie ist es, die die Regeln aufgehoben hat, die mich allein in die große weite Welt hinausgeschubst hat. Was hat sie von mir erwartet? Dass ich alles richtig mache? Ich schaue zu meinen Vorhängen hinüber und schließe die Augen. Ich möchte ihr etwas sagen, weiß aber nicht, was. Will ich sie bitten, mich wieder aus dieser riesigen, unbekannten Erwachsenenwelt zurückzuholen? Will ich ihre Billigung für mein Vorhang-Manöver? Ihr sagen, dass ich mich noch nie so allein gefühlt habe? Da würde sie sofort streng die Augenbrauen hochziehen.

Nach einer Weile gehe ich in Nancys Büro unter dem Vorwand, über William sprechen zu wollen. Ich klopfe an, höre, wie sie ein Gespräch beendet, bevor sie »Herein« sagt. Sie scheint erleichtert, als ich eintrete, und teilt mir sofort mit, sie habe gerade mit William gesprochen.

Wie sehr wir uns doch gleichen, Mutter und Tochter. »Warum?«, frage ich.

»Sei nicht so«, sagt Nancy. »Ich habe mir Sorgen um dich gemacht. Er hat sich sofort entschuldigt und gesagt, er will noch mal mit dir reden.«

Ich schüttle den Kopf, fühle mich völlig überrumpelt. »Das versteh ich nicht«, sage ich.

»Ich habe mir wegen des Artikels Sorgen gemacht«, sagt Nancy. »Was er schreiben würde. Hör zu – er will alles wieder einrenken. Er findet auch, dass er seine Sache sehr schlecht gemacht hat. Ich halte es für eine gute Idee, dass du noch mal mit ihm redest …«

»Warum denn? Damit deine Organisationen mal wieder erwähnt werden?«

»Nein«, erwidert Nancy und scheint ehrlich gekränkt. »Nein, ganz und gar nicht, Freda. Mein Gott … Ich tue es doch deinetwegen.«

»Er war ein kleiner Stiesel, Mum.«

»Was er auch zugibt. Bitte, Freda. Ich komme auch mit. Es wird bestimmt anders laufen, vertrau mir.«

Ich spüre, wie sich die Bandagen, die locker hinter mir herflatterten, wieder um mich wickeln. Vertrau deiner Mutter.

»Machst du's, Freda? Bitte!«

»Gib mir seine Nummer«, sage ich und strecke die Hand aus. »Ich verspreche nicht, dass ich ihn anrufe. Vielleicht, mehr nicht.«

»Natürlich, Schatz«, sagt Nancy, schreibt seine Nummer auf einen Zettel und reicht ihn mir. Sie strahlt.

»Bitte, Mum – sei nicht so stolz!«, sage ich.

Ihr Gesicht fällt zusammen. »Nächstes Mal läuft es garantiert besser«, murmelt sie.

»Kann sein.«

Ich gehe wieder in mein Zimmer, den Zettel in der Hand. Das nächste Mal wird es bestimmt anders laufen, sagt Nancy Opperman. Sie wird an meiner Seite sein, eingreifen, William auf Fakten, Zahlen und Umgangsformen hinweisen … Ein sarkastisches Lächeln huscht über mein Gesicht. Für etwas völlig anderes fühlt es sich deprimierend bekannt an.

Zum letzten Mal heute räume ich mein Zimmer auf. Dann ziehe ich mich aus, lösche das Deckenlicht und klettere ins Bett. Wo schläfst du jetzt, Freda Opperman? Hier. In einem unbewachten Bett. In einem von Geschehnissen befleckten Zimmer. Dein Laken und die Bettdecke sind militärisch straff gezogen. Aber sie werden dich nicht beschützen.

Halb wach. Halb schlafend. Ich hasse diesen Zustand. Gefangen zwischen zwei Welten, zwei Gewissheiten. Da kommen Visionen.

Einsichten.

Ich sehe William, der schlafend auf dem Boden liegt, den Kopf auf einem dunklen Kissen. Auf einem roten Kissen. Das zerrinnt wie Blut.

Ich wache auf. Schrecke hoch. Mein Herz hämmert. Nachdem ich eine Weile an die Decke gestarrt habe, schließe ich die Augen wieder, döse ein.

Ich sehe den japanischen Touristen auf der Aussichtsterrasse. Er lächelt mich an. »Enta-schuldigung«, sagt er. Dann kippt er hintenüber, wie von einem heftigen Wind umgepustet. Ich renne zum Rand. Der Japaner liegt unten. Auf seinem Körper ist ein Fleck. Farbig.

Ich wache auf. Zurückgeschleudert aus dem Dunkel meiner Träume. Draußen vor meiner Tür klingelt das Telefon. Ich werde nicht abnehmen. Es hört auf, fängt wieder an. Schließlich höre ich Nancy aus ihrem Schlafzimmer kommen und den Hörer abnehmen.

»Hallo? Hallo?«, ruft sie, aber die Stimme will nicht mit ihr sprechen. Sie versucht es noch einmal. »Hallo? Was wollen Sie?«

Was will sie, diese Stimme? Wie weit gedenkt sie zu gehen, um zu kriegen, was sie will? Nancy wandert draußen im Flur auf und ab, ihre Schritte wie Schmetterlingsküsse. Sie denkt nach. Stellt Zusammenhänge her. Schließlich beendet sie ihre Wachpatrouille und geht ins Bett. Alles ist still in meinem Zuhause, im Fort Oppermann mit seiner elektronischen Alarmanlage und den vielen Sicherheitsschlössern. Aber es gibt etwas, was ich nicht aussperren kann, egal, wie viele Barrieren ich errichte. *Er* wusste das ganz genau, und deshalb hat er mir diese kranken Gedanken ins Ohr geflüstert, im Dunkeln, damals vor zehn Jahren.

John Wayne O'Grady

»Ich werde euch umpolen«, sagte John Wayne O'Grady müde. »Ich werde euch total umpolen. Ich werde bei euch sein, in jedem wachen Moment, in euren Gedanken, euren Reaktionen, euren Vorurteilen und euren Leidenschaften, bis ihr nur noch das helle Licht meiner Vision seht.«

Er hielt wieder einen seiner Umerziehungsvorträge, redete endlos. Das gedämpfte Sonnenlicht aus dem Treppenflur hinter ihm war längst verblasst, jetzt war da nur noch der kalte Schein des Neonlichts. Die »Genossen« fielen vor Erschöpfung fast um, da er sie seit Stunden herumkommandierte. Manche schwankten, während sie versuchten, aufrecht auf dem Boden zu sitzen, die meisten saßen mit gesenktem Kopf da, ganz in sich selbst zurückgezogen. Manche fanden Trost in diszipliniertem Denken und versicherten sich immer wieder selbst, dass alles gut werden, dass es nicht mehr lange so weitergehen würde. Manche stellten buchstäblich ihr Gehirn ab, versuchten ihren Kopf so leer wie möglich zu machen, fühlten aber ständig die Wellen der Angst und der Panik, die gegen die Außenmauern ihrer Zuflucht branden. Manche ergaben sich der Verzweiflung und Hoffnungslosigkeit, wiederholten innerlich immer wieder, dass alles verloren sei, bis daraus ein stilles Mantra wurde, das ihnen einen gewissen Trost spendete. Manche schmiedeten unmögliche Fluchtpläne, arbeiteten in ihrem müden Gehirn jedes winzige Detail aus und fragten sich pausenlos, ob dies der richtige Moment sei oder ob er erst später kommen würde.

Dann waren da die beiden Kinder im Restaurant: Der Junge klammerte sich an seine Mutter, vergrub sein Gesicht an ihrer Schulter, nahm jede Einzelheit ihrer Strickjacke in sich auf, fasziniert von der ungleichmäßigen Oberfläche mit ihren Hügeln und Tälern.

Das andere Kind, das Mädchen, das offiziell unter der Aufsicht des Managers stand, glitt stumm in eine Fantasiewelt, erfand verschiedene Spiele, um Ordnung in das Chaos um sie herum zu bringen, malte sich aus, wie sie durch irgendwelche Zaubermächte gerettet würden, die jeden Moment kommen mussten. Polizisten, die sich durch die Ritze in der Tür dort oben quetschen konnten und die Treppe herunterschwebten.

Die Polizei hatte keinen Versuch mehr unternommen, mit dem Geiselnehmer Kontakt aufzunehmen. Nach dem Vorfall mit Theo Constantine oben an der Treppe hatte O'Grady damit geprahlt, wie perfekt er die Bullen-Marionetten unter

Kontrolle habe. Er war herumstolziert und hatte erklärt, er durchschaue die Taktik der Polizei ganz genau.

»Zuerst riegeln sie die Gegend ab«, sagte er. Er klang wie ein rechthaberischer Lehrer. »Das tun sie, weil sie nicht wollen, dass sich das Virus der Wahrheit weiter ausbreitet.«

Er hockte sich neben die Kleine und legte ihr die Hand auf die Schulter. »Dann umstellen sie dieses Gebäude hier und warten. Weißt du, wieso sie das tun, Schätzchen?«, fragte er.

Die Kleine schüttelte den Kopf.

»Weil sie Angst vor dir haben. Diese großen, starken Polizisten da draußen. Sie riegeln alles ab und warten. Sie riegeln die ganze Gegend ab und warten, weil sie Angst davor haben, was der gute alte John aus euch macht.«

Lachend erhob er sich wieder.

»Und dann werden sie versuchen, euch hier herauszuholen. Zuerst die Kinder, dann die Alten. Sie werden alles tun, um zu verhindern, dass ihr mir zuhören könnt. Kapiert ihr, wie gefährlich sie das alles finden? Wie sehr sich die Puppenspieler vor dem fürchten, was ich zu sagen habe?«

Er redete immer so weiter, beschrieb die Polizeistrategien, als ob sie die Geiseln nichts angingen. Für ihn waren diese Menschen Genossen, aus dem Ei schlüpfende Revolutionäre. Warum sollten sie um ihr Leben bangen?

Aber das Herumstolzieren und die Prahlerei, wie perfekt er die Polizei in der Hand habe, wichen erneuten Vorträgen, Tiraden gegen das System, die Puppenspieler in den Konzernen und vor allem die verhasste Family-Value-Kette. Draußen verabschiedete sich lautlos der Tag, die kalten Neonröhren surrten über den Köpfen der Geiseln, während John Wayne

O'Grady die großen Sitzkreise umrundete und immer wieder die gleichen Phrasen herunterbetete. »Ihr müsst loslassen«, sagte er, und es klang so müde, wie die Geiseln sich fühlten. »Ihr müsst euch von eurer alten Lebensweise lossagen. Seht der Wahrheit ins Gesicht! Seht, was vor euch liegt ...«

Er war mitten im Satz, als es im Restaurant plötzlich stockdunkel wurde.

Etwas, jemand, hatte die Stromzufuhr unterbrochen. Alle Lichter gingen plötzlich aus, und das gedämpfte Hintergrundgebrumm der Heizung verstummte. Einige Geiseln schrien auf, und ein Kind begann in der Dunkelheit zu weinen.

»Vermutlich eine Sicherung«, erklärte Theo Constantines Stimme.

»Ich bring's in Ordnung«, sagte eine andere Stimme.

Obwohl sie in der Dunkelheit so entschlossen klangen, rührte sich keiner von ihnen, weil sie sich inzwischen daran gewöhnt hatten, die Launen des Geiselnehmers mitzudenken. Der rührte sich ebenfalls nicht vom Fleck, aber die Leute in seiner Nähe glaubten zu sehen, dass er ein bisschen zitterte. Der Hamburger-Koch erhob sich und fragte zaghaft: »Soll ich mal nach der Sicherung gucken?«

O'Grady fuhr zusammen, fuchtelte mit der Waffe herum und schrie: »Bleib, wo du bist.« Von seinem Gesicht tropfte Schweiß, und seine Stimme bebte bedrohlich. Der Koch setzte sich wieder auf den Fußboden, während die anderen leise stöhnten.

»Alle zusammenrücken!«, brüllte O'Grady, und jetzt hatte seine Stimme etwas Hysterisch-Schrilles. »Noch enger! Bis ihr euch gegenseitig berührt. Bewegung!«

Sie rutschten näher zueinander, kauerten sich in einem engen Kreis zusammen, Körper an Körper.

»Und jetzt runter mit den Köpfen!«, schrie O'Grady. »Bis auf den Boden.«

Sie beugten sich vor und warteten, aber es kamen keine weiteren Befehle mehr. Sie hörten nur den schweren Atem ihres Aufsehers und die gleichmäßigen Schritte, mit denen er die Gruppe umkreiste.

Eine der Burger-Queens hob den Blick und bemerkte, wie O'Grady zu den Elektrodrähten ging, die er an der Wand befestigt hatte. Sie hatte sich schon gedacht, dass diese Drähte mit einer Bombe verbunden waren, und begann zu weinen.

»Ruhe!«, schimpfte O'Grady.

Er holte die Batterie aus seiner Tasche und hob sie an die Drähte, als wollte er den Kontakt herstellen. Dann hielt er inne. Wartete.

Plötzlich ertönte aus der Küche ein schrilles Alarmsignal. O'Grady ließ die Batterie fallen und rannte zum Speisenaufzug, wobei er einen Stuhl umwarf.

»Verschwindet aus dem Aufzugschacht, verdammt noch mal!«, schrie er. »Sofort!«

Schwaches Licht drang durch die Ritzen um den Aufzugkasten. Es erlosch augenblicklich.

»Raus hier!«, schrie O'Grady. Der Alarm zerriss die Luft. »Raus aus meinem Restaurant. Lasst mich in Ruhe! Lasst mich bloß in Ruhe. Los! Wird's bald!«

Eine gedämpfte Funkstimme war zu hören, gefolgt von merkwürdigen Scharrgeräuschen oberhalb des Aufzugkastens. Wer immer in dem Schacht steckte, kletterte wieder nach oben. O'Grady stellte den Alarm aus und rannte ins Restaurant zurück. Der Koch stand ihm im Weg, er stieß ihn zu Boden, versetzte der nächsten Geisel, dem Vietnamveteranen, einen Fußtritt und brüllte ihn an, er solle die Tür oben kontrollieren.

Der Veteran rannte zum Restaurantausgang, blieb stehen, schaute sich vorsichtig um. Sie waren umstellt, und er wollte niemandem da draußen einen Grund zum Losballern liefern. Vom Verstand her wusste er, dass sie höchstwahrscheinlich nicht schießen würden, da an der Tür eine Bombe angebracht war, aber in der Hitze des Gefechts richtete sich nicht immer alles nach den Gesetzen der Logik. Er guckte ein paar Sekunden zur Tür hinauf und sagte dann: »Alles in Ordnung.«

»Geh rauf und sag mir genau, was du siehst«, befahl O'Grady.

Langsam ging der Veteran die Stufen hinauf und leckte sich dabei nervös über die Lippen. »Scharfschützen«, rief er. »Drei Mann … nein, vier. Automatische Waffen, aufs Treppenhaus gerichtet. Ich sehe Beamte einer Sondereinheit, ebenfalls bewaffnet … mit Sturmgewehren. Sie sind hinter einer Barriere. Und dann noch ein paar Zivilisten … das ist alles.«

»Sag ihnen, sie sollen sich vom Aufzug zurückziehen«, sagte O'Grady. »Und von der Tür. Sonst sehen sie dich gleich tot umfallen.«

»Verstanden«, antwortete der Veteran. Er schrie vom Treppenhaus aus: »Zieht euch weiter zurück! Zieht euch sofort vom Eingang zurück. Ihr bringt unser Leben in Gefahr.«

»Was machen sie?«, fragte O'Grady. Er atmete schnell und laut.

»Sie beraten sich über Funk.«

»Das dauert viel zu lang«, schimpfte O'Grady.

»Sie müssen auf Anweisungen warten, von der Einsatzleitung ...«

»Das dauert viel zu lang!«, schrie O'Grady.

»Immer mit der Ruhe!«, fuhr ihn der Veteran an. Er schaute wieder das Treppenhaus hinauf. »Sie geben das Signal. Die Sondereinheit zieht sich zurück. Sie haben gewonnen.«

Der Veteran wartete nicht auf O'Gradys Befehl. Er kam ins Restaurant zurück, zum Rest der Gruppe, und ließ sich erschöpft auf den Boden sinken. Seine Hände zitterten sichtbar. O'Grady tigerte nervös auf und ab, überprüfte immer wieder den Aufzug und den Eingang, befahl immer wieder anderen Geiseln, die Treppe hinaufzugehen und zu melden, was sie sahen. Dann mussten alle wieder dreißig Minuten mit gesenktem Kopf dasitzen. Manche schliefen ein, manche lehnten sich an ihren Nachbarn, manche kämpften mit Kopfschmerzen und Übelkeit. Zu hören war kaum noch etwas, außer dem leisen Schluchzen des kleinen Mädchens und dem beharrlichen Keuchen des Managers.

Schließlich durchbrach O'Grady die Stille mit der Anweisung, sie sollten es sich alle so bequem wie möglich machen und eine Weile schlafen.

Die Geiseln richteten sich nach und nach in kleinen Gruppen auf dem Restaurantfußboden ein, hielten sich an die Leute, die sie kannten, an die Arbeitskollegen, an die, in deren Gegenwart sie sich wohl fühlten oder von denen sie hofften, sie könnten ihnen Schutz bieten. John Wayne O'Grady überwachte ihre Vorbereitungen stumm. Eine unheimliche Stille erfüllte den Raum, wodurch sich die Geräusche von draußen in den Köpfen und Herzen verdoppelten. Die Geiseln redeten kaum, durchbrachen die Stille nur, um »Entschuldigung« oder »Würde es Sie stören, wenn …« zu sagen, kurze, höfliche Bemerkungen, mit denen sie ihre Angst vor einer ganzen langen Nacht an diesem elenden Ort zu übertünchen versuchten.

Die Kleine wanderte ziellos umher, ohne ein Zuhause, wo sie hingehen konnte, und ohne einen Platz zum Schlafen. O'Grady, der mit dem Rücken zur Treppe saß, schüttelte vorübergehend seine Lethargie ab und herrschte den Manager an: »Wie kannst du die Kleine einfach sich selbst überlassen! Such ihr sofort einen Schlafplatz!«

Der Manager nickte. »Tut mir leid«, sagte er. »Ich … ich … ähm … ich habe meine Anweisungen vergessen.«

»Das darf nicht passieren!«, donnerte O'Grady. »Im bewaffneten Kampf sichern Befehle euer Überleben.«

Theo Constantine besorgte dem Mädchen einen Schlafplatz neben einer der erschöpften jungen Burger-Queens, die hinter der Theke bedienten.

John Wayne O'Grady beobachtete die Genossen, wie sie zu schlafen versuchten, aber wegen des harten Bodens und ihrer elenden Situation keine Ruhe fanden.

»Wo ihr hinguckt, herrscht Dunkelheit«, sagte er. »Aber das darf euch nicht stören, Genossen. Es ist nur eine Taktik der Polizei-Lakaien. Sie wollen verhindern, dass ihr die Wahrheit erfahrt. Im Grunde liegt ihnen nichts daran, euch zu retten – sie möchten euch nur das Leben schwer machen. Kein Strom bedeutet: kein Licht, keine Heizung. Sie glauben, die Kälte verhindert jede Konzentration.«

O'Grady zählte die dreizehn schattenhaften Bündel, die seine Genossen waren, vergewisserte sich, dass sich keiner von ihnen bewegte, dass alles in Ordnung war.

»Im Krieg muss ein guter Soldat auf alles gefasst sein«, sagte er. »Und wir sind im Krieg. Eure Feinde sind da draußen, das dürft ihr keinen Augenblick vergessen. Der Scharfschütze der Polizei, der bereit ist, diese Treppe hinunterzufeuern. Ein braver Familienvater, der euch sofort umbringen würde, wenn er merkt, dass ihr die Wahrheit kennt. Er würde euch ein Loch in die Brust schießen und zusehen, wie ihr umfallt und verblutet. Was ist das für ein Mensch, der zu so was fähig ist?«

Die Geiseln verhielten sich so still wie möglich, in der Hoffnung, der Geiselnehmer würde glauben, sie schliefen, und mit seiner grässlichen Gute-Nacht-Geschichte aufhören. Doch O'Grady sprach längst nicht mehr zu ihnen. Er ging völlig in seinem Monolog auf.

»Draußen arbeitet der Polizeiunterhändler seine Strategie aus«, fuhr er fort. »Welchem Herrn dient er? Seinem Polizeichef? Oder den Konzernbossen von Family Value, die euch alle auslöschen wollen, ehe ihr ihre Profite schmälert? Dann ist da draußen noch die Fernsehjournalistin, die auf alle Fälle kühl und professionell bleiben will. Sie ist empört, weil sie findet, dass ihr alle euch in der Gewalt eines brutalen Geiselnehmers befindet. Diese Heuchlerin! Sie ist eine Marionette, die für ein Medium arbeitet, das bei seinen Zuschauern bewusst Emotionen anheizt, um die Profitrate hochzutreiben.

Mehr Emotionen, mehr Zuschauer, bessere Quoten, höhere Gehälter. Das ist eine Frau, die mit dem Schmerz und Leid anderer Menschen Geld macht, mit eurem Schmerz und Leid, Genossen. Wenn ihr in diesem Krieg fallt, wird sie jubeln.«

O'Grady seufzte, und eine jähe Welle immenser Erschöpfung überspülte ihn. Die Genossen lagen jetzt stumm und reglos da. Mitten im Dunkeln kramte er in seiner Tasche und holte eine kleine Packung Tabletten heraus, die er einem der Lastwagenfahrer, die sein Restaurant belieferten, abgekauft hatte. Er schluckte eine Tablette hinunter, ohne Wasser. Diesen Trick hatte er sich selbst beigebracht, falls er sich je im Kampf selbst töten müsste.

Als die Wirkung der Tablette einsetzte, sein Puls sich beschleunigte und sein Gehirn in ein neues Stadium der Wachheit eintrat, rieb John Wayne O'Grady den Lauf seiner Barrett und lächelte seinen Schützlingen zu.

»Morgen legen wir richtig los«, murmelte er. »Morgen gehen die Lichter für immer an.«

PAPIERSERVIETTE

Es ist Sonntag, spät in der Nacht. O'Grady weckt uns immer wieder auf und spricht zu uns. Er lässt nicht zu, dass sich jemand beklagt. Gerade hat er die Männer für die Nacht in die Toilette gesperrt. Mich nicht. Er sagte, sie hören nicht zu. Vor den Frauen hat er keine

Angst. Alle sind so müde. Und er fängt an zu toben.
O'Grady hat eine Alarmanlage im Speisen-aufzug installiert, damit er merkt, wenn jemand kommt. Und er weckt uns dauernd auf, damit wir die Tür kontrollieren. O'Grady ist Gift. Er zielt mit dem Gewehr auf uns. Ich bin wieder mit der Kleinen hier drin. Ich habe gesagt, sie sei krank. Sie hat ihn angelächelt.
Ich ~~Konnte nicht habe nicht~~ Scheiße.
Was macht er mit uns? Ich glaube, er hat irgendwelche Pillen geschluckt.
Er scheint nicht zu schlafen. Wenn ich kann, werde ich eine von diesen Servietten unter der Eingangstür durchschieben.
Theo Constantine

FREDA OPPERMAN

Es ist eine alte Tür, unauffällig. Am Boden liegen ein paar verstreute Blätter, eine Fußmatte verkündet: »Vorsicht, Stufe«. Das war einmal ein Ort, wo Scharfschützen lauerten, wo die Polizei alles absperrte. Eine Tür, die Family Value gehörte, ehe Nancy Opperman diese Filiale in den Ruin trieb. Sie strengte einen vernichtenden Prozess an, durch den dieses Restaurant bankrott ging. Und sie ließ es nicht dabei bewenden. Als Nächstes nahm sie die Family-Value-Kette ins Visier. Sie zahlten blitzartig. Jetzt ist diese Tür das meistgehasste Symbol in den Chefetagen von Family Value.

Die Treppe führt immer noch nach unten, aber inzwischen verstellt keine Wand mehr den Blick ins Innere. Sie ist abgerissen worden, und man guckt in ein Surfsportgeschäft. Regale mit Shorts und Hemden. Überall Markenlogos. Wellen sind das vorherrschende Motiv. Es ist ein fröhlicher Ort, voller Sand und Sonne. Die neuen Besitzer haben die Geschehnisse der Vergangenheit übertüncht, alle Spuren schlechter Planung und hässlicher Erinnerungen beseitigt, damit der ahnungslose Kunde ja keine Verbindung zwischen diesem Ort und jenem *anderen* herstellt.

Es gibt keine Wand, hinter der sich Geheimnisse verbergen. Ich mag keine Geheimnisse. Entweder man versucht, sie aufzudecken, oder man beschließt, sie zu ignorieren. Das scheint doch wohl die richtige Methode zu sein. Ich hatte vergeblich versucht, eine logische Erklärung für die Servietten-Anrufe zu finden. Also beschloss ich, sie zu ignorieren. Was ich nicht weiß, macht mich nicht heiß.

Aber die Telefonanrufe hörten nicht auf, wenn es auch von Tag zu Tag weniger wurden. Ich bemühte mich, sie nicht zu beachten, wegzuschieben, ja, mit Verachtung zu strafen, aber sie quälten mich trotzdem. Dann, eines Tages, als Nancy bei irgendeiner Sitzung war, hatte ich eine Erleuchtung. Die ein Grund ist, weshalb ich jetzt hier bin.

In der Innenstadt herrscht Vor-Mittagspausen-Stimmung, die entspannteste Zeit. Nur wenige Kauflustige sind unterwegs, vor mir erstreckt sich der Gehweg. Ein Stück weiter weg sehe ich William auf meiner Straßenseite auf mich zuwackeln.

Ich bin nicht gut im Planen. Soll ich mich auf eine Bank setzen und ihm den Rücken zudrehen und so tun, als hätte ich ihn nicht gesehen, oder soll ich ihn offen anstarren? Keins von beidem erscheint mir verlockend.

Also konstruiere ich mir etwas. Ich erfinde ein Szenario für mein Treffen mit dem jungen Mann.

Er sagte kein Wort, zog einfach nur einen Pappkarton aus einem Abfallhaufen in der Nähe und schlug darauf ein. Als der Karton flach genug war, legte er ihn ans obere Ende der Treppe und setzte sich darauf. »Steig auf«, sagte er. Sie setzte sich hinter ihn, schlang die Arme um seine dicke Taille und stieß einen Schrei aus, während sie die Stufen hinunterrutschten …

Voller Leben und Risikobereitschaft. Den eigenen Ängsten ins Gesicht lachen. Aber wenn wir unten ankommen und ich wieder an diesem Ort bin – was mache ich dann? Nein, der Schlüssel muss ein zwingendes Bedürfnis sein. Aber um dieses Szenario zu konstruieren, bin ich zu verzagt, denn wenn ich mir Williams Bedürfnis vorzustellen versuche, sehe ich ein riesiges, gähnendes Loch, das ich füllen soll.

William ist jetzt schon ganz nah, lächelt mich an, genau wie an dem Tag, als ich ins Café kam, um mich interviewen zu lassen. Ich will ihm zuwinken, will sagen: »Hier bin ich. Siehst du mich?« Warum löst sein Lächeln bei mir diesen Wunsch aus? An dieses Lächeln habe ich gedacht, als in Nancys Abwesenheit das Telefon klingelte. Als mir die Erleuchtung kam. Ich sah Williams Knopfaugen vor mir, wie sie mir in dem Café irgendetwas anboten. Wie sie kurz einen Kontakt zwischen uns herstellten. Und ihn schnell wieder abbrachen. Dann fiel mir plötzlich etwas auf, was nicht William betraf, sondern das Fort Opperman. Wir haben eine Geheimnummer. Nancys Büroanschluss steht zwar im Telefonbuch, aber unsere Privatnummer bekommen nur Personen unseres Vertrauens. Kein Fremder könnte anrufen und sagen, was da gesagt wurde.

Sofort rief ich William an und vereinbarte einen Termin mit ihm. Dann teilte ich N.O. mit, ich würde den Teddybären allein treffen. Über den Treffpunkt sprachen wir nicht, weil sie mit meiner Wahl nicht einverstanden gewesen wäre. Aber ich bin jetzt eine selbstständige junge Überlebende, und unsereins wird eben manchmal unangemessene Dinge beschließen, wie zum Beispiel ein Treffen hier an diesem Eingang. An diesem perfekten Ort, um schutzlos preisgegeben zu sein.

Und jetzt ist William hier.

»Hallo«, sagt er. »Das ist ein guter Ort für ein Treffen.«

»Es ist kein guter Ort«, murmle ich.

»Ich finde, wir hätten uns gleich beim ersten Mal hier treffen sollen«, sagt er. »Das wäre eine tolle Einleitung für meinen Artikel gewesen ...« Er schaut die Treppe hinunter, sieht dann mich an. »Warst du je wieder da unten? Seit ...?«

»Nein«, antworte nicht. »Da unten nicht.«

»Könntest du's dir vorstellen?«

»Für deinen Artikel?«

»Ach, den habe ich fertig.«

Er hat den Artikel schon geschrieben und kommt trotzdem. Er steht hier an dieser Tür und fragt ganz beiläufig, ob ich je wieder da unten war, weiß aber längst Bescheid. Er weiß so viel. Zu viel. Ich sitze auf einer Bank zur Straße hin, mit dem Rücken zu dem Eingang und dem widerlichen Raum dahinter. William setzt sich zu mir, fragt aber nicht, was ich habe. Er sagt gar nichts. Ich sehe ihn an. Seine Augen sind ausdruckslos.

»Hast du mir nichts zu sagen?«, frage ich.

Er erschrickt. »Ich? Ähm … ich … nein, wieso?«

Ich halte mich an der Bank fest. Ein gelber Laster fährt vorbei, eine Wand aus Farbe. Dann ein rotes Auto. Der Fahrer singt mit dem Radio mit. William sagt nichts. Nach einer Weile erklärt er, dass er gern die Autos zählt, während er auf den Bus wartet. Ich sage nichts. Dann erzählt er mir, dass ihm einmal etwas Schlimmes passiert ist. Etwas, das ihn nachts nicht schlafen lässt.

»Etwas, was dir zugestoßen ist?«, frage ich.

Er überdenkt seine Formulierung und korrigiert sich: »Etwas, was ich getan habe.«

»Erinnerst du dich genau daran?«, frage ich.

Er nickt.

»Ist das ein Glück oder eher Pech?«

Vor uns bremst ein Wagen schlingernd ab, überfährt beinah einen Radfahrer. Der Fahrer hupt den Radler erbost an, und dieser rächt sich, indem er ihm den Finger zeigt. Der Autofahrer zögert, überlegt, was er jetzt tun soll, aber der Radfahrer ist schon in einer Seitenstraße verschwunden.

»Erinnerst du dich an alles, was dir passiert ist?«, fragt er kaum hörbar. »Stell dir vor, du könntest aufklären, was tatsächlich vor sich gegangen ist …«

»Aufklären!«, schreie ich. »Du Idiot!«

Ein paar Leute bleiben stehen, und ein Mann fragt mich, ob alles in Ordnung ist. Ich ignoriere ihn. William brummelt etwas von einem kleinen Disput. Der Mann bleibt kurz stehen, geht dann hinter seinen Begleitern her.

»An dem Tag, an dem du mich wegen des Interviews angerufen hast – welche Nummer hast du da gewählt?«, frage ich.

»Deine. Wieso?«

»Sie ist geheim«, sage ich.

Seine Augen huschen hin und her, während er diese Information verarbeitet, sein Gehirn rattert und klickt. Dann erstarrt sein Gesicht zu einer Maske, aber vor mir kann er sich nicht verstecken.

»Das hat dir Nancy nicht gesagt, was?«

»Nein«, sagt er.

»Was muss ich tun, um dich loszuwerden?«

»Ich will dir helfen …«

»Das glaubst du doch selbst nicht«, sage ich.

»Doch. Frag deine Mutter.«

Ich sehe ihn an. »Wie bitte?«,

Er grinst durchtrieben. Punktet, indem er ein Komplott mit meiner ahnungslosen Mutter andeutet. Was für ein Spiel spielt er?

»Sie denkt, ich kann dir helfen, dass du dich …«, sagt William. »Ich weiß auch nicht … dass du dich wohler fühlst in deiner Haut?«

Ich würde lachen, wenn es mir nicht die Kehle zuschnüren würde. Ich würde höhnisch wiehern, wenn ich mich nicht so betrogen fühlen würde. So sieht also der Plan meiner Mutter aus. Mich in die große, weite Welt hinausschicken, mit einem Job und einem Freund, der mir die Hand hält. Einem kaputten Teddybären, den sie irgendwo aus dem Regal gefischt und gebeten hat, nett zu mir zu sein, weil ich so viel durchgemacht habe. Sie dachte, wir würden einander guttun. Nancy Opperman, die bisher immer so vorsichtig war.

»Ich kann dir helfen«, sagt William. »Das musst du mir glauben. Ich weiß, wie es ist, wenn man vor Dingen Angst hat, die einem passiert sind. Deshalb … deshalb ist deine Geschichte auch so wichtig für mich. Für viele Leute in meinem Alter. Ich möchte so gern, dass du mir vertraust und mit mir redest …«

Während er spricht, während er Wörter wie »Geschichte« und »Vertrauen« von sich gibt, spüre ich, wie mein Kopf nach vorn fliegt, als ob mich jemand im Genick packt und mit Wucht drückt. Mir wird ganz übel. Das ist mir schon mal passiert. Im Dunkeln. Unter mir ein blank gebohnerter Fußboden. Kopf runter, während ein Mann hinter uns auf und ab geht. Solche Angst, dass ich denke, ich müsste mich übergeben.

»Ich habe nichts zu erzählen«, flüstere ich.

Ich fühle einen kalten Lufthauch von hinten, im Nacken, am Haaransatz. Er legt die Finger um mein Genick, flüstert mir zu: *»Wenn du lieb bist, dann ist er auch lieb. Wenn du böse bist …«*

»Schau dir den Eingang an«, sage ich fröstelnd. William verrenkt den Hals.

»Ja?«

»Manchmal sehe ich noch die Bombe da.«

William sieht wieder mich an, mustert mich eindringlich. »Die Bombe? Aber wie konntest du …?« Er ist schockiert, dieser Knabe, der das Protokoll der gerichtlichen Untersuchung studiert hat, der glaubt, er wüsste alles. Aber das hier ist eine Tatsache, die der Öffentlichkeit vorenthalten wurde, die um der psychischen Gesundheit des Mädchens willen unterm Teppich blieb.

Es ist berauschend, seinen Schock zu sehen. Der eingebildete kleine Spieler, der rückwärtstaumelt und mit den Armen rudert, um nicht das Gleichgewicht zu verlieren. Ich knöpfe ihn mir vor, ich will zuschlagen, zuschlagen, zuschlagen, bis er am Boden liegt und ich ihm ins Gesicht schreien kann: »Lass mich in Ruhe, du kleiner Schwachkopf!«

»O'Grady hat mich die Treppe hinaufgeschickt«, sage ich. »Das wissen nur wenige Leute. Er hat mich hinaufgeschickt, und die Polizei ist fast durchgedreht. Ich stand vor einer Bombe, die mich hätte zerreißen können. Ein Kind in einem absolut labilen Zustand. Kannst du dir das vorstellen?«

Da sind sie. Seine Augen. Sie lassen meine nicht los. Nur sein Atem verrät seine Angst. Mein Herz rast, aber das ist nichts, was ich später zu vergessen versuchen werde. Es ist kein dunkler, grässlicher Moment. Es ist befreiend.

»So sehen meine Geschichten aus, William«, sage ich und steche mit meiner Stimme auf ihn ein. »Das ist meine Geschichte. Du hast keine Ahnung, womit du spielst. Es ist brutal. Kannst du damit umgehen? Hast du die Nerven dazu?«

»Ich … ich … ja«, sagt er.

Ich drehe mich so, dass ich den Eingang sehen kann, von dem es spiralförmig in den Untergrund hinabgeht. Wenn ich mich weiter erinnere, wenn ich ihm von dieser Treppe erzähle, wird er dann in diesem fürchterlichen Loch festsitzen?

»Ich habe auf diesen Stufen gestanden«, sage ich. »Und ich

habe hochgeschaut und gesehen, wie sie mich alle durch die zugekettete Glastür beobachteten. Die Polizisten total angespannt. Die Sanitäter grimmig. Die Journalisten aufgeregt. Und meine Eltern …«

»Was hast du gemacht?«, flüstert er.

»Schreibst du darüber, wenn ich's dir erzähle?«, frage ich.

»Ich habe den Artikel fertig …«

»Würdest du darüber schreiben?«

»Nein.«

Nein, er würde nicht darüber schreiben. Vielmehr würde er meine Geschichte aufsaugen, sie als Balsam für seine eigenen Wunden nehmen.

»John Wayne O'Grady hat Theo Constantine nach oben geschickt, die Tür kontrollieren«, sage ich. »Daran erinnere ich mich.«

Ich schließe die Augen. War dieser Moment die ganze Zeit in mir? Oder rufe ich ihn von einem fernen Ort herbei?

Montagabend, spät. Alle anderen waren in den Toiletten eingesperrt. Constantine war schon eine Weile weg, also schickte O'Grady mich nachsehen. Langsam rekonstruiere ich mein neunjähriges Ich, trete aus dem dämmrigen Restaurant in das grelle Scheinwerferlicht der Polizei, das den Treppenflur ausleuchtet. Ich sehe Einzelheiten. Detaillierte Nahaufnahmen von etwas, was zehn Jahre her ist. Ich sehe Theo Constantine, an der Wand zusammengesunken, das Gesicht gegen den Verputz gepresst. Ich sehe seine verzogene Haut, den zu einem halbseitigen Lächeln verzerrten Mund. Ich sehe die Speichelspur, die sich von seinem Mund die Wand hinunterzieht.

Und ich kann dort hinaufschauen. »Es war hell auf der Treppe … ich musste die Augen zusammenkneifen. Als ich nach oben geschaut habe, waren da … Formen … Ich konnte nur Schatten durch die Scheiben sehen.«

Ein Auto fährt an uns vorbei, das Radio so laut aufgedreht, dass es wehtut. William setzt sich anders hin. Ich rühre mich nicht. Flüstere.

»Die Schatten waren Menschen. Auf der anderen Seite der Glasscheibe. Sie kamen auf mich zu. Ich sehe sie vor mir … sie breiten die Arme aus … als ob sie schwanken …«

Die Erinnerung ist mehr als nur ein Bild, ist mehr als nur Geräusche. Da sind Angst und Panik. Da sind John Wayne O'Gradys Worte in meinem Kopf. Er sagte an dem Abend Dinge zu mir, die ich jahrelang aus meiner Erinnerung verbannt habe. Es waren keine Polizisten, die da draußen auf mich warteten. Es waren auch nicht meine Eltern. Es waren alles nur Marionetten.

»Was hast du dann gemacht?«, fragt William.

»Ich habe meine Mutter gesehen, verstehst du?«, sage ich. »Sie war nur ein paar Meter von mir entfernt. Zwischen mir und ihr war eine Glastür. Nur eine dünne Glastür. Kannst du dir auch nur ansatzweise vorstellen, wie das ist?«

»Ja, ich glaube, ich ka…«

»Nichts kannst du!«, schreie ich. »Du hast absolut keine Ahnung. Ich habe abwehrend die Hände vorgestreckt, damit sie weggeht.« Meine Stimme ist nur noch ein heiseres Flüstern. »Und als sie näher zur Tür kam … Gott, ich kann ihr Gesicht sehen …«

»Was hast du gemacht?«

»Ich hatte Angst vor ihr, du Trottel!« Er zuckt zusammen, und ich möchte ihm noch mehr wehtun. »Ich habe sie angeschrien. ›Geh weg!‹, habe ich geschrien. ›Geh weg!‹, immer wieder. Aber sie ist nicht weggegangen.«

William starrt mich an. Er will »Warum?« fragen. Er will Bescheid wissen. Er will es selbst fühlen, aber irgendetwas bremst ihn. Ich lehne mich einen Moment zurück. Das ist keine Erleichterung. Es ist nichts Klärendes, nichts Linderndes. Es ist das Allerschlimmste auf der Welt. Vor zehn Jahren stand ich auf diesen Stufen, von blinder Angst geschüttelt, weil ich dachte, meine Mutter wolle mir etwas antun.

Das hier ist falsch. Ich muss hier raus.

»Wohin willst du?«, fragt William, als ich aufstehe.

»Ich kann nicht … Ich kann dir das nicht erzählen.«

»Es ist wichtig«, sagt William.

»Ach, ehrlich?«, zische ich. »Wieso sollte es wichtig sein? Du hast mich dazu gebracht, die Stufen runterzugehen, du Mistkerl. Du hat mich dazu gebracht, da runterzugehen.«

»Es ist wichtig«, sagt er, »weil es die Wahrheit ist.«

»Die Wahrheit?«, zetere ich. »Die Wahrheit spielt keine Rolle. Egal, was die Leute vor Gericht aussagen oder was sie aufschreiben, es ist nie die Wahrheit. Du willst wissen, was ich getan habe? Ich habe geschrien, sie sollen weggehen. Ich habe so lange geschrien, bis ich ganz heiser war. Und als sie immer noch nicht weggingen, habe ich auf meine Mutter gespuckt. Ich habe auf meinen Vater gespuckt, auf die Polizisten … Ich stand auf der Treppe und habe gespuckt und gespuckt, bis mein Mund ganz trocken war. Ich habe so lange gespuckt, bis ich vorn ganz nass war, dann bin in an dem sabbernden Theo

Constantine vorbeimarschiert und habe ihn in die Rippen gestoßen. ›Er will, dass Sie runterkommen‹, habe ich geschrien und bin dann wieder ins Restaurant gestapft wie ein verzogenes Kind.«

Zurück zu John O'Grady, der genauso verschreckt aussah, wie ich mich fühlte. Aber das ist eine andere Geschichte, eine, die zum Teil auf den vollgekritzelten Servietten steht, von denen nie jemand erfahren sollte.

Ich sehe ihn an, sehe den Schock in seinem Gesicht, die Trauer in jeder Pore. Ach, William, willst du auch noch den nächsten Schritt mit mir gehen? Hinunter an diesen Ort? Dorthin, wo plötzlich alle Lichter ausgehen, wo die Menschen um dich herum weinen und wimmern und wo dir ein Mann ein Gewehr in die Hand gibt und dir beibringt, wie man schießt? Kommst du mit mir, William?

Ich glaube nicht.

»Das ist schlecht«, sage ich. »Sich zu erinnern. Alles wieder ans Licht zu zerren. Merkst du das nicht? Es ist einfach nur schlecht.«

Und ich lasse ihn sitzen, damit er über die Treppe und den langen Abstieg in die Vergangenheit sinnieren kann.

Papierserviette

Hier ist Theo Constantine. Er hätte mich beinah umgebracht. Beinah wäre ich jetzt tot ...

»Genossen! Genossen! Aufwachen! Euer Leben ist in Gefahr!«

Die Frauen und Kinder und Theo Constantine erwachten auf ihren improvisierten Schlafplätzen und guckten sich verwirrt um. Tageslicht fiel aus dem Treppenflur herein und verlieh dem Raum eine weiche Atmosphäre, die in krassem Widerspruch zu ihren hämmernden Herzen stand. Was war das für eine Gefahr? Woher kam sie? Als ihre Augen sich auf das Halbdunkel des Restaurants eingestellt hatten, sahen sie nur ihren Folterer, John Wayne O'Grady, der sie angrinste.

»Jawohl!«, schrie O'Grady und fuchtelte mit seiner Flinte. »Euer Leben ist in Gefahr, weil ihr so viele Lügen der Puppenspieler geschluckt habt. Aber ich bin hier, um euch zu retten.« Er warf Constantine den Schlüssel zu und befahl ihm, die Männer herauszulassen. Dann brüllte er: »Einen großen Kreis für die nächste Schulungssitzung, los! Wird's bald!«

Ein paar Leute ächzten. Sie waren während der Nacht immer wieder von O'Grady geweckt worden und hatten sich bis in die frühen Morgenstunden seine Vorträge anhören müssen. Die Knochen taten ihnen weh, sie hatten Kopfschmerzen, und ihnen war übel. Die Männer kamen plieräugig ins Restaurant geschlurft und setzten sich auf den Fußboden. Es gab wieder Streit unter dem Küchenpersonal, und O'Grady marschierte sofort hin und nahm sich den Burger-Koch vor.

»Was ist dein Dienstgrad«, brüllte O'Grady.

Verwirrt schüttelte der Hamburger-Koch den Kopf. »Was? Mein Dienstgrad …?«

»Ja, dein Dienstgrad!«

»Ich bin nur der Burger-Koch …«

»Falsch! Du bist niemand, und ich bin dein Kommandeur! Bis jetzt war dein Leben bedeutungslos, aber wenn du meinen Befehlen gehorchst, wirst du das Licht sehen. Und jetzt gehst du sofort zu deinen Genossen im Schulungszirkel, oder ich streiche dich aus dem Programm.«

Der Hamburger-Koch fragte nicht, was diese kryptische Schlussbemerkung bedeuten sollte. Er setzte sich zu den anderen. Die ältere Dame zog ihre Strickjacke fester um sich und klagte über die Kälte.

»Das kommt daher, dass sie die Heizung abgestellt haben«, flüsterte Constantine.

»Die Kälte ist gar nichts, Genossen«, brüllte O'Grady.

Jede einzelne Geisel hätte dem gern widersprochen, aber niemand wagte es, den Mund aufzumachen. Die Kleine zog die Beine an und rieb sich die Augen. Sie sah, wie sich der kleine Junge dichter an seine Mutter schmiegte, in ihrem Arm geborgen. Freda musterte die Erwachsenen um sie herum, die ältere Dame, den Burger-Koch, den Manager, der sich um sie kümmern sollte. Dann zog sie ihren Rock so weit wie möglich über die Beine und wartete darauf, dass O'Grady anfing zu reden.

Ihr »Führer« ging innen im Kreis herum, zeigte mit dem Gewehrlauf auf jede einzelne Geisel und stellte immer wieder dieselbe Frage. »Bist du bereit?« Die Geiseln nickten oder sagten Ja, in der Hoffnung, den Mann so weit zufriedenzustellen, dass er sie in Ruhe ließ. Heute Morgen wirkte er noch bedrohlicher – er schien überdreht und aggressiv und kläffte jeden an, der etwas Falsches sagte. Als er zu der Kleinen kam, zeigte er mit der Waffe auf sie.

»Bist du bereit?«, fragte er.

»Wofür?«, fragte sie zurück, bemüht, nicht auf das graue Metall des Doppellaufs zu sehen, der gefährlich dicht vor ihrem Gesicht herumwedelte.

»Na, endlich!«, donnerte O'Grady, und das Mädchen zuckte erschrocken zusammen. »Hier haben wir eine Genossin, die wahrhaft bereit ist. Habt ihr gehört? Sie ist neugierig. Sie will wissen, was als Nächstes kommt. Sie will die Wahrheit erfahren. Unbedingt!« Er kniete neben der Kleinen nieder und legte ihr den Arm um die Schultern. »Ist dir kalt, Schätzchen?«, fragte er besorgt.

Sie nickte und zitterte ein wenig im Arm dieses seltsam riechenden Mannes.

»Tatsächlich? Tja, das kommt daher, dass die Marionetten die Heizung abgestellt haben. Die Polizisten da draußen, die Feuerwehrleute … sogar deine Eltern. Sie wollen, dass du frierst. Sie wollen, dass du leidest, damit du der Wahrheit des John Wayne O'Grady nicht lauschst. Aber du bist bereit für die Wahrheit, stimmt's, Schätzchen?«

Das Mädchen nickte.

»Seht ihr?«, rief O'Grady mit Donnerstimme. »Sie weiß, dass sie den Leuten da draußen im Grunde gleichgültig ist. Wozu braucht sie von jetzt an Polizisten oder Krankenwagen oder Eltern?«

Die Kleine starrte stur geradeaus auf ein anonymes Paar Schuhe – wenn sie nur irgendwie dieses ekelhafte Gefühl in der Magengrube loswerden könnte!

»Sie hat jetzt *mich*«, verkündete O'Grady. Er ging zu dem Manager und setzte ihm das Gewehr auf die Brust. »Stimmt's, Theo?«

»Oh, Gott«, stöhnte Constantine.

»Stimmt doch, oder?«

Constantine nickte.

»Sag's ihr.«

»Ich soll's ihr sagen?«

O'Grady stieß ihm den Gewehrlauf fester in die Rippen.

»Das tut weh«, ächzte Constantine, aber O'Grady blieb ungerührt. »Bitte …«

»Du bist hier ihr nächster Genosse, also benimm dich wie ein Genosse und sag's ihr!«, brüllte O'Grady.

Constantine holte tief Luft und erklärte mit gepresster Stimme: »Du brauchst deine Eltern nicht, okay? Du hast … ihn.«

Das Mädchen zuckte zusammen, genau wie andere in der Gruppe. Manche schüttelten den Kopf, manche weigerten sich, die Farce, die sich da vor ihnen abspielte, mit anzusehen. Tränen liefen der Kleinen über die Wangen.

O'Grady lachte und sprang im Restaurant herum wie ein übergeschnappter Harlekin. »Sind wir jetzt alle bereit? Ja? So wie meine kleine Genossin hier? Bereit für John Wayne? Na, dann, Leute – gestern war die Einführung. Heute kommen wir zum Kern der Sache.«

Der Koch meldete sich. O'Grady starrte ihn ungläubig an, weil er es nicht fassen konnte, dass ihn jemand unterbrach. »Was willst du?«, fragte er.

»Es sind ein paar ältere Leute hier«, begann der Koch.

»Das weiß ich.«

»Könnten Sie nicht die Alten und die Kinder gehen lassen?«

»Gehen lassen?«, wiederholte O'Grady, als hätte der Koch gerade einen völlig absurden Vorschlag gemacht. »Sie gehen lassen, damit sie die Wahrheit nicht hören? Was bist du für ein Genosse?«

»Ich bin kein Genosse …«, begann der Koch.

»Oh, doch!«, schrie O'Grady.

Etliche Geiseln funkelten den Koch böse an. Sie waren wütend auf ihn, weil er diesen lächerlichen Streit vom Zaun brach. Der junge Mann schien ihre vorwurfsvollen Blicke gar nicht zu bemerken.

»Warum verhandeln Sie nicht mit der Polizei?«, fragte der Koch. »Was soll das Ganze? Wie lauten Ihre Forderungen? Was wollen Sie?«

»Was ich will?« O'Grady sprach betont langsam, und das klang gefährlicher als sein Gebrüll. »Ich will, dass du dich augenblicklich wieder hinsetzt wie ein braver Junge und mir zuhörst.«

Der Koch öffnete erneut den Mund, aber eine der Burger-Queens stieß ihn in die Rippen, und er kapierte endlich.

O'Grady stand in einer seiner starren Posen da, leicht schwankend, die Augen halb geschlossen. Die Geiseln rutschten unbehaglich hin und her, während sie abwarteten, was er als Nächstes vorhatte. Schließlich erwachte er jäh aus seiner Starre, deutete mit dem Gewehr auf den Koch und grinste.

»Ich war mal genau wie du. Ich war blind, mein Kopf war von den Lügen und Täuschungsmanövern der Puppenspieler vernebelt. Damals habe ich auch einen Ansteckknopf getragen, genau wie dieser Trottel hier.« Er deutete mit der Waffe in Constantines Richtung. »Aber ich habe mich verändert und ihr könnt euch ebenfalls verändern. Seht euch diese Küche hinter mir an, seht euch doch an, was dort vor sich geht. Sie produzieren Tausende und Abertausende von denaturierten Hamburgern und Brötchen, mit Gemüse, aus dem auch das letzte Vitamin herausgekocht ist, bis man schließlich aus einem Stück Pappe mehr Nährstoffe bekäme als aus diesen Hamburgern hier. Ich war dafür verantwortlich, dass meinen Mitbürgern dieses Gift verabreicht wurde, aber ich war nicht glücklich damit. Tief in meinem Herzen regte sich die Wahrheit. Tief in meinem Herzen wusste ich, dass ich eine Rolle spiele und an den Fäden der Puppenspieler tanze. Also habe ich mich mit jämmerlichen Rechtfertigungen selbst getäuscht. Ich habe mir gesagt, ich brauchte einen Tapetenwechsel, eine neue Herausforderung. Ich habe mich sogar als Manager für dieses Restaurant hier beworben. Ich dachte, wenn ich auf der beruflichen Leiter ein paar Sprossen nach oben klettere, bin ich glücklicher. Ich war ein Idiot.«

Er schwieg wieder und nickte, als ob er das Gespräch in seinem Kopf weiterführte.

»Stellt euch das mal vor«, flüsterte O'Grady. »Ich habe tatsächlich geglaubt, das, was ich mache, hätte einen Sinn. Habt ihr euch schon mal überlegt, wie wahnsinnig das ist?«

Keiner antwortete. Die Geiseln dachten, dass der Wahnsinn eher in dem Mann selbst lag und nicht in irgendeiner äußeren Situation. Sie würden sich jedoch hüten, solche Gedanken laut zu äußern.

»Vor meinem Restaurant standen immer wieder Leute mit Flugblättern«, fuhr er fort. »Ich dachte natürlich, das sind blöde Spinner, die irgendwelchen Quatsch verzapfen – über das Essen, das wir anbieten, und über den Regenwald. Ich war blind! Hört ihr mich, Genossen? Ich war blind wie ihr, und ich habe alles geglaubt, was die Puppenspieler wollten. Aber eines Tages ist etwas ganz Erstaunliches geschehen. Ich wollte mich nach Feierabend gerade auf den Heimweg machen und dachte, ach, ich nehme mal eins dieser Flugblätter mit … und da fing ich an, die Wahrheit zu erkennen.«

Constantine wurde unruhig. Von diesem Mann hatte er schon gehört. In einem Rundbrief für Restaurantmanager hatte so etwas gestanden, wenn auch ohne Namensnennung. Ein Artikel über einen Restaurantmanager, den die Unternehmensleitung von Family Value wegen ungebührlichen Verhaltens heruntergestuft hatte, weil er vor dem Restaurant ein Flugblatt entgegengenommen hatte. Es hatte Gerüchte gegeben, dass er sich immer merkwürdiger aufführte, seine Mitarbeiter unmöglich behandelte und sogar Gäste verschreckte.

O'Grady fuhr mit seiner Geschichte fort. »Bis heute kann ich euch nicht sagen, von wem ich die Wahrheit erfahren habe, ob es ein Mann, eine Frau oder ein Kind war, aber wer es auch war, dieser Mensch hat mir für immer die Augen geöffnet. Und jetzt werde ich das Gleiche für euch tun. Ich werde euch die Augen für die Wahrheit öffnen, Genossen.«

Er ging zu Constantine, baute sich vor ihm auf und starrte den Manager hasserfüllt an. Constantine trat unbehaglich von einem Fuß auf den anderen und wich O'Gradys Blick aus. Dann brüllte der Geiselnehmer, die Geiseln sollten sich jetzt alle etwas zum Frühstück machen und die Tür kontrollieren. Er selbst ließ sich auf einen Stuhl sinken und schloss die Augen. Er war erschöpft, die Wirkung der Tabletten hatte schon vor Stunden nachgelassen. Er bemühte sich, wach zu bleiben, wurde aber unweigerlich von der anbrandenden Müdigkeit erfasst und fortgerissen, das weiße Rauschen rollte über seinen Kopf hinweg, und er konnte sich nicht mehr wehren … nicht mehr …

Er schreckte hoch.

Eine Streiterei.

Er hörte jemanden laut reden. Und schluchzte da nicht auch noch jemand im Hintergrund?

Instinktiv griff er sich die Flinte und sah sich hektisch um. Der Streit war verstummt, aber er vermutete, dass es das Mädchen und der Manager gewesen waren. Die Kleine schien völlig aufgelöst, und der dicke Mann machte ein genervtes Gesicht. O'Grady blitzte die beiden böse an. Ohne sich zu erheben, streckte er die Hand nach dem Mädchen aus und fragte: »Was ist los, Schätzchen?«

Sie blickte hoch. Tränen liefen ihr übers Gesicht, aber sie antwortete nicht.

»Sie will ihre Medizin nicht nehmen«, antwortete der Manager und hob hilflos die Arme.

»Ihre Medizin?«, fragte O'Grady.

»Gegen ihre Atemnot … Sie wissen doch.«

»Bist du krank?«, fragte O'Grady, und die Kleine schüttelte den Kopf. Er bedeutete ihr, zu ihm zu kommen. Sie setzte sich in Bewegung, warf aber vorher Constantine einen wütenden Blick zu.

»Also, nun sag mal, was soll die ganze Aufregung, Schätzchen?«, fragte O'Grady besänftigend, als sie vor ihm stand.

»Ich will keine Medizin nehmen«, sagte die Kleine mit gesenktem Blick.

»Warum nicht?«

»Weiß ich nicht.«

»Hast du Angst vor ihm?«, fragte O'Grady.

Das Mädchen schüttelte wieder den Kopf, den Blick immer noch gesenkt. O'Grady tätschelte ihr tröstend den Rücken.

»Na, komm schon, Schätzchen. John Wayne kannst du alles sagen. Hast du Angst vor ihm?«

»Ein bisschen schon«, murmelte das Mädchen.

O'Grady sprang von seinem Stuhl auf und richtete das Gewehr auf Constantine. »He, du! Fettwanst! Hast du das gehört? Du hast deine Pflicht als Genosse nicht erfüllt. Alle mal herhören! Wieder einen großen Kreis bilden!«

Es dauerte fast fünf Minuten, bis sich die Geiseln von ihrem Frühstück losgerissen und wieder auf den Fußboden gesetzt hatten. O'Grady zwang Constantine, sich in die Mitte des Kreises zu setzen, und stolzierte mit zufriedener Miene um ihn herum.

»Sieh dich nur an«, höhnte er. »Du bist ein Versager, ein Niemand. Sieh dir doch nur den Anstecker an, den du trägst. Ich wette, du bist sogar stolz darauf. Man stelle sich vor! Stolz auf so einen blöden Anstecker – und überhaupt auf dein ganzes blödes Leben. Ich wette, du gehst jeden Abend zu deiner jämmerlichen Familie nach Hause, zu deiner keifenden Ehefrau und deinen dreckigen Kindern, die wie Ameisen über die Möbel krabbeln.«

O'Grady hielt inne. Offenbar war ihm etwas eingefallen. Constantine nutzte die Gelegenheit, um sich bequemer hinzusetzen.

»Nicht bewegen, verdammt noch mal!«, brüllte O'Grady.

»Ich habe mich nicht bewegt. Ich habe nur …«

»Was hast du nur?«, wollte O'Grady wissen.

Constantine schien mit sich selbst zu debattieren. Dann sagte er kleinlaut: »Ich … ich habe keine Familie … nicht, wie Sie gesagt haben …«

»Halt die Klappe! Du bist nichts als ein dressiertes Hündchen, das Männchen macht, damit dir die Puppenspieler einen winzigen Brocken zuwerfen. Wie oft warst du denn schon ›Mitarbeiter des Monats‹? Fünfmal? Zehnmal? Und ich wette, jedes Mal hast du gedacht, du bringst es zu was, stimmt's? Ach, was ist dieser Theo doch für ein braver Junge! Die Puppenspieler loben ihn dafür, wie er Männchen macht und bettelt. Du wirst niemals die Wahrheit begreifen, Fettwanst. Du bist ein Clown, ein Hofnarr. Der einzige Grund, weshalb ich dich noch am Leben lasse, ist, dass ich den Genossen hier zeigen will, wie tief man sinken kann, wenn man die Propaganda der Puppenspieler frisst. So, und jetzt steh auf und geh herum, damit sie sehen, was für ein jämmerlicher Kasper du bist.«

Zögernd erhob sich Constantine und marschierte langsam auf und ab, weil O'Grady und seine Waffe ihn dazu zwangen.

»Jawohl, so ist's gut. Seht euch den Trottel an. Seht euch diesen Trottel an.«

»Bitte …«, flehte Constantine.

»Hast wohl keinen Mumm im Leib, was? Du bist wie diese Linken. Du glaubst, dass mickrige kleine PR-Siege vor Gericht dem Feind vernichtende Schläge zufügen. Du Idiot. Die Gerichte sind nur Werkzeuge der Puppenspieler. Die ziehen die Fäden, lassen dich tanzen. Tanz wie eine Marionette, Fettwanst. Tanz wie eine Marionette.«

»Ich … ich kann nicht …«

Leise Aufschreie entfuhren den Geiseln, als O'Grady das Gewehr anlegte und auf Constantines Kopf zielte.

»Tanz wie eine Marionette – los!«

Der Manager hüpfte auf einem Fuß, ein halbherziger Versuch, der O'Grady ganz und gar nicht befriedigte.

»Kannst du nicht besser tanzen, du Marionette? Wie wär's, wenn ich dich erschießen würde?«

»Nehmen Sie bitte das Gewehr runter!«, flehte Constantine panisch.

Eine Frau schrie auf, eine andere Stimme rief: »Nein!«, und mehrere Leute begannen zu schluchzen. Mitten in diesem Tohuwabohu war da plötzlich ein seltsames Geräusch, wie ein Hund oder vielleicht auch ein Seelöwe, ein Bellen und Keuchen und Japsen. Es war das Mädchen. Sie fasste sich an die Kehle und krümmte sich langsam vornüber, bis ihr Kopf fast den Boden berührte.

»Nicht schon wieder!«, rief O'Grady.

»Ihre Medizin«, sagte Constantine. Er hob die Kleine hoch, trug sie in den Lagerraum und schloss die Tür hinter sich, ehe der Geiselnehmer protestieren konnte.

Zurück blieb absolute Stille. Die Geiseln waren sprachlos, ihre Gesichter angstverzerrt. Der Geiselnehmer lehnte sich in seinem Stuhl zurück und senkte den Kopf, um nachzudenken oder zu beten oder vor schierer Erschöpfung. Dann sah er abrupt wieder auf, lachte laut los, deutete auf die Tür zum Lagerraum und rief: »Habt ihr das gesehen? Habt ihr gesehen, wer da gerade reingegangen ist? Das war ein toter Mann. Ein toter Mann ist da reingegangen. Na, so was!« Er schüttelte den Kopf und wiederholte immer wieder mit leiser Stimme: »Na, so was! Ein toter Mann.«

Papierserviette

Hier ist Theo Constantine. Er hätte mich beinah umgebracht. Beinah wäre ich jetzt tot. Scheiße. Das war knapp. Das Mädchen war schuld. Dann hat sie mir geholfen. Scheiße. Scheiße. Sie weint ein bisschen. Es ist, als ob sie den Mistkerl irgendwie verstehen würde. Das ist so unheimlich. Der Gangster nennt mich einen »toten Mann«. Bald schon kann alles vorbei sein. Bitte, N. Wenn du das liest. Ich tue mein Bestes. Jetzt hat sich die Kleine wieder beruhigt.

Freda Opperman

Mein Vater lebt mit Geistern – alten Möbeltischlern mit Lederschürzen und beizefleckigen Händen. Sie scharen sich in seiner Werkstatt um ihn, quittieren seine Werkzeugwahl, seine sichere Hand mit einem anerkennenden Nicken. Sie lungern im Lackgeruch herum, betasten das gestapelte Holz, beschnuppern die uralten Flecken auf seiner Werkbank, formen die Namen der gut geölten Werkzeuge. Sie imitieren seine langen, gleichmäßigen Hobelbewegungen, lehnen sich dann gegen die Werkbank, um aus Bechern mit Geistertee zu trinken und mit halbem Ohr unser Gespräch zu verfolgen.

Vor allem beobachten sie mich, nehmen zur Kenntnis, wie ich mich auf dem engen Raum bewege, wie leicht und geschickt ich in der materiellen Welt manövriere. Wie selbstverständlich mein schmaler Körper den scharfkantigen Hindernissen in der Werkstatt meines Vaters entgeht. Sie zwinkern sich wissend zu, weil jedes dieser Gespenster mich als das identifiziert, was ich bin – ein weiteres Gespenst hier in dieser Werkstatt.

Eins der Gespenster meines Vaters.

Seit ich denken kann, sehe ich, wenn ich in die Augen meines Vaters schaue, meinen eigenen Tod. Meinen Übertritt aus der hellen, bunten Welt des Möglichen in die gedämpften Grautöne des Verlorenen. Ich sehe es im gemaserten Braun seiner tiefen, traurigen Augen. Sehe jedes Mal in seinem Gesicht die fehlende Spanne zweier langer Nächte. Obwohl ich lebend aus diesem Restaurant ins kalte Morgengrauen hinausgetragen wurde, fest in eine Decke gewickelt … für ihn war ich verloren.

Ich trete durch die kleine Tür im Tor, die nicht richtig schließt. Als sich meine Augen an das Schummerlicht drinnen gewöhnt haben, sehe ich meinen Vater an seiner Werkbank, die wie ein Stück Vorwelt unter einem Paar Neonröhren steht.

Ich liebe diesen Ort, wo er mit Säge und Hobel und Maschinen an den ausgesuchten Möbelstücken arbeitet, die seit so vielen Jahren sein Lebensinhalt sind. Mein Kommen überrascht ihn nicht, aber ich kündige meine Besuche ja nie vorher an. Er sieht mit müdem Gesicht auf und sagt: »Hallo, Freda.«

Hugh Opperman, einst Anwalt, jetzt Hersteller handgefertigter Möbel für einen winzigen Kundenstamm. Er arbeitet an einem schwierigen Werkstück, die schmalen Schultern vor Anstrengung hochgezogen, die Stirn von einem glänzenden Schweißfilm bedeckt, das Haar ganz grau von Staub.

Er bearbeitet das Holz mit dem Hobel, dessen Messer er immer wieder eigenhändig an einem geölten Schleifstein geschärft hat. Seine Hände sind so von Beize verfärbt, dass man die eigentliche Hautfarbe kaum noch ahnen kann. Er arbeitet und die Geister beobachten ihn. Immerhin kann er sicher sein, dass *sie* tot sind, falls er überhaupt von ihrer Existenz weiß.

Wir haben alle unsere Geheimnisse.

»Wie war's denn so?«, fragt Dad.

Ich antworte nicht konkret, weil da zu viele Einzelheiten sind, von denen ich nicht reden kann oder will. Vielmehr greife ich zu einer kryptischen Antwort, etwas, was ich Mum gegenüber nie könnte. »Irgendwie schleicht mir in letzter Zeit die Vergangenheit nach«, sage ich, und im Hintergrund erschauern die Gespenster und werfen sich alarmierte Blicke zu. Sie mögen es nicht, wenn man von der »Vergangenheit« spricht, das weckt zu viele Erinnerungen an Fleisch und Blut und glücklichere Tage. Mich überkommt der Drang, »Vergangenheit, Vergangenheit, Vergangenheit« zu sagen, immer wieder, einfach nur, um ihre ätherischen Nerven zu strapazieren, aber ich verkneife es mir.

Hugh Opperman hingegen interessiert sich sehr für die Vergangenheit. Er beschäftigt sich mit der Geschichte als wäre sie ein Stück Holz, prüft ihre Maserung, sieht den Verlauf der Jahresringe, Fehler und Festigkeit. So kann er die Säge an der richtigen Stelle ansetzen, die unerwünschten Teile in den Sägestaub fallen lassen. Das Stück, das er behält, liebkost er, indem er es schmirgelt, streichelt, säubert, optimal zur Geltung bringt.

Ich überlege, was ich ihm von den jüngsten Ereignissen erzählen soll. Soweit ich weiß, ahnt er nichts von den Papierservietten, was mir jetzt zum ersten Mal seltsam vorkommt. Hat ihn das verschwörerische Geflüster zwischen Nancy und seiner Tochter denn nie stutzig gemacht? Als ich noch kleiner war, noch nicht so trainiert in der N.O.'schen Vertuschungsmethode, muss mir doch ab und zu etwas über die Papierservietten herausgerutscht sein? Oder über meine Medizin? Oder Mr Constantines Gekritzel?

Hugh stellt den Hobel ab und bläst sich Holzstaub von den Händen. »Hast du's gelesen?«, fragt er mit einer Kopfbewegung zu einer anderen Werkbank an der Wand hin, wo eine aufgeschlagene Studentenzeitung liegt.

»Nein«, antworte ich.

Williams Artikel. Er ist schließlich doch noch erschienen. Heute. Ausgerechnet heute. An meinem Erwachsenwerde-Tag. Nancy Opperman hat mich heute Früh geweckt, mir geholfen, das passende Outfit für meinen ersten Arbeitstag bei *Guardian Angel* zu wählen. Heute hätte dieser große Tag sein sollen, der Beginn meines Lebens als Aktensortiererin, Kaffeekocherin und Lakai der gewissenhaften, sozial engagierten Anwälte und Anwältinnen, die das Team von *Guardian Angel* bilden.

Die Post kam, als Nancy und ich gerade beim Frühstück saßen, und ich sah das unverkennbare Logo der Universität auf dem großen Umschlag. Darin war die Zeitschrift. Der Artikel. Aber Nancy legte ihn weg, zum Späterlesen, damit ich ja nicht abgelenkt wäre.

Aber sie las ihn, als sie dachte, ich wäre mich anziehen gegangen. Ich stand in der Tür und beobachtete ihr Gesicht. Es wurde immer länger. Er ist eine Enttäuschung für sie, der gute William. Ich hatte ihr nicht gesagt, was ich ihm dort an der Eingangstür erzählt hatte. Angst, schätze ich. Sie war ganz scharf auf Einzelheiten gewesen, hatte gefragt, worüber wir geredet hätten, das Gespräch in die seltsamsten Richtungen gelenkt. Ich glaube, sie dachte tatsächlich, William würde irgendwie meiner angeknacksten Psyche guttun.

Ich habe ihr nichts erzählt, weil ich's nicht kann oder nicht will. Ich sehe doch, wie sie in Williams dreckiges kleines Spielchen verstrickt ist. Also lasse ich sie in dem Glauben, noch alles im Griff zu haben, lasse es zu, dass sie mich zur Arbeit fährt. Meine Mutter, die mir verboten hat, Aufzeichnungen über mich selbst zu lesen. Ich lasse mich an meinem Erwachsenwerde-Tag von ihr zum Erwachsenwerden kutschieren. Die junge Überlebende muss sich nun mal mit gewissen Widersprüchen in ihrem Leben abfinden. Nancys Gehirn hat bestimmt Überstunden gemacht, um herauszukriegen, was sie wegen William und seines Artikels machen soll.

»Lass mich einfach hier raus«, sagte ich, als wir in der Nähe von *Guardian Angel* waren. Erwachsene tun so was. »Ich möchte lieber allein reingehen.«

Sie zögerte, ließ mich aber schließlich gehen. Sie dachte wirklich, ich würde einfach mitspielen. Zur Arbeit gehen wie ein braves Mädchen, während sie im Hintergrund alles in Ordnung zu bringen versucht. Nancy winkte mir, guckte mir noch ein Weilchen nach. Als sie schließlich Gas gab und zum Fort Opperman zurückpreschte, rannte ich über die Straße und nahm den Bus.

Von der aufgeschlagenen Zeitschrift starrt mich ein Foto des Familiy-Value-Restaurants an. Dad schnaubt verächtlich und wendet der Zeitschrift den Rücken zu. »Ich würde mich damit gar nicht abgeben«, sagt er. »Ist doch alles nur Mist.«

»Nancy hat es heute Morgen gelesen«, sage ich. »Beim Frühstückskaffee. Aber sie wollte es mir nicht zeigen.«

»Das glaube ich wohl«, seufzt Hugh.

»Heute hat mein neuer Job angefangen«, verkünde ich. »Sie wollte nicht, dass ich … ›mit den Gedanken woanders bin‹.«

»Dein neuer Job?« Er sieht mich an, hofft auf eine nähere Erklärung.

»Erzähl mir von dem Artikel«, wechsle ich das Thema. »Ist er so mies, wie Mum sagt?«

»Er ist mies«, sagt mein Vater. Er geht hin und nimmt die Zeitschrift von der Werkbank. »Ich könnte ihn wegwerfen, und das wär's dann.«

Wieso wollen meine Eltern alles aus der Welt schaffen, was über mich geschrieben wurde? Kümmert sie die Wahrheit so wenig? John Wayne O'Grady sagte, die Wahrheit sei die simpelste Sache der Welt, und doch würden wir alles tun, um uns vor ihr zu verstecken. Wir machen uns etwas vor, wir rechtfertigen uns, und wir verbrennen Dinge.

»Zeig her«, sage ich, und Dad reicht mir die Zeitschrift. Als Erstes fallen mir das billige Recycling-Papier und die schlechte Foto-Reproduktion auf. So weit hat William meine Erwartungen nicht enttäuscht. Da ist das übliche Bla-bla am Anfang, die Hintergrundinformationen, diese Geschichte, die ich immer wieder gelesen habe in so vielen Artikeln wie diesem.

Ich überspringe die Einleitung und komme an eine Stelle, wo William anfängt, »lebendig« zu schreiben, seine Leser direkt anzusprechen.

Erinnert ihr euch noch an Freda Opperman? Das kleine Mädchen auf den Titelseiten der Zeitungen? Ein paar Tage lang zitterte die ganze Nation um sie. Wie ging es ihr dort unten in dem Restaurant? Würde sie da wieder unversehrt herauskommen? Diese grobkörnigen Fotos gingen durch alle Nachrichten, gefolgt von Bildern der Polizisten, die mit Hochleistungsgewehren rings um das Restaurant in Stellung gegangen waren.

Ihr wart von eurem Wohnzimmer aus mit dabei, wurdet Teil der großen Medien-Familie, die angespannt darauf wartete, dass die Kleine endlich wieder nach Hause zurückkehren konnte.

Medien-Familie? Oh, bitte. Hätte er nicht ein besseres Wortspiel wählen können? Aber, na ja, was soll's? Okay, wo war ich? Ja, hier, jetzt kommt William allmählich in Fahrt.

Freda Opperman war das kleine Mädchen von nebenan. Ihr kanntet ihr Gesicht, hattet aber nie mit ihr geredet. Ihr wusstet, was ihre Eltern machten, aber eure Familien waren nicht befreundet. Und dann kam sie wieder heraus. Unverletzt. Alles jubelte.

Aber die Kleine wurde größer. Sie ging zur Schule, rauchte heimlich hinterm Toilettenblock und knutschte auf Partys mit Jungen. Sie wurde eine junge Frau von neunzehn Jahren. Sie ist nicht mehr das lächelnde kleine Mädchen von den Fotos, und auch nicht das klammernde Bündel in den Armen ihrer Mutter.

Sie ist nicht mehr das kleine Mädchen von nebenan.

Allmählich kapiere ich, warum Mum die Kinnlade herunterklappte, als sie heute Morgen diesen Mist hier las. Williams Artikel steuert in eine höchst beunruhigende Richtung.

Was sagt man zu jemandem, der so etwas durchgemacht hat? Bei der Vorbereitung dieses Interviews habe ich mich immer wieder gefragt, wie sie wohl sein würde. War sie ein verschüchtertes Wesen, das Angst vor seinem eigenen Schatten hatte? War sie seit diesem Trauma ein psychisches Wrack? Oder war sie eher jung-dynamisch, das Sprachrohr der vielen Organisationen und Lobby-Gruppen, die ihre Mutter ins Leben gerufen hat?

Was mich erwartete, war nichts von alledem. Freda Opperman ist, kurz gesagt, sonderbar. Nicht auf die verschrobene, picklige, verhaltensgestörte Art. Nein, sie ist sonderbar, weil sie immer noch in etwas gefangen scheint, an das sie sich angeblich nicht erinnern kann.

Ich unterbreche die Lektüre und schnappe nach Luft. Ein Luftzug streift meine Wange, und einen Moment lang denke ich, es sei vielleicht der Wind oder ein Hauch von etwas anderem, was sich in der Werkstatt umherbewegt. Dann höre ich Dads Stimme.

»Genug?«, fragt er.

Ich schüttle den Kopf und lese weiter.

Kurz vor seinem Tod trug der Manager des Family-Value-Restaurants Freda Opperman auf, aus alldem ein »gutes Leben« zu machen. Ihrem Überleben wurde ein Sinn verliehen. Die anderen, die lebend dort herauskamen, konnten selbst zusehen, wie sie mit den Schuldgefühlen und dem Horror fertig wurden. Sie spazierte einfach davon …

Ich wurde getragen, du Idiot. Gib doch die Fakten richtig wieder. Gott, das ist ja völlig daneben. Ich überspringe ein, zwei Absätze. Lese dann weiter.

Wie viel also wiegt ein »gutes Leben«? Mehr als das Leben der beiden Männer, die bei der Geiselnahme umkamen? Theo Constantine wurde von O'Grady erschossen, aber warum? Das weiß niemand. Freda Opperman war dabei, behauptet aber, sich nicht daran erinnern zu können. Musste Theo sterben, weil er dieses kleine Mädchen retten wollte? Wurde ihr dieses Geschenk zuteil?

Ich fühle plötzlich eine schreckliche Enge in der Brust, dann eine warme Berührung zwischen den Schulterblättern. Eine Stimme … Dads Stimme … irgendwoher.

»Gib her, Freda.«

Er zieht an der Zeitung, aber ich lasse sie nicht los. Je fester er zieht, desto fester halte ich sie.

»Ich muss es lesen«, sage ich.

Wie gewichtet man Gutsein? Würden alle guten Taten dieser Welt das Leben eines einziges Mannes aufwiegen? Freda Opperman ist keine Heilige. Sie ist nur ein junges Mädchen, das sich an nichts erinnern kann.

Was ging dort unten vor sich? Bist du eingeschritten, Freda? Hast du die barmherzige Samariterin gespielt? Oder warst du etwas ganz anderes?

Die barmherzige Samariterin … oder »etwas ganz anderes«? Diese Zeile ist ein heimtückisches Messer im Dunkeln.

Mein Vater legt mir die verfärbten Hände auf die Schultern, nimmt mir dann die Zeitung ab. »Lass gut sein, Freda«, sagt er. »Du brauchst dich nicht zu rechtfertigen. Was dir widerfahren ist, sollte niemandem widerfahren, niemals. Du warst doch noch ein Kind, als du diese Treppe hinuntergegangen bist … Ein Kind. Du bist hier das Opfer.«

Ich zucke bei dem Wort »Opfer« zusammen – reiße es aus meinem Herzen und tue mein Bestes, es auf dem staubigen Werkstattboden zu zertreten.

»Dad«, sage ich und strecke die Hand nach der Zeitschrift aus. »Lass mich zu Ende lesen.«

Ich habe Freda Opperman getroffen. Ich habe ihren Schmerz gesehen, die schrecklichen Nachwirkungen dieses Traumas. Aber was gibt es da noch zu verbergen? Ist es nicht Zeit, aus dem Schutz der Engel herauszutreten und selbst für dich einzustehen?

Als kleiner Junge habe ich an dich geglaubt, Freda Opperman. Ich wollte, dass du stark wirst, normal wirst, ein positives und gesundes Leben führst.

Ich will weiter an dich glauben.

»Warum wird er so persönlich?«, flüsterte ich.

»Vergiss es Freda, denk nicht mehr daran. Das sind doch nur gemeine Spitzen.«

Nadelspitzen vielleicht? Tausend kleine Nadelspitzen, die auf mich einstechen? Mir ist plötzlich schwindelig. Ich klammere mich an Dads Arm.

»Dad«, sage ich, und meine Stimme ist so dünn wie das Hauchen der Geister, die in dieser Werkstatt umherdriften.

»Freda, komm, setz dich.«

Er führt mich zu einem Stuhl und holt mir ein Glas Wasser, das ich unberührt auf der Werkbank stehen lasse. Williams Worte schwirren mir im Kopf herum, aber sie ergeben keinen

Sinn, sooft ich sie auch innerlich wiederhole. Wie viel wiegt ein gutes Leben? Wie viel wiegt ein gutes Leben? Wie viel?

Dad beobachtet mich beunruhigt, hin- und hergerissen zwischen Angst und Anteilnahme. Mein Vater so unsicher, hier in seiner eigenen Werkstatt. Er fragt nicht, warum mir Williams Artikel so zusetzt. Immer ruhig und geduldig, niemals neugierig, was vor sich geht. Ich bin sein braves kleines Gespenst.

»Warum fragst du mich nie irgendwas?«, frage ich.

Er starrt mich verwirrt an, zuckt dann die Achseln, als könnte das die bizarre Frage aus der Welt schaffen. Ich fixiere ihn, lasse mich durch sein Achselzucken nicht abwimmeln. Dad zieht die Augenbrauen hoch, sagt dann: »Was soll ich dich denn fragen?«

Ich lächle. »Meinst du nicht, dass ich die eine oder andere Frage wert bin?«

»Hör zu, Freda«, sagt Dad. »Dieser kleine Rotzlöffel hat kein Recht, dich so zu behandeln …«

Ich unterbreche ihn, ehe er weiter auf William einprügeln kann. Das soll er getrost mir überlassen. »William kennt mich kaum«, sage ich. »Aber er hat trotzdem jede Menge Fragen. Warum findest du nie etwas, was deine Neugier weckt?«

»Freda, es tut mir leid«, sagt Dad mit dieser hilflosen Miene. »Ich weiß, ich habe mich einfach rausgehalten und deine Mutter dein Leben organisieren lassen …« Und wieder zuckt er die Achseln.

Einen Augenblick lang sehe ich John Wayne O'Gradys gleichgültiges Achselzucken, die Art, wie er sich jeder Verantwortung zu entziehen versuchte. Das ist so ein verrückter Vergleich, weil mein Vater nichts mit diesem Irren gemein hat, und doch war es da, dieses Bild, wie das Aufflackern einer Neonröhre. Vielleicht ist es ja dieselbe Art Aufflackern, die ich manchmal in Williams Augen sehe, dieser kurze Funke des Wiedererkennens, ehe der rotzige kleine Mistkerl wieder das Kommando übernimmt.

»Komm«, sagt Dad. »Zeit für ein Tässchen Tee.«

Er geht zu dem kleinen Werkstattofen, stellt einen Kessel mit Wasser darauf, legt dann noch etwas Holz nach. Es dauert nicht lange, bis das Wasser kocht, überquillt und in zischenden Blasen auf der Ofenplatte tanzt, ehe es schließlich verdampft. Dad gießt Wasser in zwei angeschlagene Becher, reicht einen davon mir. Das ist Hugh Oppermans große Stärke. Mir Räume zur Verfügung zu stellen, wo ich mich beruhigen und aus dem Trudeln herauskommen kann.

Dad schlürft laut seinen Tee und grinst mich durch den aufsteigenden Dampf an. Vielleicht meidet er ja Fragen, weil Antworten so etwas Tückisches sein können. Wie wenn man einen wunderschönen Schal aufribbelt, um herauszukriegen, wie er gemacht ist, und am Ende nur noch eine Handvoll wirrer Wolle hat. Vielleicht würdigt er ja lieber einfach nur die Schönheit der Dinge. Wie wenn er ein Stück Holz in den Händen hält. Holz birgt für ihn kein Geheimnis, er kann alles aus der Maserung herauslesen. Ich glaube auch nicht, dass er viel mit Gedichten anfangen kann, so wenig wie seine Ex-Frau.

»Liest du manchmal Gedichte, Dad?«, frage ich neugierig.

»Könnte ich nicht behaupten«, sagt er, nimmt geschickt seinen Teebeutel heraus und wirft ihn in den Abfall.

Ich nicke, versuche dann, seine Teebeuteltechnik nachzuahmen. Alles, was es mir bringt, sind nasse, verbrühte Finger.

Dad betrachtet mich nachdenklich. Dann sagt er grinsend: »Magst du Gedichte?« Er ist so stolz auf seine Frage.

Ich seufze. »Es gibt eins, das ich mag … von Shelley.«

»Hat der nicht *Frankenstein* geschrieben?«

»Das war seine Frau«, sage ich.

»Oh«, sagt Dad mit einem verschlagenen Grinsen. Die Verknüpfung von Frankenstein und Ehefrau gefällt ihm.

»Mum hasst dieses Gedicht.«

Er guckt mich an. »Ach, ja? Sag es mal für mich auf.«

»Nein.«

»Komm schon. Du kannst nicht das Thema Gedichte anschneiden und mir dann keins aufsagen.«

»Ich kann tun und lassen, was ich will«, sage ich ein wenig patzig.

Jetzt schmollt er auf seine typische Art, indem er in seine Welt abdriftet und dabei so heiter und friedlich aussieht, dass es einen juckt, ihm dorthin zu folgen. Damit hat er meine Mutter zur Verzweiflung getrieben, und einen Moment lang kann ich ihren Ärger nachvollziehen. Es gibt nur eine Möglichkeit, das zu durchbrechen.

»*Schwingst dich hoch und höher*«, rezitiere ich und tue damit genau das, was ich nicht wollte. »*Von der Erde auf – Wolken gleich von Feuer – Fliegst durch Tiefen blau – Und steigend immer singst du, singend steigst du auf.*«

»Das ist hübsch«, reduziert Dad Shelley auf ein banales Adjektiv. *Wolken gleich von Feuer.* Bist du das? Die da singend immer höher steigt?«

»Nein«, sage ich verächtlich und werde puterrot. »Es geht um einen Vogel.«

»Oh … ach, so.«

Wir trinken still unseren Tee, sitzen in der verbrauchten Werkstattluft. Plötzlich fühle ich mich beengt, erstickt. Ich stehe abrupt auf. Mir ist schwindelig, aber ich kann mich auf den Beinen halten, und Dad erhebt sich ebenfalls. Er streckt die Arme aus, will mich stützen. Ich schiebe seine Arme weg. »Geht schon«, sage ich in sein gekränktes Gesicht.

»Komm«, sagt Dad. »Ich fahre dich nach Hause.«

Ich protestiere nicht, folge einfach nur meinem Vater, der in den letzten Jahren zu schnell gealtert ist. In der kleinen Tür zieht er den Kopf ein, und für einen Augenblick reduziert ihn die blendende Sonne von draußen auf ein Strichmännchen. Dann, als ich selbst hinaustrete, wird er wieder der Möbeltischler, der introvertierte Mensch, der sich von seinem Holz und seinem Werkzeug losgerissen hat. Er befördert seine schmale Gestalt mühsam bergauf zu seinem Geländewagen, geht, als kämpfte er sich gegen starken Wind an. Draußen in der wirklichen Welt, außerhalb seiner Werkstatt, wirkt Dad immer so verloren.

Als wir auf dem Weg nach Hause sind, zwei stumme Partner zwischen den Öllappen, Sägeblättern und rostigen Gerätschaften, die in seinem Auto herumfahren, sieht er mich lächelnd an.

»Als du klein warst«, übertönt er das Motorgeräusch, »warst du ja so ein Dickkopf. Ich weiß noch, wie du dich bei einer Kindergartenaufführung geweigert hast, eine Froschmütze aufzusetzen.«

Ich zucke die Achseln. »Ich bin eben eine Opperman«, sage ich. »Wir halten nichts von Firlefanz.«

»Vielleicht«, sagt er, »ist es ja nur … dieses Gedicht … es hat mich an damals erinnert. Du warst ein Kind, das innerlich gelodert hat. Für dich war alles brandwichtig. Lauwarme Gefühle gab es bei dir nicht. Gott, du hast uns ganz schön eingeheizt. Zum Beispiel, als du dir in den Kopf gesetzt hattest, Eis zum Frühstück zu essen.«

»Hab ich nicht …«

»Oh, doch. Ich hatte gar nicht gewusst, dass kleine Kinder so früh aufwachen können. Wir konnten kein Eis mehr kaufen.«

Ich lächle, stelle mir eine kleine Freda vor, die mit Schokoladenmund und verschmiertem Pyjama auf frischer Tat ertappt wird.

»Manchmal hast du deine Mutter wirklich zur Verzweiflung getrieben«, sagt er. »Wahrscheinlich hasst sie deshalb dieses Gedicht.«

»Und du?«, frage ich. »Hab ich dich nicht zur Verzweiflung getrieben?«

»Hm?«, macht er, während er sich durch ein Stück dichteren Verkehr fädelt. Dann sagt er nichts mehr, schaut in den Rückspiegel, ehe er die Spur wechselt. Ich gucke ihn an: ein langer, schmaler Opperman, das Hemd voller Holzstaub, das Haar an seltsamen Stellen abstehend, das Gesicht mit feinen, grauen Stoppeln bedeckt. Beizefleckige Hände halten den Wagen unbeirrbar auf Kurs, nicht zu schnell, nicht zu langsam. Kein Lodern und kein Sich-Hals-über-Kopf-ins-Unbekannte-Stürzen.

Mein netter, geduldiger, untüchtiger Vater, der zurücktritt und es seiner Frau überlässt »das Kind in den Griff zu kriegen«. Der sich auf die Zunge beißt, seine Ansichten für sich behält. Ich glaube nicht, dass ich ihn als kleines Kind zur Verzweiflung getrieben habe. Ich habe ihn wohl eher amüsiert.

Nein, die Verzweiflung des Hugh Opperman gründet woanders, in einer anderen Zeit, als das Unbekannte des Lebens der Gewissheit von Enttäuschung und Schmerz wich. Als das Feuer am Himmel nur noch ein Fetzchen Wasserdampf war und die Wolken sich weigerten, ihre Geheimnisse zu offenbaren und den Vogel zum erneuten Aufstieg zu ermuntern.

John Wayne O'Grady

Am frühen Montagnachmittag waren von oben noch die üblichen Geräusche gekommen, aber nach und nach hatte der Hintergrundlärm einer gespenstischen Stille Platz gemacht. Man hörte keine Autos mehr, keine Bewegung und keine Stimmen. Es war, als ob die Polizei abgezogen wäre. Geiseln wurden die Treppe hinaufgeschickt, um nachzusehen, was draußen vor sich ging. Sie berichteten, dass da immer noch Polizisten seien. Die Stille machte John Wayne O'Grady sichtlich nervös. Immer wieder unterbrach er seine Vorträge und guckte zum Erdgeschoss empor. Dann holte er zwei große Metallschüsseln aus der Küche und drehte sie gegeneinander, was ein nervtötendes Geräusch machte.

»Na, hört ihr mir zu?«, sagte er immer wieder. »Hört ihr mir zu?«

Schließlich ließ er die Schüsseln fallen und begann wieder mit seinen Tiraden über die Konzerne und den Profit. Das war wenigstens vertraut und die Geiseln konnten sich wieder in ihre eigene Routine zurückziehen.

Die Mutter konnte leise Spiele mit ihrem Sohn spielen, ihn animieren, Bildchen in ein Notizbuch zu malen, das sie aus ihrer Handtasche gekramt hatte. Die Kleine konnte sich in ihrer Fantasiewelt verlieren, sich breit angelegte, detaillierte Szenarien ausmalen, in denen gute Männer auf mächtigen Pferden angeritten kamen und sie in ein Land mitnahmen, wo es Licht gab, wo es gut roch, wo man in Sicherheit war. Die alte Frau konnte sich an die Wand lehnen, die Augen schließen und eindösen. Der Koch konnte sich fragen, wie er hier wieder herauskommen würde, und die Burger-Queen neben ihm konnte sich Sorgen um die alte Frau machen.

John Wayne O'Grady hatte den Tag mit viel Enthusiasmus begonnen, sich über den Manager lustig gemacht, als dieser mit der Kleinen wieder aus dem Lagerraum kam. Die Todesdrohung war offenbar vergessen. Er ließ sie wieder Schulungszirkel bilden, marschierte zwischen ihnen auf und ab und redete, redete, redete. Aber auf diese Weise verging der Vormittag: Die Geiseln kämpften gegen die Kälte an und schotteten sich gegen die Tiraden des Irren ab. Die Mittagessenszeit kam und ging. Er redete immer noch. Dann wurde draußen alles still.

Einige Geiseln hofften, O'Grady würde ihnen nach der Sache mit den Schüsseln etwas Ruhe gönnen, aber er setzte seinen Monolog fort, wurde dabei immer konfuser, machte zwischendurch lange Pausen, in denen er mit Stimmen in seinem Kopf zu reden oder in irgendwelchen Erinnerungen zu kramen schien. Er verfiel in ein leises Murmeln, das keine der

Geiseln verstehen konnte. Dann kehrte er schlagartig in die Realität zurück und sagte: »Verstanden?« Sie nickten, so enthusiastisch sie irgend konnten, in der Hoffnung, nicht aus der Masse herausgepickt zu werden.

O'Grady ging zu der Wand, an der die Drähte klebten, und hob die Batterie vom Boden auf. Diejenigen Geiseln, die das Funktionsprinzip begriffen, wechselten erschrockene Blicke, da der Geiselnehmer zu erwägen schien, die Bombe an der Tür zu zünden. Er tat es nicht. Die Geiseln entspannten sich sichtlich, als der Mann die Batterie auf den Boden zurücklegte und wieder in sein rastloses Auf und Ab verfiel.

So ging es stundenlang und pausenlos. Die alte Frau schlief ein, während andere Geiseln an Stühlen oder Tischbeinen lehnten, vor Verzweiflung völlig ausgelaugt. Und noch immer marschierte O'Grady herum, noch immer schwadronierte und schimpfte er, wetterte gegen die Konzerne und gegen Family Value und die Marionetten, mit so müder Stimme, dass man kaum ein Wort verstehen konnte.

Dann blieb O'Grady, von dem Cocktail aus starken Drogen, Erschöpfung, Stress und Halluzinationen umnebelt, abrupt stehen, unterbrach seine Tiraden mitten im Satz und brüllte: »Nein, Caitlin! Du irrst dich!«

Die Geiseln sahen sich an, hoben die Augenbrauen, um zu signalisieren, dass sie nicht Caitlin hießen und keine Ahnung hatten, wer das war.

»Ach, du hast deine Sitzungsprotokolle, ja?«, schnaubte O'Grady verächtlich, ohne jemand Bestimmtes anzusehen. »Deine Anti-Konzern-Gruppe glaubt nicht an Gewalt. Ihr Feiglinge! Der einzig wirksame Weg, etwas zu verändern, ist der bewaffnete Kampf. Die Symbionese Liberation Army! Die Weathermen! Baader-Meinhoff. Die hatten das begriffen.«

Er verstummte wieder, und der kleine Junge flüsterte seiner Mutter zu: »Auf wen ist er denn so wütend?« Seine Mutter brachte ihn zum Schweigen, indem sie seinen Kopf an sich zog.

Der Koch beobachtete den Geiselnehmer ganz genau, zählte mit, wie lang die Schweigepausen waren. Das tat er nun schon die ganze letzte Stunde, in der Hoffnung, dass die weggetretenen Phasen des Mannes einem Muster folgten.

»Blödes Geschwätz, Caitlin!«, brüllte O'Grady.

Die Geiseln fuhren zusammen.

»Sie alle werden meinen revolutionären Stachel zu spüren kriegen. Sie haben es verdient! Guck doch, was sie mit mir gemacht haben!« O'Grady war jetzt in ein schrilles Zetern verfallen. Geifer flog ihm aus dem Mund und seine Augen waren zorngeweitet. »Sie haben mich fertiggemacht!«

Wieder verstummte er abrupt und starrte ins Leere. Der Koch zählte wieder mit. Die Pausen dauerten in der Regel zwanzig bis dreißig Sekunden. Jemand musste etwas unternehmen. Vorhin hatte es so ausgesehen, als ob O'Grady am Einschlafen wäre, und der Koch hatte erwogen, ihn zu überrumpeln. Als der Geiselnehmer dann wieder hochschreckte, war dem Koch klar geworden, dass er eine optimale Gelegenheit verpasst hatte. Noch einmal würde ihm das nicht passieren.

Zwanzig Sekunden. Die Pausen waren lang genug, um sich auf den Mann zu stürzen und ihn zu entwaffnen. Der Koch wappnete sich. Er verlor kein Wort über seinen Plan, weil er wusste, die anderen würden es ihm ausreden wollen. Drei Meter lagen zwischen ihm und O'Grady. Er taxierte die Distanz. Sie erschien ihm so lang wie ein Fußballplatz. Zum Glück war nichts im Weg. O'Grady stand leicht von ihm abgewandt, was hieß, dass er den Angriff nicht sofort bemerken würde.

O'Grady war jetzt wieder am Reden, noch verwaschener diesmal, und der Koch manövrierte sich ganz langsam in die Hocke. Jetzt oder nie.

Hätte er eine Zweikampfausbildung gehabt wie der grauhaarige, schweigsame Vietnam-Veteran, der ihm gegenübersaß, dann hätte er gewusst, dass seine Chancen schlecht standen. Zunächst einmal war die Distanz viel zu groß für einen Überraschungsangriff. So bizarr O'Grady sich auch benahm, war er doch garantiert immer noch wachsam. Zum zweiten stand O'Grady in der falschen Position, leicht nach rechts gedreht. Da er Rechtshänder war, würde er in einer einzigen Bewegung herumwirbeln und sich verteidigen. Zum dritten hatte O'Grady gerade eine »Pause« hinter sich und würde jetzt, dem bisherigen Muster folgend, mindestens ein, zwei Minuten hellwach sein.

Aber nachdem es ihm gelungen war, unbemerkt in die Hocke zu gelangen, gab es für den Koch kein Zurück mehr. Er zählte im Stillen mit. Er hatte vor, sich bei »zehn« auf jeden Fall abzuschnellen, wie ein Kind an einem kalten Swimmingpool.

Eins, zwei, drei …

O'Grady starrte die alten Frau an, registrierte erstmals, dass sie schlief.

Er hob langsam das Gewehr und zielte auf sie, was erschrockenes Gemurmel seitens der umsitzenden Geiseln hervorrief.

… sechs, sieben …

»Warum schläft sie?«, nuschelte er.

Die Umsitzenden zuckten die Achseln, nicht ahnend, dass den Koch nur noch eine Sekunde vom Eingreifen trennte. Er hätte einen Rückzieher machen sollen. O'Grady war jetzt schon wieder fast ganz präsent und setzte gerade an, den Genossen eine Standpauke zu halten, weil sie so schlaff waren.

… zehn!

Just in dem Moment, als der Koch lossprang, wandte sich O'Grady der Gruppe zu und nahm die Bewegung aus dem Augenwinkel wahr. Es war ein simpler Reflex, das Gewehr hochzureißen und dem Angreifer den Lauf unters Kinn zu hauen.

Der Koch taumelte rückwärts, umklammerte sein blutendes Kinn. O'Grady raste vor Wut. Eine Kette von Beschimpfungen ausstoßend, stapfte er auf den Koch zu. Er packte das Gewehr am Lauf und hieb dem Koch den Kolben seitlich an den Kiefer. Es krachte schauerlich. Sämtliche Geiseln schrien auf, als der Koch zusammensackte und Blut aus seiner Kinnwunde langsam auf den Fußboden sickerte.

Einige Geiseln standen auf, ein paar machten instinktiv einen Schritt auf O'Grady zu, wollten ihn davon abhalten, einen der ihren zu misshandeln, aber angesichts des Gewehrs waren sie ohnmächtig.

»Du Schwein!«, brüllte der lange Kerl, der am Vortag als Bote fungiert hatte. »Du Schwein!«

Die Frau neben dem Langen schrie auf, und O'Grady schwenkte das Gewehr über die Gruppe. »Alles aufstehen!«, schrie er. »Hoch mit euch! Alle miteinander.«

Sie standen schleunigst auf, weil sie einem so wütenden O'Grady alles zutrauten. Jemand rüttelte die alte Frau wach und mithilfe des Vietnam-Veteranen erhob sie sich langsam.

»Alle da in die Mitte. Wird's bald! Dicht zusammen! Bewegung!« Sie scharten sich dicht aneinander, Körper an Körper, atmeten einer den schalen Geruch des anderen.

»Ist das der Dank?«, brüllte O'Grady. »Hm? Ist das der Lohn? Ich erziehe euch um ... öffne euch die Augen für die Wahrheit ... und ihr wollt auf mich losgehen? Ist das der Dank?«

Sie standen da wie ungezogene Schüler vor einem wütenden Rektor, zuckten unter der Wucht seines Zorns zusammen. Der kleine Junge schluchzte am Bauch seiner Mutter, die alte Frau stöhnte leise, die Burger-Queens sahen ihren Freund, den Koch, blutend am Boden liegen und weinten unverhohlen. Alles, was von den Geiseln kam, waren unartikulierte Laute – ängstliche, panische, wütende, traurige Laute –, die einzige Reaktion, die ihnen blieb. Zu diesen Lauten kam plötzlich ein seltsames Geräusch, als ob etwas über Teppichfliesen schabte. Sie sahen sich um und merkten, dass dieses Geräusch von der Kleinen kam, die O'Grady unverwandt anstarrte, während ein steter Urinstrom ihre Beine hinabrann.

»Ich habe euch ein kostbares Geschenk gemacht«, bellte der Mann, der ihre Pein gar nicht wahrzunehmen schien. »Ein kostbares Geschenk, und alles, was euch einfällt, ist arglistige Täuschung! Lüge! Wie kann es einer von euch wagen, mir in den Rücken zu fallen? Nach allem, was ich für euch getan habe. Wie könnt ihr's wagen?«

Der Geiselnehmer schien betroffen und gekränkt. Er richtete das Gewehr auf den hoch gewachsenen Mann, der ihn gerade »Schwein« genannt hatte, und brüllte: »Du da! Vortreten. Wozu sind wir hier?«

»Ich weiß nicht«, murmelte der Lange, außer Stande, auch nur nach einer gefälligen Antwort zu suchen. Er konnte nichts weiter tun, als auf den bewusstlosen Koch dort am Boden zu starren, auf die grässlich verfärbte Schwellung, die sich seitlich an seinem Kiefer bildete.

»Was zum Teufel heißt, ›Ich weiß nicht‹?«, brüllte O'Grady. »Was hab ich euch erklärt? Hm? Bist du ein Genosse oder nicht?«

»Ja«, antwortete der Lange.

»Ich will, dass du's lauter sagst. Ich will, dass du sagst: ›Ich bin ein Genosse!‹, so und nicht anders.«

Der hoch gewachsene Mann trat unbehaglich von einem Fuß auf den anderen, sah auf die Männer um sich herum, auf den niedergestreckten Koch. Er räusperte sich und sagte dann, ohne jede Überzeugung: »Ich bin ein Genosse.«

O'Grady reagierte prompt, indem er dem Langen den Gewehrlauf in den Magen rammte, dass der Mann vor Schmerz zu Boden ging.

»Unten bleiben!«, brüllte O'Grady. Er wandte sich einer der Küchenhilfen zu, einem schüchternen, etwa siebzehnjährigen Jungen. »Komm her!«, schrie O'Grady. Der Junge trat einen Schritt vor. »Sag du's jetzt.«

Der Junge sagte laut und deutlich: »Ich bin ein Genosse.«

Die Antwort befriedigte O'Grady nicht. Er setzte dem Jungen das Gewehr an die Kehle und befahl ihm, sofort auf den Bauch runterzugehen. Der Junge warf sich ohne Protest auf den Boden. O'Grady wandte sich jetzt an den Vietnam-Veteranen, setzte ihm die Mündung auf die Brust. Um einen Augenwinkel des Veteranen zuckte es leicht, aber sonst zeigte er keine Regung.

»Sag es!«, flüsterte O'Grady.

Der Veteran sah dem Geiselnehmer wortlos in die Augen, versuchte einfach nur, ihn niederzustarren.

»Sag es!«, brüllte O'Grady.

Der Veteran sagte nichts, legte sich stattdessen neben die anderen beiden Männer, die Hände hinterm Kopf.

»Aufstehen!«, brüllte O'Grady. »Los, auf!« Der Veteran rührte sich nicht. »Du undankbarer Mistkerl. Ihr seid alle undankbare Mistkerle. Ich zeige euch den Weg, aus eurem beschissenen kleinen Leben herauszukommen, und ihr vergeltet es mir so! Ich verlange Disziplin, verstanden?«

Das zerzauste, erschöpfte Häuflein »Genossen« um ihn herum zeigte keinerlei Reaktion.

»Männer sollten die innere Disziplin haben, freudig in den Kampf zu ziehen«, brüllte er. »Aber ihr seid schlappe, kleine Pisser, die nichts aushalten können. Aufstehen, alle miteinander.«

Der Lange hob den Kopf, guckte nach den beiden Geiseln neben sich, doch als die sich nicht rührten, blieb er ebenfalls liegen.

»Alle Männer rüber zur Herrentoilette«, sagte O'Grady ruhig. »Wird's bald!«, brüllte er.

»Warum sollten wir?«, sagte der Veteran.

»Warum ihr solltet?«, sagte O'Grady langsam. »Weil ich das hier habe.«

Er presste dem Veteranen die Gewehrmündung an den Hinterkopf. Der Veteran hielt mit dem Kopf gegen, guckte auf die Frauen und Kinder und die Männer, die neben ihm lagen.

»Das hier ist mehr als nur ein Gewehr«, flüsterte O'Grady. »Es ist der Streiter für die Wahrheit. Wer mir folgt, folgt diesem Gewehr. Gerede beeindruckt die Puppenspieler nicht. Sie müssen den kalten Stahl eurer Entschlossenheit spüren. Und ich bin entschlossen, Cowboy. Stell mich da lieber nicht auf die Probe.«

Der Veteran verrenkte den Hals noch weiter, um O'Grady ins Gesicht zu sehen, wobei ihm der Gewehrlauf gegen die Nase drückte. Ein paar Geiseln machten winzige Bewegungen auf ihn zu, und über ihre Gesichter zuckte ein Hoffnungsfunke.

»Ja«, sagte der Veteran. »Das sehe ich. Sie sind wirklich entschlossen.«

Er seufzte, stand dann langsam auf, und die beiden anderen taten es ihm nach. Leises, enttäuschtes Murmeln erhob sich, als der Veteran und der Lange mit anfassten, um den Koch in die Herrentoilette zu tragen.

»Er braucht Hilfe«, sagte die eine Burger-Queen, aber O'Grady überhörte es. Als die Männer an der Toilettentür versammelt waren, blaffte sie der Geiselnehmer an: »Rein da, verdammt noch mal.« Das Gewehr in Brusthöhe auf sie gerichtet, drängte er sie in den Toilettenblock. Seine Augen waren weit aufgerissen und weiß, seine Bewegungen eckig und ruckartig. Er blaffte immer wieder »Bewegung!«, wurde mit jedem Mal hysterischer. Als der Letzte in der Toilette verschwunden war, sagte er mit brüchiger Stimme: »Jetzt seid ihr alle für mich verloren.« Constantine, der sich mit unsicherer Miene ein Stück abseits des Dramas gehalten hatte, machte Anstalten, ebenfalls in die Herrentoilette zu gehen, aber O'Grady setzte ihm die Mündung der Barrett auf die Brust.

»Wo zum Teufel willst du hin?«, fragte O'Grady.

»Zu den Männern …«, sagte Constantine.

»Lass den Quatsch. Du bist kein Mann.«

Constantine wurde rot, sah seinen Peiniger ungläubig an. Er war wie erstarrt, weil er sich nicht entscheiden konnte, ob er seine Ehre oder sein Leben retten sollte. »Aber Sie haben doch gesagt, alle Männer da rein …«, stammelte er.

»Und ich habe auch gesagt, du bist kein Mann. Also bist du keiner. Kapiert? Du bist, was immer ich sage.«

»Aber … was bin ich dann?«, fragte Constantine verwirrt.

O'Grady guckte an dem Manager vorbei, auf die verängstigten Frauen und Kinder, die sich in der Mitte des Restaurants zusammendrängten. »Vorerst mal bist du eine Frau. Also geh zu den Damen.«

Constantine öffnete den Mund zum Protest, aber O'Grady war die Unterhaltung jetzt leid. Er zog die Schlüssel aus der Tasche, schloss die Toilettentür ab und ging dann wieder zu den Frauen und Kindern.

»Ich werde nicht aufgeben«, sagte O'Grady. »Auch wenn nur ein einziger Genosse, der die Revolution im Herzen trägt, in die Gesellschaft hinausgeht, habe ich den Sieg errungen.«

Dann sah er den kleinen Jungen.

Er presste sich gegen den Körper seiner Mutter. Angsterfüllt.

»Was macht der hier?«, fragte O'Grady drohend.

»Er ist doch noch ein kleiner Junge«, zischte seine Mutter.

»Und kann zu den Männern gehen, wo er hingehört«, sagte O'Grady und stapfte auf den Jungen zu.

»Letzte Nacht haben Sie ihn doch auch bei mir gelassen. Bitte … Sie können doch nicht …«

»Sag du mir nicht, was ich kann und was ich nicht kann«, brüllte O'Grady. »Los jetzt, weg von deiner Mutter, Junge.«

O'Grady streckte die Hand aus, packte die magere Hand des Jungen und riss ihn aus den Armen der Mutter.

»Nein!«, schrie der Junge, aber O'Grady beachtete es gar nicht.

»Lassen Sie ihn hier«, flehte die Mutter.

»Ich gehe an seiner Stelle«, erbot sich Constantine, aber O'Grady bedachte den Mann nur mit einem vernichtenden Blick, ehe der den Jungen zur Herrentoilette zerrte, die Tür aufschloss und ihn zu den anderen hineinschob. Er schloss die Tür wieder ab. Die Mutter fiel auf die Knie und schluchzte laut, als das Schreien des Jungen durch die Tür drang. Gleichzeitig fing das kleine Mädchen an, laut zu weinen und immer wieder zu rufen: »Ich will zu meiner Mummy und meinem Daddy!«

O'Grady hielt sich die Ohren zu und brüllte: »Ruhe! Seid verdammt noch mal still, alle miteinander.« Aber sie ließen sich nicht zum Schweigen bringen. Das Chaos aus Heulen und Schreien trieb die Stimmung im Restaurant wieder an den kritischen Punkt. Nachdem ihm die Männer schon durch die Bestrafungsaktion abhandengekommen waren, drohten O'Grady jetzt auch noch die Frauen verloren zu gehen. Er marschierte zu der Mutter und sagte ihr direkt ins Ohr: »Du hast zwanzig Sekunden, um den Mund zu halten. Sonst gehe ich da rein und statuiere an deinem Jungen ein Exempel.«

Die Mutter wischte sich sofort die Tränen weg und senkte den Kopf, als könnte das helfen, den Strom zurückzudämmen. Dann wandte sich O'Grady der Burger-Queen zu und befahl ihr, still zu sein. Sonst würde er an dem Koch ganze Arbeit leisten. Auch sie schaffte es, die Tränen zu unterdrücken, saß an der Wand, den Kopf in die Hände gelegt. Blieb noch die Kleine. O'Grady zeigte auf Constantine und befahl ihm, das nasse Kind zu beruhigen.

»Ich will zu meiner Mummy und meinem Daddy«, heulte die Kleine und verschliff dabei die Worte zu einer einzigen unverständlichen Kette von Lauten. Der Manager streckte der Kleinen aus einem halben Meter Entfernung die Hand hin. Es war offensichtlich, dass er nicht mit der uringetränkten Kleidung des Kindes in Berührung kommen wollte.

»Ichwillzumeinermummyundmeinemdaddy!« Lauter. Verzweifelter.

»Ich verlange Disziplin«, überbrüllte O'Grady das Weinen des Kindes.

»Ichwillzumeinermummyundmeinemdaddy!«

»Stählt eure Herzen …«

»Ichwillzumeinermummyundmeinemdaddy!«

O'Grady hielt inne, weil er sich nicht mehr konzentrieren konnte. Er sah Constantine an und rief: »Ich glaub's einfach nicht. Als Mann bist du ein Witz, und als Frau taugst du auch nichts, also was zum Teufel bist du? Ein Hund? Ein Affe?« O'Grady ging zu den beiden hin und stieß Constantine beiseite.

»Ichwillzumeinermummyundmeinemdaddy!«

»Hör mal, Schätzchen«, übertönte er das Geschrei. »Ist ja alles gut. Daddy ist ja hier. Der alte John Wayne ist ja hier. Bin da vorhin nur ein klein bisschen wütend geworden, aber du brauchst keine Angst zu haben. Hier bist du sicher, Kleines. Absolut sicher.«

Die Kleine begann zu schluchzen, da sie keine Worte mehr hatte.

O'Grady kratzte sich wild am Kopf. Seine Frustration war mit Händen zu greifen. Hier war sein strahlender Stern, sein leuchtendes Exempel, von der Schwäche der anderen angesteckt. »Möchtest du vielleicht mal mein Gewehr anfassen?«, fragte er.

Das Schluchzen hörte kurz auf, setzte dann wieder ein.

»Das ist ein prima Gewehr … und du darfst es anfassen, wenn du willst.«

Die Kleine sah jetzt auf die Barrett, dann zu O'Grady empor.

»So ist's recht«, sagte O'Grady. »Du dürftest es sogar mal kurz halten. Das wäre doch lustig, oder?«

Das Mädchen machte keine Anstalten, nach dem Gewehr zu greifen. Sie nickte nicht, noch schüttelte sie den Kopf, aber ihr Weinen hatte beträchtlich nachgelassen. O'Grady trat noch näher an sie heran, sodass er den anderen Geiseln die Sicht versperrte. Theo Constantine schob sich genau in dem Moment um ihn herum, als O'Grady der Kleinen das Gewehr hinhielt. Das Mädchen betrachtete die feine Gravur auf dem Schloss des Gewehrs. Es war ein abstraktes Muster, etwas Rankenartiges, das an Gürtelschnallen oder silberne Sporen an staubigen Cowboystiefeln erinnerte.

»Hübsch, was?«, sagte O'Grady.

Die Kleine nickte, fuhr mit den Fingern über das Schloss, befühlte die feinen Gravurrillen. Dann wischte sie sich die Tränen aus den Augen.

»Na, komm, du kannst es mal halten.« Da sie nicht sofort nach dem Gewehr griff, drückte O'Grady leicht ihre Hand, und sie reagierte, indem sie die linke Hand ums vordere Ende der Schäftung legte und mit der rechten den Pistolengriff umfasste, den Kolben unbeholfen unterm Arm.

»Große Klasse, Partner«, sagte er mit einem breiten Grinsen. Er trat einen Schritt zurück, überließ das Gewicht ganz der Kleinen, die beinah die Waffe fallen ließ. Sie hievte sie wieder hoch, hielt sie wie einen schweren Holzbalken. »Guck mal an«, sagte O'Grady lachend. »Das reinste Cowgirl. Komm jetzt, erschieß mal ein paar Bösewichte.«

Er trat hinter sie und führte ihre Hände, bis sie das Gewehr richtig angelegt hatte. »So, Schätzchen«, sagte O'Grady. »So geht das.« Dann löste er ihre Hände wieder von der Waffe.

Plötzlich kam ein lautes Bummern aus der Herrentoilette und man hörte den kleinen Jungen nach seiner Mutter rufen. Die Kleine versteifte sich sichtlich, und O'Grady hielt einen Moment inne, um zu horchen. Gleich darauf verstummte der Junge wieder, zweifellos von einem der Männer beruhigt.

»Siehst du?«, sagte O'Grady. »In der neuen Welt brauchen wir keine Mummys und Daddys. Gute Genossen kümmern sich umeinander. Wir sind ja schließlich nicht allein.« Er umfing die Schultern der Kleinen fester. »Das hier ist dein Zuhause, Schätzchen. Ich bin John Wayne O'Grady. Ich bin besser als alle Mummys und Daddys. Du brauchst an nichts anderes zu glauben, verstanden? Ich bin die Wahrheit. Ich bin alles, was du hast.«

PAPIERSERVIETTE

N

Jetzt ist Montagabend. Ich fühle mich mies. Es ist so kalt. Verdammter Mist. Was für ein verrückter, verfahrener Scheiß, das Ganze. Diese Kleine. Sie hat das Gewehr gehalten. Ich hab's gesehen. Die anderen glauben, dieses Schwein hätte sie dazu gezwungen. Aber sie wollte es halten. Ich hab's selbst gesehen.

Warum hat sie das getan? Tickt sie nicht ganz richtig? Sie hat sein Gewehr gehalten und Spaß daran gehabt.

Mist, verfluchter.

Ich schätze, sie fühlt sich auf O'Gradys Seite. Sie ist doch noch ein Kind.

So eine Scheiße.

Theo

PS. Entschuldige bitte meine Ausdrucksweise.

Entschuldigungen sollte man immer von Hand schreiben und möglichst persönlich überbringen. Ich muss mich an so vielen Stellen entschuldigen. Es tut mir leid, dass ich heute nicht bei der Arbeit war. Es tut mir noch mehr leid, dass ich meinen Vater angegriffen habe, der mich jetzt gerade nach Hause fährt, wie üblich nicht weiter erschüttert. Und am allermeisten tut es mir leid, dass ich nicht allen das Leben wesentlich leichter gemacht habe und mich mit den anderen in die Toilette habe sperren lassen.

Mein Vater hält an einer roten Ampel und dreht sich zu mir. »Mein Gott, Freda, was ist denn? Du siehst ja schrecklich aus …«

»Ach, ja?«, sage ich und lächle gezwungen. »Bin einfach nur müde. War so viel los heute.«

»Ja«, sagt er. »Das stimmt. Dieser Artikel …« Er lässt den angefangenen Satz in der Luft hängen.

Die Ampel wird grün.

In Geschriebenem steckt so viel Macht. Man kann es in der Hand halten, ganz genau studieren, und bei jedem Lesen dringen einem die Worte tiefer ins Herz, setzen sich dort fest.

Deshalb versuche ich, möglichst nicht zu lesen.

Aber damit bin ich natürlich auf der ganzen Linie gescheitert. Ich habe Williams Worte gelesen, zugelassen, dass sie sich in mein Bewusstsein graben und mich aus der Fassung bringen. Er fragt sich, welche »Entscheidungen« ich dort unten getroffen habe, in der unterirdischen Hölle des John Wayne O'Grady. Ich war neun, in meinem Sonntagskleid und warmen Strumpfhosen, mit einer Schleife im Haar. Ich war unter Schock und wurde mit einer Schrotflinte bedroht. Ich wurde an Orte getrieben, an die keine Neunjährige je geraten sollte.

Ich traf die Entscheidungen, die ich treffen musste.

Und doch hielt William es für angemessen, darüber zu schreiben. Mich mit Fragen zu löchern. Sich zu wundern. Genügen ihm Worte? Wird er sich mit dem Geschreibsel zufriedengeben, in dem Wissen, dass er jetzt zu einer kleinen Elite von Männern gehört, die meinen Charakter schriftlich infrage gestellt haben? Oder will er noch mehr Erinnerungen, noch mehr Geschichten?

Ich hatte eine Höllenangst vor O'Grady und seinem Gewehr. Aber das Komische ist, dass er gleichzeitig der einzige Mensch in dem Restaurant war, auf den ich zählen konnte. Jedenfalls habe ich es so in Erinnerung.

Aber die Erinnerung ist ein unzuverlässiger Verbündeter. Sie klebt einzelne Geschehnisse aneinander und lässt sie als eine durchgehende Handlung erscheinen. Sie legt Leuten, die nie etwas gesagt haben, Worte in den Mund und lässt andererseits Leute vergessen, was sie wirklich gesagt haben. Ich habe den Untersuchungsbericht gelesen, und dabei ist mir aufgefallen, wie viele winzige Widersprüche er enthält. Sie stand hier, nein, dort. Er tat dies, nein, er tat das Gegenteil.

William sind meine Erinnerungen wichtig, weil ich lebend davongekommen bin. Er hat mich gefragt: »Bist du eingeschritten, Freda?« Reicht es nicht, dass ich jeden Tag an diese beiden Männer denke? Dass ich wünschte, so sehr wünschte, sie wären nicht umgekommen? So blöd es klingt, ich bedaure sogar O'Gradys letzten einsamen Akt. Ich kann sagen, wie er's gemacht hat, aber ich erinnere mich nicht, was ihn dazu trieb.

Es ist eine seltsame Bürde, die Überlebende zu sein, ein Hoffnungssymbol. Hoffnung ist mit Luft gefüllt, mit nichts, genau wie mein Gedächtnis. Weil sie aus nichts besteht, schwebt sie dahin, ohne zu sinken. Ich schätze, das ist der Punkt. Ich schätze, ich sollte die Klappe halten und mich mit meiner Position im Leben abfinden, ja, vielleicht sogar stolz darauf sein, einen Anstecker tragen. *Hallo! Ich bin Freda, das nationale Hoffnungssymbol! Guckt, wie ich dahinschwebe.* Aber pikt mich bloß nicht mit Nadeln. Stellt mir keine unhöflichen Fragen und verlangt nicht, dass ich aus dem Schutz der Engel heraustrete und die Wahrheit sage.

Was für eine seltsame Formulierung, die William da verwandt hat – »Schutz der Engel«. Meint er damit N.O.? Oder vielleicht Dad? Beides ist so absurd, dass ich grinsen muss. Es wirkt fast wie eine zufällige Wahl des Wortes »Engel«, als ob William in der Eile kein besseres Bild eingefallen wäre. Aber vielleicht ist es ja doch nicht so zufällig. Ich habe selbst erlebt, wie das Telefon klingelte und eine fremde Stimme mich nach den Papierservietten fragte. Ich habe mit William direkt am Schlund meines Albtraums gesessen und ihm Sachen erzählt, von denen ich dachte, ich würde mich nie daran erinnern.

Bis jetzt war alles, was er getan hat, wohl überlegt.

»Kannst du umkehren?«, frage ich unvermittelt.

Wir sind auf der großen Straße, die zum Fort Opperman führt, weg vom Zentrum und von *Guardian Angel.* Dad guckt mich von der Seite an, fragt dann: »Warum?«

»Dieses Büro … äh … *Guardian Angel.* Ich soll dort heute anfangen zu arbeiten …«

»Oh.«

Dad bremst, wendet dann vorsichtig. Es hat Vorteile, einen Vater zu haben, der keine Fragen stellt. Wir fahren zurück zu den Engeln, die mich beschützen werden oder auch nicht. Eins ist sicher: Ich muss dort jetzt mit meiner Entschuldigung rüberkommen. Mündlich natürlich. »Ich bedaure, dass ich heute nicht in der Lage wahr, in Ihrem Haus zu erscheinen. Außerdem bin ich Ihrer Organisation, die ihr Bestes tut, den Geschundenen und Unterdrückten, Armen und Unglücklichen zu helfen, ohnehin nicht würdig.« Das dürfte in etwa angemessen sein, nicht *zu* formell.

Wir sind jetzt im Zentrum, und ich lotse Dad zum Sitz von *Guardian Angel,* der nichts weiter ist als ein braunes Haus inmitten von anderen alten Häusern, die überwiegend leer stehen und zum Teil sogar verrammelt sind. Das hier ist ein sehr deprimierender Teil der Innenstadt.

»Danke fürs Herfahren«, sage ich, als Dad hält.

Ich will meine Tür öffnen, aber ganz offensichtlich hat Dad noch etwas zu sagen. Er berührt mich in solchen Situationen nie, verlässt sich wie immer ganz auf sein Gesicht, seine stummen Signale.

»Weißt du, Freda«, sagt er, »wegen der Sache mit den Fragen … Ich schätze, ich …«

Er stammelt unbeholfen an einer Erklärung herum. Um uns beiden die Verlegenheit zu ersparen, murmle ich: »Nicht so wichtig.«

»Doch, mir ist es wichtig … ich schätze, ich habe immer gedacht, du könntest dich besser von allem freimachen, wenn ich mich nicht einmische. Wie in diesem Gedicht, irgendwie.

Ich meine, davon hast du doch in deinem Leben genug gehabt … von Einmischung, meine ich. Ich versuche, dir wohl einfach nur Raum zu geben.«

»Danke«, sage ich und öffne hastig die Tür.

»Aber vielleicht war das ja falsch«, sagt er und legt die Hand auf meine Sitzlehne.

Ich streiche meine eigens für diesen feierlichen Anlass erworbene Job-Hose glatt, und er beobachtet meine Hände. Sie sind schlank, milchig weiß, langfingrig, genau wie seine. Aber ohne Beizeflecken.

»Ich habe keine Ahnung, was richtig und was falsch ist«, sage ich. »Ich weiß nur, dass beides anscheinend nicht weit auseinanderliegt. Dieses Gedicht, von dem wir gesprochen haben – da geht es auch nicht in jeder Strophe um Licht und Hoffnung und fliegende Vögel. Also …« Ich zucke die Achseln.

»Vielleicht können wir ja später drüber reden?«, sagt er.

»Mm-hm«, murmle ich.

Dann mache ich mich davon, ehe sich das hier zu einem Gespräch auswächst. Er sieht zu, wie ich auf den Gehweg hinaussteige und an dem braunen Haus der Hoffnung und des engelhaften Waltens hinaufschaue. Als ich die Eingangstür von *Guardian Angel* öffne, kribbelt mein Magen vor Spannung und Angst. Das ist so ungewöhnlich für mich: einen Schritt ins Unbekannte zu tun … zu suchen … das gefährliche Terrain zu betreten, wo Risiken im Spiel sind.

Vor mir liegt ein Großraumbüro, übersät mit zu vielen Schreibtischen und zu vielen Papierstapeln. Schlampig aussehende Menschen laufen zielstrebig herum, schenken dem wichtigen Hoffnungssymbol, das da höflich an der Tür steht, wenig Beachtung. Schließlich kommt ein junger Mann mit einer runden Brille auf mich zu und fragt, ob alles okay ist. Ich stammle herum, weil ich nicht weiß, wie ich ihm erklären soll, dass ich auf der Suche nach William hier bin und nicht wegen des Jobs, den ich so leichtfertig geschwänzt habe. Während sinnlose Worte aus meinem Mund purzeln, kommt ein Mann in Jeans zu uns und sagt: »Sind Sie Freda Opperman?«

»Ja«, antworte ich, und mehrere Köpfe heben sich.

Mich überkommt dieser heftige Drang, mich umzudrehen und wegzulaufen, weil ich sicher bin, dass sie alle Williams Artikel gelesen haben. Hier bin ich, Leute. *Die Hoffnung der Nation!* Sitzt mein Anstecker gerade? Entspreche ich euren Erwartungen? Was seht ihr, wenn ihr mich so mustert? Ein großes, schlaksiges Mädchen mit leicht hochgezogenen Schultern und einer schlecht sitzenden Frisur? Eine üble Hochstaplerin, die die Welt die letzten zehn Jahre getäuscht hat?

Eine Mitarbeiterin winkt mir lässig zu, als wollte sie sagen: »Hey, hallo, Symbol.« Ich winke zaghaft zurück, und der Jeanstyp streckt mir die Hand hin und stellt sich vor, aber ich bin mir nicht sicher, ob als »Brad« oder »Chad«.

»Sie hätten doch schon vor Ewigkeiten kommen sollen. Was war denn?«, fragt Chad (oder Brad).

Ich zucke die Achseln und suche wieder nach einer Entschuldigung. Dann sagt er: »Kommen Sie mit«, und führt mich in eine abgeteilte Ecke, die wohl sein Büro darstellt.

»Setzen Sie sich«, sagt er, und ich setze mich auf den einzigen Stuhl, der nicht mit Akten, Papieren und gebrauchten Kaffeebechern vollgehäuft ist.

»Ihre Mutter ist ganz schön sauer«, sagt Chad (ich habe inzwischen definitiv befunden, dass er ein Chad ist.)

Ich nicke, versuche ein ungemein betroffenes Gesicht zu machen. Chad nimmt einen Schluck aus seinem Kaffeebecher und sieht mich streng an, was mich vielleicht beeindrucken würde, wäre da nicht der Milchbart von seinem Cappuccino. Wie soll die junge Überlebende eine angemessene Entschuldigung vorbringen, wenn ihrem Gegenüber eine weiße Raupe in die Nase kriecht?

»Sind Sie wirklich an diesem Job interessiert?«, fragt Chad.

»Ich denke schon«, sage ich achselzuckend.

»Wissen Sie, Ihre Mum hat viel Mühe investiert, um Sie hier unterzubringen … Normalerweise sind wir nämlich voll besetzt …«

Ich muss wohl meine gelangweilte Miene zur Schau tragen, weil ich merke, wie Chad langsam zu kochen beginnt. Wenn er nicht aufpasst, schmilzt die Raupe und die Milch läuft ihm übers Kinn.

»Tut mir leid«, sage ich. »Ich weiß, hier bei Ihnen wird hart gearbeitet und …«

Meine ungeschickte Entschuldigung regt Chad nur noch mehr auf. »Was heißt ›hier bei Ihnen‹?«, faucht er. »Diese Organisation ist ein Stück von Ihnen und Ihrer Geschichte. Sie resultiert direkt aus den Gerichtsprozessen, die Ihre Mutter gegen Family Value geführt hat. Wissen Sie das nicht?«

»Nicht so richtig«, murmle ich. »Vielleicht könnten Sie's mir noch mal erklären?«

Das Letzte, was ich will, ist mir von Chad die Geschichte des glorreichen Kampfes gegen Burger-Ketten erzählen zu lassen, aber es müsste ihn beschäftigen, während ich mich hier ein bisschen umschaue. Prompt stürzt er sich freudig in einen Die-Heilige-Nancy-Opperman-Vortrag. Ich überfliege kurz die fleißigen *Guardian-Angel*-Leute, die von Schreibtisch zu Schreibtisch flitzen, Anrufe entgegennehmen, Schriftstücke ablegen. Von William keine Spur, überall nur hingebungsvolle Mitarbeiter, die für einen Hungerlohn der gerechten Sache dienen.

Ich versuche mir vorzustellen, wie ich hier arbeite. Was wäre ich dann? Eine Erwachsene mit einer Aufgabe? (Außer »ein gutes Leben« zu führen.) HA, HA! Welche Aufgaben könnte ein Hoffnungssymbol hier übernehmen? Fotokopierer erinnern uns viel zu sehr an Blitzlichtgewitter, alles, was wir ablegen, landet unter »H« wie »Hoffnungssymbol«, und Telefone machen uns nervös.

»Man kann sich die politische Landschaft überhaupt nicht ohne den Einsatz Ihrer Mutter vorstellen«, fährt Chad fort. Ich hatte ganz vergessen, dass ich ihn in Gang gesetzt habe wie ein Aufziehspielzeug, das eine vertraute Melodie herunterleiert. »Sie hat so vielen kleinen Leuten den Rücken gestärkt, ihnen echte Schlagkraft gegen Regierungsorgane und Konzerne verliehen, und doch leistet sie den größten Teil dieser Arbeit in aller Stille und Bescheidenheit. Und es ist auch beileibe kein leichtes Unterfangen. Der Kampf um Gerechtigkeit wird immer schwieriger und undurchsichtiger, die Grenzen haben sich verschoben und verwischt. Was einst ein geradliniger Weg war, ist jetzt mit allerhand politischen und gesellschaftlichen Rücksichten gepflastert. Man kann nicht einfach loslegen und Gutes tun …«

Jetzt hat er meine volle Aufmerksamkeit, dieser Chad. Er redet vom Gutestun. Rührt an ein Thema, das mir nahegeht. Ich nicke begeistert, bin ganz und gar seiner Meinung.

»Sie sehen doch, was sie alles bewirkt hat, oder?«, fragt Chad.

Ich nicke wieder, aber diesmal ist es keine spontane Reaktion. Deshalb halte ich inne. Verdammt noch mal. Ich bin es leid, ein Symbol zu sein, das die ganze Zeit Lügen von sich gibt.

»Um ehrlich zu sein, nein«, sage ich. »Sie ist meine Mutter. Sorry. Aber seit ich denken kann, sagen mir die Leute immer solche Dinge … was ja wohl auch okay ist. Aber so sehen Sie sie. Wie ich sie sehe, ist meine Privatangelegenheit.«

Chad mustert mich eingehend, fragt dann: »Sind Sie wirklich daran interessiert, hier zu arbeiten?«

Ich zucke die Achseln. »Ich weiß nicht, ob ich mir vorstellen kann, einer Einrichtung anzugehören, die sich *Guardian Angel* nennt.«

»Dieser Name war die Idee ihrer Mutter«, sagt Chad ein bisschen zu defensiv. »Hier geht es nicht ums Gutsein, hier geht es darum, Veränderungen zu bewirken.«

»Veränderungen …« Ich sage das Wort flüsternd. Es hat so viel Macht. Ist so eng mit meiner Vergangenheit, meiner Gegenwart, meiner Zukunft verbunden. »Ich kannte mal einen Mann, der auch Veränderungen wollte …«

»Mit Brutalität kann man nichts zum Positiven verändern, Freda. Das müssten Sie doch am allerbesten wissen. Solche Dinge sind kein Weg zu Veränderungen, sie sind einfach nur eine andere Seite des Problems. Warum müssen immer alle von der Revolution fantasieren? Manchmal sind es die simpelsten Dinge, die die Welt verbessern.«

»Das ist komisch«, sage ich. »Er hat auch gesagt, Veränderung sei etwas ganz Simples.«

Chad grunzt, sichtlich unbeeindruckt von John Wayne O'Gradys Philosophie. »Er hat genau das getan, was alle Unterdrücker tun. Den Menschen ihre Würde genommen. Für ihn waren sie alle nur Nummern. Die Ironie daran ist, wenn Sie mich fragen, dass er in dieser Hinsicht nicht anders war als die Konzerne, die er in die Knie zwingen wollte.«

»Aber … wollen Sie denn diese Konzerne nicht auch in die Knie zwingen?«

Chad schüttelt den Kopf, als hätte er es mit einer Sechsjährigen zu tun. »Nein«, sagt er. »Das wollen wir nicht. Wir wollen nur dafür sorgen, dass sie das Spiel fair und anständig spielen. Diese Dinge überlasse ich anderen. Aber eins will ich Ihnen sagen. Ich bin ganz und gar O'Gradys Meinung, was Family Value angeht.«

»Family Value produziert wertlosen Mist«, wiederhole ich O'Gradys Kampfruf.

»Genau«, sagt Chad. »Sie füttern Kinder mit Zeug, das ernährungsphysiologisch eine Katastrophe ist. Und in ihrer Eigenschaft als Weltkonzern sind sie habgierige, skrupellose Mistkerle. Wissen Sie, dass ich mit Leuten aus der Anti-Konzern-Gruppe gesprochen habe, der O'Grady nach seiner Herabstufung beigetreten war?«,

Ich starre Chad an. Aus irgendeinem Grund bin ich immer davon ausgegangen, dass die Anti-Konzern-Gruppe nur ein Hirngespinst von O'Grady war. Eine Art Rechtfertigung für sein schreckliches Tun. Ich weiß nicht, ob ich hören will, dass diese Gruppe wirklich existiert. Das verleiht O'Gradys Spinnereien zu viel Glaubwürdigkeit.

»Sie haben ziemlich schnell gemerkt, wie instabil er war, Freda.«

»Worauf wollen Sie hinaus?«, frage ich.

»Dass es der Mann ist, den Sie hassen sollten, aber nicht die Ideen, die er sich zu Eigen gemacht hat.«

Den ich hassen *sollte.* Als ob ich ihn nicht hassen könnte, diesen Kerl, der mir mein Leben gestohlen hat. Der seine Finger in mein Gehirn gesteckt und so lange darin herumgewerkelt hat, bis ich leer dort wieder herauskam.

»Hassen wäre zu einfach«, sage ich.

Chad sieht mich an. Da ist etwas Väterliches in seinem Blick, obwohl er höchstens zehn Jahre älter sein kann als ich. »Wissen Sie, warum Ihre Mutter diese Organisation *Guardian Angel* nannte?«, fragt er.

Ich gucke verdutzt, weil er das Gespräch von O'Grady weglenkt. »Nein«, sage ich.

»Sie will unbedingt erreichen, dass kein Mensch sich jemals allein fühlt, wenn er mit Unterdrückung, Schikane, Terror konfrontiert ist. Sie hat sich immer dafür eingesetzt, den Menschen ihre Ohnmacht zu nehmen und ihre Würde wiederzugeben. Aus diesem schrecklichen Geschehen damals hat sie *echte* Veränderungsprozesse gemacht, Freda. Ohne Angst und Schrecken zu verbreiten. Sind Sie willens und fähig, an etwas Derartigem mitzuwirken?«

Chad ist ein begnadeter Redner, das muss man ihm lassen. Seine ruhige, aber eindrucksvolle Argumentation hat mich fast schon in eine stolzgeschwellte Tochter verwandelt. Beinahe möchte ich mich erheben und »Ich bin dabei« sagen. Aber da sehe ich ein vertrautes Gesicht ganz hinten im Büro, und dieser beflügelnde Moment endet mit einer jähen Bauchlandung.

Es ist William.

Ah, ja, die Verschwörung. William sieht mich nicht an. Er spricht mit einer Frau hinter einem Schreibtisch. Sagt ihr, dass ich kein Recht habe, mich an einem solchen Ort aufzuhalten, wo sich aufrechte Menschen unermüdlich für eine gute Sache einsetzen.

Was sollte ich dagegen sagen? Ich bin nicht fähig, anderen zu helfen. Einmal habe ich einer alten Frau geholfen, ihre heruntergefallenen Einkäufe wieder aufzusammeln, was nur damit endete, dass ich ein Glas Erdnussbutter zerschmiss. Ein andermal habe ich in eine Schlägerei zwischen zwei jüngeren Schülern eingegriffen und versehentlich dem Angreifer geholfen. Einmal habe ich einer streunenden Katze über die Straße geholfen, nur damit sie sofort wieder kehrtmachte und hinter mir herrannte, wobei sie um Zentimeter einem Auto entging. Als »guter« Mensch bin ich ein totaler Versager. Meine Versuche, etwas zu verändern, enden immer katastrophal.

»Was ist?«, fragt Chad besorgt.

Ich deute mit einer schnellen Kopfbewegung auf William. »Was macht der denn hier?«, krächze ich.

»Wer?«, fragt Chad und reckt den Hals.

Oh, bitte nicht. Bitte nicht so auffällig. »Er«, sage ich und deute wieder mit dem Kinn auf William.

»Das ist einer unserer Mandanten«, antwortet Chad.

»Wieso?«

»Das kann ich Ihnen nicht sagen«, sagt Chad leicht genervt. »Wir vertreten ihn in einer ganz bestimmten Sache. Ist er ein Freund von Ihnen?«

»Weiß meine Mutter, dass er hier ist?«

»Woher soll ich das wissen?«, sagt Chad. »Hier gehen so viele Leute aus und ein. Wie sind eine Rechtshilfeorganisation, Freda. Wir führen Prozesse für Menschen, die sich kein teures Anwaltsteam leisten können …«

Gegen wen zum Teufel sollte William prozessieren? Das ergibt doch keinen Sinn. Er ist jetzt aufgestanden, auf dem Weg nach draußen, kommt genau an Chads Eckchen vorbei. Er guckt nicht her, aber er weiß, dass ich hier bin. Oh ja, das weiß er genau. Ich stehe ebenfalls auf, und Chad fragt mich, wo ich hinwill. Plötzlich packt mich die Wut. Steckt er auch mit in dieser Sache drin? Ist das irgendeine plumpe Verschwörung, um mir beim Erwachsenwerden zu helfen? Oder ist es vielleicht ein perverser Scherz, um mich in ein virtuelles Untergrundloch zu treiben, mich mit imaginären Waffen dort gefangen zu halten?

»Das sind wirklich ein paar Zufälle zu viel, oder?«, fauche ich.

»Bitte?«, sagt Chad.

»Was haben Sie mit alldem zu tun? Hm? Hat Nancy sie dafür bezahlt? Oder William?«

»Tut mir leid, ich weiß nicht, wovon Sie …«

William entkommt mir. Ich habe keine Zeit, darüber zu befinden, ob Chad unschuldig ist oder nicht. Ich stürme hinaus, so wütend ich irgend kann.

Draußen. William muss hier irgendwo sein. Was hat er vor? Mir zu drohen, mich zu erschießen? Mir mit der Wahrheit zu drohen? Mich wieder diese Treppe hinunterzutreiben? Diesmal nicht, William. Nie mehr. Hüte dich, William, ich bin auf Teddybärenjagd. Peng, peng, William, ich bin schon fast da. Da gibt es ein finsteres Geheimnis in meinem Herzen, William.

Peng, peng. Ich bin schon fast da.

Das Gute Leben der Freda O., 16

Sie nahm einen tiefen Zug, wie sie es ihr gezeigt hatten, und fühlte sofort, wie sich etwas um ihren Schädel, ihre Nierengegend zusammenzog. Der Rauch brannte ihr in den Augen. Ansonsten fühlte sie nichts. Außer Enttäuschung, die sie sich aber nicht anmerken ließ. Eine ihrer Kumpaninnen – war es Miranda oder Kate? – sah sie an und fragte: »Na, wie ist es?« Sie nickte und sagte: »Super«, mit einer dünnen, kraftlosen Stimme, die die beiden zum Lachen brachte.

Am Sonntag fuhren sie, wie üblich schweigend, zum Park. Sie machten regelmäßig Ausflüge hierher, um den Rednern an der Speaker's Corner zu lauschen. Nancy hatte von einem Neuen gehört, einem interessanten Burschen, aber als sie ein Gespräch darüber anzuzetteln versuchte, versandete es rasch. Sie sah ihre Tochter an. Diese stumme Wut war schwer zu ertragen.

An ihrem Ziel war alles vollgeparkt. Schließlich fanden sie ein ganzes Stück weiter weg einen Parkplatz. Es war eine lange Wanderung, zwischen picknickenden Gruppen, Ball spielenden Kindern, Joggern, Radfahrern, Liebespaaren und diversen Hundebesitzern hindurch. Nancy übernahm die Führung, kurvte entschlossen durch das Gewimmel. Sie sah dauernd zu ihrer Tochter hinüber. Einmal meinte sie ein höhnisches Grinsen auf Fredas Gesicht zu sehen. Sie zuckte erschrocken zusammen.

Der Redner war jünger, als ihn sich Nancy vorgestellt hatte. Und gut aussehend.

»Da ist eine Krankheit im Innersten der Welt«, rief er. »Ein schreckliches Übel, aus dem Terror erwächst …«

Nancy sah Freda an. Sie machte ein total gelangweiltes Gesicht.

»Denkt einmal darüber nach, was Terror hervorbringt«, fuhr der Mann fort. »Er entsteht nicht ›dort draußen‹. Er ist nicht die alleinige Domäne von Regierungen, die auf ihr Militär bauen, um Probleme zu lösen. Und auch nicht von verzweifelten Menschen, die auf ihre Kalaschnikows bauen. Er ist eine Krankheit, die aus uns allen kommt.«

»Sprichst du von Aids?«, witzelte ein Zuhörer.

Der Mann schloss einen Moment die Augen, grinste dann. »Aids, mein Freund, ist eine Krankheit, die aus dieser umfassenderen Krankheit erwächst. Die Pharmakonzerne weigern sich, billige Aids-Medikamente in die afrikanischen Staaten gelangen zu lassen, weil es ihre Profite schmälern könnte. Auf diese Weise üben diese Konzerne einfach nur eine andere Form von Gewalt gegen ihre Mitbürger im globalen Dorf.

Aids ist eine Krankheit innerhalb einer Krankheit, eine Tragödie innerhalb einer Tragödie.«

Nancy nickte. Sie drehte sich um, um zu sehen, wie ihre Tochter reagierte. Doch die war nicht da. Spurlos verschwunden.

»Das Zeug ist gut, was?"

Sie nickte, obwohl sie immer noch nichts spürte. Sie fühlte sich kein bisschen »high«. Miranda und Kate sahen sich an, verbunden durch ein Wissen, das nur sie teilten. Sie spürte einen Eifersuchtsstich.

»Da drüben ist meine Mum«, sagte sie, um die beiden zu schockieren.

»Echt?«, fragten sie ungläubig.

»Ja. Sie hört diesem Redner da zu. Ich bin mit ihr hier.«

»Mann. Du hast echt Nerven«, sagte Miranda.

Freda versuchte, ihre Freude über dieses Kompliment zu verbergen, schaffte es aber nur, dass ihr Lächeln schief und verkniffen wurde. »Yeah, sie will einen guten Menschen aus mir machen … oder so was.«

Nancy zog sich aus der Zuhörerschar zurück, und sofort nahm jemand ihren guten Aussichtspunkt ein. Sie ging auf den allgemeinen Teil des Parks zu. Von Freda keine Spur.

»Jede Überzeugung, die auf Furcht, auf Korruption, Lüge oder Gewalt beruht, wird immer nur von Übel sein …«

War das Freda, dort unter den hohen Feigenbäumen am anderen Ende des Parks? Es sah aus, als redete sie mit einer Gruppe von Jugendlichen. Dieser Winkel des Parks war abgeschiedener. Die Bäume standen dichter. Der Pflanzenwuchs und die dicken Baumwurzeln boten versteckte Plätzchen.

Nancy guckte zur Speaker's Corner zurück. In Abständen applaudierten die Zuhörer, und sie bedauerte, dass sie jetzt nicht dort stand und zuhören konnte. Sie waren hier, um diesen Mann reden zu hören, und nicht, um mit irgendwelchen fremden Leuten zu schwatzen. Aus dieser Gruppe von Jugendlichen schien Rauch zu kommen. Freda rauchte doch wohl nicht?

Die beiden Mädchen waren wieder in haltloses Gekicher ausgebrochen, über irgendeinen Witz, an dem Freda nicht teilhatte. Sie spürte ein schweres Gewicht auf ihren Schultern, als würde sie in den Erdboden gedrückt. Es machte ihr Angst. Sie hatte keine Beine mehr, keine Oberschenkel und keinen Hintern. Sie bohrte sich in den Boden.

»Meine Mum kümmert sich nicht drum, was ich mache«, versuchte Freda das kichernde Paar auseinanderzutreiben. In der Hoffnung, noch einmal so einen Treffer zu landen.

»Echt?«

»Ich kann so ziemlich machen, was ich will.«

»Hast du nicht gesagt, sie will einen guten Menschen aus dir machen?«, sagte Miranda.

»Sie will schon …«, sagte Freda und kicherte los. »Aber sie schafft's nicht«, setzte sie hinzu. Sie lag rücklings auf dem Boden und erstickte fast vor Lachen.

Die anderen beiden sahen sich an, krausten die Nasen.

»Ich bin so eine Art Gesetzlose, total frei«, sagte Freda. »Ich kann tun und lassen, was …«

»Ähm, Freda …«

» …ich …«

»Hey, guck mal da …«

»…will …«

»Freda! Stehst du wohl auf!«

Freda fuhr erschrocken hoch und setzte sich schnell auf, schwankte dann aber, weil ihr so schwindelig war. Sie legte sich wieder hin. Nancy bückte sich, zupfte an ihrem Arm.

»Freda. Komm jetzt …«

»Hey«, rief eins der jungen Mädchen. »Ist doch alles okay. Freda sitzt hier nur mit uns …«

»Ich sehe genau, was sie tut«, fauchte Nancy. »Ich bin ja nicht blöd.«

»Willst du auch mal, Mum?«, fragte Freda und hielt ihr mit einem dümmlichen Grinsen einen Joint hin.

Nancy bückte sich und zerrte Freda von der Gruppe weg. Ihre Tochter protestierte nicht, ließ sich einfach nur mitziehen. Der Joint fiel zu Boden. Eins der Mädchen stürzte hin, um ihn zu bergen. Freda schüttelte ihre Mutter ab und ging durch den Park davon. Ihre neuen Freundinnen winkten ihr nicht einmal nach.

»Was hast du dir dabei gedacht?«, fauchte Nancy, während sie hinter ihrer Tochter hereilte.

Freda antwortete nicht, ging einfach nur träge weiter, an der Zuhörerschar und dem Redner vorbei, in dem frischen Lüftchen, das um ihr Kleid strich.

»Schaut genau hin, auf die Übel der Welt«, rief der Redner gerade. »Gesponsert von Regierungen, hinter Glaubensüberzeugungen versteckt, völlig dem Profit der Konzerne untergeordnet …«

Freda blieb kurz stehen, sah den Mann erstmals richtig an.

»Schaut euch diese Übel genau an, denn wenn ihr erkennt, was böse ist, werdet ihr auch das Gegenteil erkennen …«

Sie schien zuzuhören. Aufzunehmen, was er sagte. Dann kicherte sie plötzlich los und schnaubte verächtlich: »Böse.« Sie stolperte zwischen den Picknickenden und Ballspielenden hindurch zum Wagen. In ihrem Rücken war Nancy Oppermans stumme Wut wie die Berührung einer Feder und die Stimme des Redners so unverständlich wie das Geplapper eines Babys.

Freda Opperman

Ich meine, weiter vorn einen Wackelschatten zu sehen. Ich bin hinter einer listigen Beute her, einem schlauen Jungbären, der mich so lange führen wird, bis er mich dort hat, wo er mich haben will. Ich spüre William nach, suche ihn auf all seinen dunklen, tückischen Pfaden. Ich suche ihn in dem Wissen, dass ich ihn zwingen werde, seine Wahrheit aufzudecken. Ich suche ihn an Orten, wo er vernünftigerweise nichts zu suchen hat. Diese Aufgabe erfüllt mich nicht. Mir ist vielmehr schlecht, die Ungewissheit schlägt mir auf den Magen.

Und dennoch gehe ich weiter.

Da sind hohe, braune Häuser auf beiden Seiten, und ich horche nach Schritten. Ich suche die Allee ab, atme langsam und bewusst. Was für eine tote, triste Gegend, Unkraut, rissiger Asphalt und dunkle, stinkende Pfützen. Ein Ort, wo keine Liebe existiert. Vor mir gehen zwei schmale Wege ab, zwei Möglichkeiten, rechts oder links. Wohin hat William sich verdrückt? Ich gucke nach links, keine Spur von ihm. Ich gucke nach rechts und sehe ihn, auf der Hälfte des schmalen Wegs, auf einer Mülltonne sitzen.

Einen Meter von meiner Beute entfernt, nehme ich aus dem Augenwinkel etwas Dunkles wahr und gucke hoch. Es ist eine tote Fledermaus; ihre Füße sind mit der Stromleitung über mir verschmolzen, von etlichen Tausend Volt festgeschweißt. Aber nicht die Füße waren ihr Verderben, sondern der elegant geschwungene Flügel. Mitten in einem graziösen Flügelschlag streifte sie das tödliche Summen und stellte so einen Stromkreis her. Jetzt hängt sie für immer dort oben, den festgeschmolzenen Flügel rückwärts durchgebogen.

William schaut zu der Fledermaus hinauf, sieht dann mich an. »Ich dachte, das wäre ein guter Platz, um auf dich zu warten«, sagt er. »Unter was Totem.«

»Toller Party-Gag«, sage ich und gucke dann wieder zu der Fledermaus hinauf. »Das arme Ding ist wohl das Schönste, was ich seit Langem gesehen habe.«

»Es ist grässlich«, sagt er. »Wie so ziemlich alles, was tot ist.«

Ich spüre, wie mein Herz sich beruhigt, mein Atem wieder flach und leicht geht. Mir ist, als müsste ich den Kopf senken und diesem erstarrten, beschädigten Geschöpf, das jetzt nie mehr fliegen wird, danken.

»Ich habe alles über dich gelesen«, sagt William.

»Meinst du, sie war hier irgendwo zu Hause?«, frage ich und deute mit einer Kopfbewegung auf die Fledermaus.

»Alles«, wiederholt er.

Ich gucke ihn an, verblüfft, wie klein und unbedeutend er wirkt. »Wozu die Mühe?«, frage ich.

»Dein Leben, deine Vorlieben«, sagt er. »Alle Fotos, sämtliche Artikel.«

Bei allem Bemühen, ihn an meiner Gleichgültigkeit abprallen zu lassen, empfinde ich das doch als gewaltsamen Übergriff. Wie kann er es wagen, mir einfach mein Leben wegzunehmen, es ohne meine Erlaubnis bis ins kleinste Detail zu studieren? »Was in aller Welt suchst du?«, frage ich. »Bei mir wirst du's nämlich nicht finden.«

»Das hoffe ich aber doch«, sagt er, und in seinem Gesicht ist etwas Verzweifeltes, das seinem drohenden Ton widerspricht. »Jedes einzelne Foto«, sagt er. »Aber am allermeisten fasziniert mich das, auf dem du aus dem Restaurant getragen wirst.«

»Na, endlich! Jetzt stimmen wenigstens die Fakten. Ich wurde getragen …«

»Von einem Polizisten«, sagt William. »Du hattest etwas in der Hand.«

Die Papierservietten. Jetzt sind wir also beim Thema. »Was weißt du wirklich über die Papierservietten?«

Er steht da und lächelt, als hätte er mich mit List und Tücke dazu gebracht, einen Geheimcode preiszugeben. »Ich weiß, dass sie der Schlüssel sind …«

»Wozu?«, frage ich.

Für einen Sekundenbruchteil erstarrt William, und Verwirrung huscht über sein Gesicht. So schnell, dass ich es fast nicht mitgekriegt hätte. Dann setzt er wieder ein heiter-gelassenes Lächeln auf. Er kontrolliert das Spiel also doch nicht. Er improvisiert, und mich überkommt ein Machtgefühl. Normalerweise würde ich in einem solchen Moment nur panisch wegrennen wollen aus Angst vor einer Situation, die niemand im Griff hat. Aber diesmal nicht.

»Ich möchte, dass du mir noch mehr richtige Geschichten erzählst«, sagt er.

»Richtige Geschichten?«

Er nickt. »Es gibt so viel verlogenes Zeug über diese Geiselnahme. Niemand sagt je die Wahrheit. Das, was du mir da über die Treppe erzählt hast … das war authentisch. So was brauche ich …«

Ich spüre ein komisches Kribbeln in den Fingerspitzen und schüttelte die Hände, um es loszuwerden. Warum macht er mir keine Angst? Er weiß von den Papierservietten, hat sie aber nicht gelesen. Könnte er je das kleine Mädchen verstehen, über das Theo geschrieben hat? Oder würde es ihn nur schaudern?

»Ich erzähle keine richtigen Geschichten mehr«, sage ich. »Außer, *ich* will es.«

Ich trete einen Schritt auf ihn zu: Jetzt bin ich mit Drohen daran. »Und wenn ich welche erzähle, William, dann die, die ich erzählen will.«

Noch näher.

»Sie werden dir das Herz zerreißen. In tausend Stücke. Für immer. Weil es nämlich das ist, was ich weiterzugeben habe.«

Seine Augen weiten sich.

»Und diese richtigen Geschichten werde ich dir gern erzählen, William, wenn ich so weit bin.«

Ich stehe ihm jetzt fast auf den Zehen. Er hat nichts mehr auf Lager, keine schnippische Erwiderung, kein Verhandlungsargument. Er guckt mich an, klein und verängstigt.

»Du bist anders«, sagt er.

»Das macht mich ja so interessant«, flüstere ich und wende mich zum Gehen. Aber William hat seine letzte Karte doch noch nicht ausgespielt. Er packt mich am Oberarm, reißt mich herum.

»Warte!«, ruft er. »Geh nicht …«

»Lass mich los!« Ich ringe darum, gelassen zu klingen. Er ist stark, und sein Klammergriff quetscht mir den Arm.

»Du verstehst das falsch«, sagt er. »Ich bin nicht hier, um dir wehzutun …«

Wie kann er das sagen? Wie kann er sich da so sicher sein? Ich gucke auf seine Hand, die sich schmerzhaft in meinen Arm gräbt. Ich sehe das Spiel seiner Muskeln, seine krallenden Finger, seine gespannte Haut, die Kraft, die er aufwendet.

»Du tust mir aber weh«, sage ich.

»Hör mal, da sind so viele Dinge, über die ich mit dir reden will …«

»Du tust mir weh«, wiederhole ich.

Er antwortet nicht, packt nur noch fester zu. Mit einer Drehung aus dem Handgelenk könnte er mich in die Knie zwingen. Noch ein bisschen weiter, und er hätte mich mit dem Gesicht auf dem Boden. Noch weiter, und ich würde ihn um Gnade anflehen. Ich bin ihm kräftemäßig nicht gewachsen. Wir merken es beide, lesen beide die Botschaften, die zwischen meinem Arm und seiner Hand, meinen Augen und seinem Herzen hin und her fliegen. Wir starren uns an, im

Augenblick gefangen, und keiner von uns weiß, wie weitermachen.

»Du hast Recht«, sage ich. »Ich bin jetzt anders.«

Dann hole ich mit dem freien Arm aus und knalle ihm eine, so fest ich kann. Der Schlag hallt durch die Gasse, und William lässt verdutzt die Hand sinken, fasst dann an den roten Fleck, der sich über sein Gesicht breitet. Meine Hand tut weh, aber ich ignoriere es, konzentriere mich auf einen winzigen Blutfaden unter seinem Auge. Mein Ring, ein Geschenk von Nancy zu meinem achtzehnten Geburtstag, hat ihm die Haut aufgeschnitten. Er funkelt mich grimmig an, und ich funkle zurück, schnappe nach Luft, kriege nicht genug. So stehen wir ein paar Sekunden da, schockiert, seine Hand verschmiert das Blut auf seiner Wange, zerstört die klare rote Linie, die sich gebildet hat. Ich spüre das Brennen auf meiner Handfläche, den Schmerz im Ringfinger, wo er zwischen Gold und Knochen gequetscht wurde, die schrillenden Nerven in meinem Arm.

Dann macht er den Mund auf. Sein Ton ist leise und gekränkt, das, was er sagt, vernichtend. »Wann hörst du endlich auf, an ihn zu glauben?«

Ich drehe mich um und renne weg.

JOHN WAYNE O'GRADY

Es war wieder dunkel, und die Geiseln fanden sich mit der beklemmenden Aussicht ab, eine weitere Nacht in Gegenwart dieses Irren zu verbringen. Die Männer in der Herrentoilette saßen im Stockdunklen, also erzählten sie sich zu ihrer Unterhaltung von ihrem Leben draußen. Dem Koch hatte man es mit einem zusammengerollten Anorak unterm Kopf so bequem wie möglich gemacht. Kurz nachdem sie ihn in die Toilette geschleppt hatten, kam er zu sich. Sein Kopf war ein einziger schreiender Schmerz. Binnen Minuten erbrach er sich und klagte über Benommenheit. Es war klar, dass er eine Gehirnerschütterung hatte, und der Vietnamveteran bummerte an die Tür und rief zu Grady hinaus, der Koch brauche ärztliche Hilfe. Schließlich hörten sie Constantine draußen zischen, sie sollten still sein, ehe O'Grady noch etwas wirklich Schlimmes tue.

»O'Grady sagt, ihr müsst James eben helfen, so gut ihr könnt«, sagte Constantine.

Den weiblichen Geiseln draußen erging es nur unwesentlich besser. Die alte Frau klagte über Schmerzen in der Brust, und ihr Gesicht wirkte jetzt fahlgrau. Die anderen machten es ihr so bequem wie möglich, und sie sank rasch in einen unruhigen Schlaf. Der Hunger überschattete zunehmend alle Entscheidungen und Handlungen, bis die beiden Burger-Queens schließlich ihren gesamten Mut zusammennahmen und O'Grady fragten, ob sie etwas zu essen machen dürften. Er verbot es ihnen mit der Begründung, sie müssten für ihr rebellisches Verhalten bestraft werden. Daraufhin flehten die beiden den Geiselnehmer an, jemanden hereinzulassen, der den Koch ärztlich versorgen könnte. Da das O'Grady nur in einen weiteren gefährlichen Tobsuchtsanfall trieb, zogen sie sich endlich in die ruhigeren, dunkleren Gefilde des Restaurants zurück.

Das Tun des Geiselnehmers schien jetzt nicht mehr zielgerichtet – kein prahlerisches Umherstolzieren mehr, keine Vorträge, kein Organisieren der »Genossen«. Er wanderte eine Weile planlos durch den Raum, ließ sich dann auf seinen Lieblingsstuhl bei der Treppe fallen und starrte auf das Licht der Polizeischeinwerfer, das die Stufen herabflutete.

Das Mädchen war von der kleineren der beiden Burger-Queens mit einer Turnhose ausgestattet worden. Es fand sich auch eine Sicherheitsnadel, um die Hose unter dem vorsichtig ausgewaschenen Rock zu fixieren.

»Ich hätte nämlich gestern Abend ins Fitness-Center gehen sollen«, sagte die Burger-Queen, während sie die Hose um Fredas winzige Taille zusammensteckte. »So ein Witz, was?«

Die Kleine lachte nicht. Sie zupfte an der Turnhose, um zu prüfen, ob sie auch nicht rutschte, und ging davon, um sich an der Wand niederzulassen. Sie saß kaum, als Constantine ihr auf die Schulter tippte und sie in einen entlegenen Winkel des Restaurants führte.

»Ich möchte, dass du mit in den Lagerraum kommst«, sagte er.

»Warum?«, fragte die Kleine.

»Du weißt doch … deine Medizin.«

»Ich brauche keine Medizin«, entgegnete sie.

»Schau mal«, sagte Constantine. »Möchtest du nicht ein Weilchen von ihm wegkommen? Im Lagerraum ist eine Taschenlampe, von der ich O'Grady nichts gesagt habe. Die können wir anmachen, dann sehen wir was …«

»Was denn? Wie Sie auf Ihre Papierservietten schreiben?«, fauchte das Kind.

»Na und? Und wenn ich auf Papierservietten schreibe?«, zischte Constantine jetzt lauter und wütender. »Wenigstens sind wir so den Scheißkerl ein Weilchen los. Herrgott … fünf Minuten, mehr will ich ja gar nicht. Komm schon … sei brav.«

»Nein«, sagte Freda und wich vor Constantine zurück. »Ich will nicht.«

»*Er* will es aber«, sagte Constantine. »Hat er mir gesagt. Er will, dass du deine Medizin nimmst. Belästige ihn jetzt nicht, komm einfach mit … nur kurz.«

Die Kleine guckte unsicher zu O'Grady hinüber, und der Manager fasste sie am Arm und führte sie dann sanft, aber bestimmt zum Lagerraum. Sie gingen leise hinein und kamen erst nach einigen Minuten wieder heraus.

Constantine ging, ohne die Kleine eines weiteren Blickes zu würdigen, in die Küche, wo er in den Kühlschränken herumkramte. Die Rothaarige folgte ihm. Sie flüsterte dem Manager ins Ohr, der Geiselnehmer scheine jetzt ganz in seine eigene Welt abgedriftet.

»Na und? Was soll ich tun?«, zischte Constantine. »Sie haben doch gesehen, was er mit James gemacht hat.«

»Nein, nein …«, sagte die Frau, und ihr Gesicht war jetzt so rot wie ihr Haar. »Das meine ich nicht. Ich dachte, wir könnten vielleicht etwas zu essen machen …«

»Machen Sie, was Sie wollen«, knurrte der Manager. »In den Kühlschränken ist das meiste schon halb hinüber, aber im Gefrierschrank ist noch Fleisch … wenn es noch nicht aufgetaut ist.«

»Meinen Sie …?«, hob sie an, aber Constantine war schon davongestapft.

Jetzt kamen mehrere Frauen in die Küche, um für etwas Essbares zu sorgen. Während sie Kühlschränke öffneten und im schwachen Licht der Gasflammen so lautlos wie möglich Fleisch zubereiteten, entspannten sie sich so weit, dass sie sich flüsternd zu unterhalten begannen.

»Ich heiße übrigens Suzy.«

»Gott, wir kennen uns noch nicht mal mit Namen, blöd, was? Ich bin Melissa …«

»Kylie.«

»Carmel.«

»Ist so still da oben«, sagte Suzy und guckte an die Decke.

»Sie glauben doch nicht …«, hob Melissa an, hielt aber jäh inne.

»Was?«, sagte Kylie.

»Nichts …«

»Sagen Sie nur.«

»Sie glauben doch nicht, dass sie uns aufgegeben haben, oder?«

Einen Moment lang herrschte Schweigen, während jede für sich mit diesem Gedanken rang, dann sagte Suzy: »Ich glaube, sie bereiten einen neuen Erstürmungsversuch vor. Sie haben seit dem Versuch gestern Abend das Licht hier drinnen nicht wieder angestellt … Also nehme ich an, dass sie …«

»Ganz bestimmt«, sagte Melissa. »Dumm von mir …« Sie sah Carmel, die Mutter des kleinen Jungen, an und zuckte verlegen die Achseln.

»Ich habe ein Mikrofon gesehen«, sagte Carmel. Sie hatte während der ganzen Diskussion geschwiegen.

»Im Ernst? Wo?«

»Psst. Oben am Eingang, heute Morgen. Jedenfalls hielt ich es für ein Mikrofon. Als ich nach der Tür geguckt habe. Es war unter der Tür durchgeschoben. Ich habe nichts gesagt …«

»Gott! Sie hören mit.«

»Ja.«

Sie dachten darüber nach, was das bedeutete. Wenn die Polizei das Restaurant den ganzen Tag über abgehört hatte, dann hatten sie auch die Todesdrohung gegen Constantine mitgekriegt. Und den Überrumpelungsversuch des Kochs und wie O'Grady die Männer geschlagen hatte. Das alles mussten sie gehört haben, und dennoch hatten sie nichts unternommen.

»Meinen Sie, sie können alles hören?«, fragte Melissa.

»Ich … ich weiß nicht. Das Mikrofon war nicht groß … Vielleicht war es ja auch gar keins …«

»Vielleicht hören sie nur das Gebrüll«, sagte Kylie.

Die anderen kamen überein, dass das vermutlich alles war, was die Polizei mit einem Mikrofon dort oben auf dem Treppenabsatz hören konnte.

»Vielleicht kommen sie ja doch nicht«, sagte Suzy.

»Warum nicht?«, fragte Melissa.

»Weil sie wissen, dass er's ernst meint. Weil es zu riskant wäre.«

Sie ließen diesen niederschmetternden Gedanken auf sich wirken, während sie schweigend weiterarbeiteten. Als das Fleisch fertig war, setzten sie sich zum Essen auf den Boden.

»Wir kommen schon irgendwie raus«, sagte Suzy.

Danach redeten sie über nichts Bestimmtes mehr, genossen einfach nur das vergleichsweise normale Zusammensein nach der Anspannung des Tages und der letzten Nacht. Die Frauen diskutierten leise, ob sie den Geiselnehmer um die Erlaubnis bitten sollten, den Männern auch etwas zu essen zu bringen. Carmel war uneingeschränkt dafür, aber andere waren vorsichtiger, weil sie einen weiteren Tobsuchtsanfall befürchteten. Schließlich beschlossen sie zu fragen, ob sie dem Jungen und dem Koch etwas zu essen bringen dürften, und erst mal zu gucken, wie O'Grady darauf reagierte. Suzy, erbot sich freiwillig, mit ihm zu reden, ging in das Restaurant und bewegte sich so geräuschvoll, dass der Geiselnehmer aus seinen Wachträumen hochfuhr und brüllte: »Verdammt noch mal, was geht hier vor?«

»Nichts«, sagte Suzy. »Wir dachten nur, ob … äh … ob der kleine Junge nicht was zu essen kriegen könnte …«

»Hier gibt es nichts zu essen«, sagte O'Grady mürrisch. »Seht ihr denn nicht, was sie mit uns vorhaben? Seht ihr denn nicht, wie sehr sie dieses Umerziehungsprogramm fürchten? Sie würden alles tun, um zu verhindern, dass ihr die Wahrheit erkennt. Ruft die anderen zusammen, es ist Zeit für eine Besprechung.«

Suzy ging kopfschüttelnd in die Küche und erklärte den anderen, O'Grady wolle mit ihnen sprechen. Diesmal saßen sie auf den Sitzplätzen im Dunkel des Restaurants, während O'Grady in der Lichtbahn thronte, die vom Fuß der Treppe ausging. Er sah aus wie ein Prophet, in übernatürliches Licht getaucht.

»Da wären wir also«, sagte O'Grady. »Und wir haben einen langen Weg hinter uns. Wir sind jetzt zu sechst … sechs Genossen und Genossinnen, um den Kampf aufzunehmen. Jetzt gilt es, das Programm zu straffen. Und ich glaube, ihr seid auch schon fast so weit. Ja, das glaube ich wirklich.«

Ein paar Frauen machten eifrige Gesichter, weil sie hofften, diese neue Phase der »Schulung« würde zu ihrer Freilassung führen.

»Jawohl«, fuhr er fort, »nur noch der letzte Test.«

O'Grady lehnte das Gewehr an seinen Stuhl und spielte die Prophetenrolle voll aus, indem er die Hände erhob. Dann zeigte er auf Suzy und fragte: »Wie wirst du die Botschaft verbreiten?«

Sie wurde rot und sah sich Hilfe suchend um. Die anderen warfen ihr ermutigende Blicke zu. Sie räusperte sich.

»Ich habe zwei Schwestern«, brachte Suzy heraus. »Und ich weiß, sie … hassen die Konzerne … die Puppenspieler …«

»Warum?«, fragte O'Grady.

»Weil … sie für einen Multi arbeiten und gesehen haben, was diese Unternehmen unschuldigen Menschen antun. Sie sind dagegen … und genauso bereit für die Wahrheit, wie ich es war.«

»Gut! Gut!«, sagte O'Grady mit dröhnender Stimme. »Wie weit geht *deine* Bereitschaft?«

»Bitte?«, sagte Suzy.

»Würdest du zu den Waffen greifen?«

»Waffen? Sie meinen … Gewehre?«

»Ja«, sagte O'Grady. »So leicht geben sich die Puppenspieler nicht geschlagen. Bist du bereit, sie zu bekämpfen? Vielleicht ein paar von ihnen zu erschießen?«

»Ich … äh …« Suzy wurde wieder rot, offensichtlich in einem moralischen Dilemma, weil sie nichts geloben wollte, was sie nicht halten würde, andererseits aber nur den einen Wunsch hatte, aus diesem unterirdischen Höllenloch hinauszukommen. »Ja«, sagte sie, so bestimmt sie irgend konnte. »Ich gehe in einen Schützenverein … oder so. Ich lerne schießen … und alles.«

»Ausgezeichnet!«, dröhnte O'Grady. Er zeigte auf Kylie, die eine Burger-Queen. »Jetzt du.«

Kylie hielt sich an Suzys Beispiel und schwafelte drauflos, dass sie jetzt die Wahrheit erkannt habe und Schulungsabende abhalten wolle und all ihren Freunden John Wayne O'Gradys Botschaft nahebringen werde. Und wieder fragte er, ob sie bereit sei, um der Sache willen zu den Waffen zu greifen. Sie sagte, ja, das würde sie tun.

Eine nach der anderen folgte diesem Kurs, weil er der einzige Weg nach draußen schien. Die alte Frau, Mary, erklärte, sie werde ihre Bowling-Schwestern rekrutieren und dafür sorgen, dass sie ihre Enkelkinder aufklärten. Carmel, deren kleiner Sohn noch immer mit den Männern eingesperrt war, verkündete, sie werde Kurse an der Grundschule des Jungen abhalten und die Botschaft John Wayne O'Gradys verbreiten. Alle achteten sorgsam darauf, mehrfach das Wort »Wahrheit« zu verwenden und noch öfter O'Gradys Namen zu nennen. Der Geiselnehmer strahlte, sonnte sich in dem falschen Glanz.

Als Constantine daran war, stand er auf und sagte, er werde bei Family Value kündigen und sich höchstpersönlich vor die Restaurants stellen und Flugblätter verteilen. O'Grady lachte und erklärte Constantine, er sei schon wieder auf dem Holzweg. Die Linke von heute verschwende ihre Zeit mit lächerlichen Flugblattaktionen und Gerichtsprozessen, wo doch jeder, der seine fünf Sinne halbwegs beisammen habe, erkennen könne, dass jetzt direkte Aktion angesagt sei.

Alle warteten schweigend, was O'Grady jetzt vorhatte, als plötzlich die Kleine den Mund aufmachte.

»Und ich?«, sagte sie. »Mich hast du nicht gefragt.«

»Dich?«, dröhnte O'Grady und lachte schallend. »Hört euch das an. Sie ist meine beste Genossin. Meine beste Kämpferin. Ihr tut gut daran, diesem Kind nachzueifern. Wahrhaftig.«

Er tätschelte der Kleinen den Rücken und strahlte vor Stolz. »Mein Plan ist ein Geniestreich«, sagte O'Grady und rieb dem Mädchen zerstreut den Rücken. »Meine Methode ist der einzige Weg, die Leute aus ihrer Willfährigkeit aufzurütteln. Guckt euch dieses Kind an … guckt alle her. Ehe ihr mir begegnet seid, wart ihr egozentrische Ignoranten, die keinen Gedanken auf die Welt verwandten, in der sie lebten. Wenn etwas schieflief, habt ihr's auf andere geschoben, aber immer nur auf eure eigenen Genossen. Jetzt habt ihr die Wahrheit erkannt. Jetzt wisst ihr, wer schuld ist. Ja, jetzt sind wir kurz vor dem Ziel. Das Programm hat nicht versagt. Es ist so gut wie beendet … beinahe. Gut gemacht, ihr alle. Obwohl uns die Marionetten im Dunkeln und in der Kälte sitzen lassen, seid ihr alle dabei geblieben. Gibt es hier etwas zu essen? Ihr habt euch jetzt etwas zu essen verdient.«

»Ich gehe was machen«, sagte Suzy und verschwand rasch in der Küche, ehe O'Grady noch dahinterkam, dass sie bereits zur Selbsthilfe gegriffen hatten. Die anderen folgten ihr, aber so hastig und aufgeregt, dass der Geiselnehmer misstrauisch wurde.

Er marschierte langsam in die Küche, und als seine Augen sich an das Dunkel gewöhnt hatten, sah er das für die Männer gedachte Essen.

»Was zum Teufel ist das?«, fragte er.

»Wir ...äh ...haben vorhin schon was gemacht«, entschied sich Suzy für die Wahrheit.

»Wann?«, fragte O'Grady.

»Als ... na ja ... während Sie sich ausgeruht haben.«

»Das glaubt ihr ja selbst nicht!«, brüllte O'Grady. »Wie könnt ihr's wagen, euren Kommandeur zu beschuldigen, im Einsatz geschlafen zu haben? Wie könnt ihr's wagen?«

Die Frauen schlossen die Augen; der Hoffnungsfunke war sofort wieder erloschen, erstickt von John Wayne O'Gradys Unberechenbarkeit.

»Ihr heimtückischen Luder!«, schrie er, ergriff die Tabletts mit dem Essen und warf sie an die Wand. »Verlogenes Pack! Alle miteinander! Ihr seid nicht bereit. Keine von euch. Geht mir verflucht noch mal aus den Augen.«

Sie trotteten hinaus, im Glauben, mit einer Standpauke davongekommen zu sein, aber O'Grady folgte ihnen.

»Oh nein. Nichts da!«, brüllte er. »Nicht hierher. Ihr geht alle in die Damentoilette. Alle miteinander. Zur Strafe!«

»Aber Mary ... die alte Frau ...«, hob Suzy an.

O'Grady wischte ihren Einwand beiseite, und sie wussten, jeder Argumentationsversuch war sinnlos. Die Frauen trotteten zur Toilette, griffen sich unterwegs noch, was sie an Weichem und Wärmendem fanden. Ihnen stand eine lange, kalte Nacht bevor. Das Mädchen zockelte hinter ihnen her, aber O'Grady fasste es am Arm und zog es zu sich.

»Du nicht, Kleine«, sagte er. »Du hast den alten John Wayne nicht geärgert.«

Freda sträubte sich, aber O'Grady packte noch fester zu, quetschte ihren Arm, dass sich ein blauer Fleck bildete, den ihre Mutter erst Tage später entdecken sollte.

»Nur noch du und der Trottel«, flüsterte O'Grady, als sich die Toilettentür hinter den Frauen schloss. Er schloss die Tür ab, wandte sich dann seinen letzten beiden Gefangenen zu. »Seht ihr, was mir jetzt noch bleibt?«, sagte er kopfschüttelnd. »Ihr seid meine beiden letzten Stützen.« Er zeigte auf Freda. »Ich hatte gehofft, zwölf von euch in die Welt hinausschicken zu können, aber jetzt müssen wir die Revolution mit einer einzigen Genossin einleiten, Schätzchen. Mit dir.«

»Mir?«

»Ja. Wird die Kleine zum alten John Wayne halten und dafür sorgen, dass er das alles hier nicht ganz allein machen muss?«

»Okay«, sagte die Kleine mit verwundertem Gesichtsausdruck.

»Das kannst du doch, oder? Du wirst meine Revolutionssoldatin sein.«

»Mit einem Gewehr?«, fragte sie.

O'Grady lachte und schlug Constantine so fest auf den Rücken, dass der Manager vorwärtstaumelte. »Hast du das gehört, Theo? Sie will ein Gewehr. Sie ist wirklich und wahrhaftig bereit.«

»Das ist nicht richtig«, sagte Theo.

»Nicht richtig?«, brüllte O'Grady. »Es ist im Moment das einzig Richtige.«

Er lehnte sein Gewehr an die Wand, ging zu dem Mädchen, nahm es in die Arme, drückte es an seinen Bauch, hielt es über eine Minute so. Tränen standen ihm in den Augen, rannen ihm über die Wangen und fielen auf den Kopf des Kindes. Der Gesichtsausdruck der Kleinen war nicht zu entziffern. Schließlich durchbrach Constantine diesen »innigen« Moment mit der Frage: »Kann ich jetzt in die Toilette gehen?«

O'Grady beachtete ihn gar nicht. Die Kleine noch immer an sich gedrückt, fragte er sie: »Magst du Musik?« Sie nickte. »Was meinst du? Soll dir John Wayne O'Grady etwas vorsingen? Hm? Ein Cowboylied?«

Sie antwortete nicht.

O'Grady sang: »Still, mein Kind, schlaf geschwind. Daddy holt die Pferde. Braune und Schecken sollen dich wecken, all die schönen Pferde …«

Constantine hüstelte laut, aber O'Grady sang weiter. Also postierte er sich genau in dessen Blickrichtung und sagte, jetzt noch lauter, in das musikalische Intermezzo hinein: »Hören Sie, ich glaube, sie muss jetzt ihre Medizin nehmen.«

O'Grady hörte auf zu singen. »Nichts da Medizin«, sagte er ärgerlich.

»Aber ihr Husten …«

»Ich sagte, nichts da Medizin«, brüllte O'Grady.

Der Manager wanderte brummelnd im Restaurant umher, während O'Grady die Kleine an sich gedrückt hielt und ihn gar nicht wahrzunehmen schien. Schließlich gelangte Constantine zur Tür des Lagerraums, öffnete sie leise und schlüpfte hinein. O'Grady merkte nichts; er war ganz damit beschäftigt, die Kleine an seinen wogenden Bauch zu pressen und auf sie einzuflüstern. »Mit der Wahrheit kann man keinen Deal machen, Kleine. Das weißt du jetzt. Die Wahrheit macht keine Gefangenen, kennt keine Gnade. Die Wahrheit kriegt einen am Ende immer. Denk immer daran. Du bist meine einzige Hoffnung.«

O'Grady guckte kurz in das düstere Restaurant, aber sein Blick schien ungerichtet und entrückt.

»Wir sind ganz allein, Schätzchen«, flüsterte er. »Nur du und ich. Das gefällt mir. Nur du und ich.«

PAPIERSERVIETTE

N
Verrückt.
Dieses Arschloch ist ganz verliebt in die Kleine. Sie umarmen sich, und jetzt singt er ihr vor.
Er guckt mich immer so an. Warum tut er das? Er hasst mich.
Erinnerst du dich an die Blumen? Diese ungewöhnliche Rose ...
Habe ein Geräusch gehört.
Denk an mich. Ich weiß, du wirst es tun.
Ich werde ...
Bald werden sie kommen.
Wenn du das hier liest, sorge dafür, dass alle erfahren, was hier passiert ist.
Okay.

Wenn ich hier nicht rauskomme.
Ich muss hier rauskommen. Ich kann doch nicht sterben.
Ich will doch nur hier raus …

FREDA OPPERMAN

Irgendwie schaffe ich es bis nach Hause, indem ich renne, gehe, Autos auf der Fahrbahn ausweiche, aufpasse, dass ich auf keine Ritze trete. Ja, ich schaffe es bis in unsere Straße, aber warum geht mein Atem immer noch stampfend und schlingernd, warum schnürt es mir immer noch die Kehle zu? Und warum sehen meine Augen Dinge, die einfach nicht da sein können?

Unsere Haustür steht offen. Das Tor zum Fort Opperman, dieser uneinnehmbaren Festung, dem Hort des Guten und Verehrungswürdigen, ist für alle Welt passierbar. Wie kann das sein? Zum ersten Mal, seit ich denken kann, sehe ich unsere Tür offen stehen. Soll denn jetzt alles in meinem Leben aufgerissen werden? Wie gelähmt stehe ich auf dem Fußweg.

Ein Mann kommt vorbei, einen großen Jagdhund an der Leine. Das Tier zieht und zerrt auf unser Grundstück, unseren Fußweg entlang, während der Mann geduldig wartet und mich gar nicht wahrzunehmen scheint.

»Was soll das?«, schreie ich.

»Bitte?«, sagt der Mann.

»Das hier ist unser Haus! Mein Haus!«

»Entschuldigung … Der Hund … Er wollte …«

Achselzuckend zieht der Mann den Hund wieder von unserem Grundstück, schleift ihn die Straße entlang. Er dreht sich kopfschüttelnd nach mir um.

Ich gehe zur Tür. Nancy ist drinnen. Ich höre ihr Vogelgetrippel. Sie geht von hier nach da, von da nach dort. Sucht irgendwas. Worte vielleicht? Ich stehe auf der »Willkommen«-Matte und betrachte die offene Tür. Diese Bresche im oppermanschen Befestigungsring. Mein Gehirn klickt sich durch eine Reihe von Portalen, spult Schnipsel meiner Begegnung mit William ab. Blut. Schmerz. Zorn. Angriff. Und seine letzten Worte.

Wann wirst du aufhören, an ihn zu glauben?

Ich erinnere mich an den Moment, in dem ich aufhörte, an den Weihnachtsmann zu glauben. Es lag nicht daran, dass meine Eltern sich irgendwie verraten hätten. Es gab wahrscheinlich haufenweise Indizien, die ich übersah, weil man sich vom Weihnachtsmann nicht so einfach trennt. Nein, es war eine Sache von Frage und Antwort. Ich fragte meinen Vater, ob es den Weihnachtsmann wirklich gebe, und statt mich mit einer der üblichen vagen Hugh-Opperman-Ausflüchte abzuspeisen, sagte er: »Freda, auch wenn man nicht an den Weihnachtsmann glaubt, kriegt man trotzdem Weihnachtsgeschenke. So funktioniert das.«

So funktioniert das. Wir können getrost unseren Glauben, unsere Logik, unsere Ethik, unsere Moral, jedwede Wahrheit über Bord werfen, solange nur das, was wir an die Stelle setzen, auch etwas einbringt.

Bei der gerichtlichen Untersuchung nach der Geiselnahme legte die Polizei ein zerfetztes Flugblatt einer Anti-Konzern-

Gruppe vor, das sie in O'Gradys Mülleimer gefunden hatte. Das Flugblatt, das zu seiner Herabstufung geführt hatte. Darin ging es um die Vernichtung des südamerikanischen Regenwalds, ein Thema, auf das O'Grady in seinen langatmigen Vorträgen immer wieder zurückkam. »Reis und Getreide spielen in vielen lateinamerikanischen Ländern eine zentrale wirtschaftliche Rolle, und dennoch haben die Bauern dort den Anbau dieser Feldfrüchte eingestellt. Die Anbauflächen sind von 80 % des bewirtschafteten Landes auf 20 % zurückgegangen. Und was wird auf all dem Land jetzt produziert? Vieh ... Rindfleisch ... Family-Value-Hamburger für hungrige Ignoranten, Tausende von Kilometern entfernt.«

Außerdem fand die Polizei in O'Gradys Mülleimer benutzte Verpackungen von Family-Value-Burgern. Irgendwie glaube ich nicht, dass ihn ideologische Gründe dazu getrieben haben, sein beschissenes Leben aufzugeben, um Revolutionär zu werden.

Ich habe ihn von der Zukunft seiner Revolution reden hören, habe gehört, wie zittrig und brüchig seine Stimme wurde, wenn er an den Ruhm dachte, der ihm eines Tages zuteilwerden würde. Ich habe die Gekränktheit in seiner Stimme gehört, als die Männer gegen ihn Front machten. Habe gesehen, wie er das Gewehr in den Armen hielt, die schwere Waffe trug, als wäre sie ein natürlicher Fortsatz seines eigenen Körpers. Habe seinen Gesichtsausdruck gesehen, wenn er auf eine der Geiseln zielte. Ich habe es sogar selbst gehalten, dieses magische, mächtige Ding, das alle seine Probleme löste.

O'Grady zahlte einen weit höheren Preis dafür, dass er den Glauben an den Weihnachtsmann verlor.

Und ich?

Im Haus ist alles still, bis ich wieder leise Schritte höre. Nancy Opperman ist irgendwo hier drinnen. Diese kaum merkliche Luftbewegung, dieses flügellose Flügelschlagen.

Ich trete durch die Haustür, ziehe sie leise hinter mir zu und gehe dann direkt in mein Zimmer. Es ist ein einziges Chaos, überall verstreute Sachen. Das Kästchen liegt neben dem Wäschekorb, und ich gehe schnell zu den Vorhängen. Sie sind unberührt. Ich greife dahinter, ziehe die Papierservietten aus ihrem Versteck. Gucke diesmal darauf. Theos Briefe, die sich nicht an akzeptable Themen wie das Wetter halten, die gegen alle Manieren verstoßen, indem sie es wagen, über ein neunjähriges Mädchen zu spekulieren, seine Schutzbefohlene, sein Restaurantmündel. Wie konnte er es wagen, über mich zu schreiben? Wie konnte er es wagen, auch noch zu leugnen, dass er es tat.

»Was schreiben Sie da?«

»Nichts. Sch-sch.«

»Über mich?«

»Nein. Über ihn.«

»Was schreiben Sie?«

»Dass wir ihn alle hassen. Dass wir nicht seine Soldaten sein wollen. Dass wir nie seine Soldaten sein wollten. Dass er ein einziger Witz ist.«

Daran erinnere ich mich.

Er war der Witz, Theo, weil er Lügen erzählte, um ein kleines Mädchen zu täuschen. Lügen, die nach hinten losgingen, ihm ins Gesicht explodierten. Er schrieb doch über mich. Freda, die das Gewehr hielt. Freda, die in den Geruch dieses perversen Mistkerls gepresst wurde, an seinen wogenden Bauch. Freda, die selbst böse war.

William glaubt, die Wahrheit zu kennen, glaubt, diese Papierservietten würden all die fehlenden Puzzleteile meiner Person liefern. Er hat die Fotos gesehen. Vielleicht hat er sogar mit Nancy Opperman geredet. Möglich, dass ihre Falschheit so weit geht. Sie dachten, mit mir hätten sie leichtes Spiel, aber sie haben nicht richtig hingeguckt. Sie dachten, ich wäre passiv, gefügig, verwirrt und verstört. Pass auf, mein guter William.

Die Papierservietten in sicherem Griff, mache ich mich auf die Suche nach N.O. Ihr Büro ist gleich der erste Raum. Ich bleibe stehen und horche. Die Schritte sind immer noch fern, kommen aus einem anderen Teil des Hauses. Ich gucke rein. Dort drinnen ist alles so adrett, so ordentlich. Ihr Schreibtisch steht vor einem großen Fenster, säuberlich aufgeräumt, so ein krasser Gegensatz zu draußen, wo Mutter Natur tobt, wild durch unseren Garten kobolzt. Fast, als hätte N.O. diesen Gegensatz absichtlich arrangiert, die vernünftige Frau drinnen, die Verrückte draußen.

Es ist still, als ich eintrete, den schwachen Duft ihres Parfüms atme, ihre Spur in jedem Winkel des Raums. An den Wänden säuberlich gerahmte Fotos, Etappen der Geschichte meiner Mutter. Da sind Bilder aller Art, etwa der Zeitungsausschnitt über den Bankrott der unterirdischen Family-Value-Filiale – N.O.s großer Sieg. Und da ist ein Foto von mir und Nancy, aneinandergedrückt auf einem Sofa, über uns lauter Fernsehlampen und eine Kamera so bedrohlich nah. Wir sind ganz klein, in eine strahlend helle Ecke gequetscht, und dunkle Gestalten bedrängen uns. Das war einer von Nancys Triumphen, ein Interview bei einem großen Fernsehsender zur besten Sendezeit. Die kleine Freda Opperman und ihre Mutter. Wie alt war ich da? Zehn?

»Was wird er mich fragen?«

»Ach, ich nehme an, er wird fragen, wie das Ganze abgelaufen ist. Keine Angst, ich bin bei dir. Wenn es dir unangenehm ist, drück einfach nur meinen Arm, okay? Dann rede ich für dich.«

»Was will er denn wissen?«

»Er will nur Geschichten hören, Liebes. Deine Geschichten. Für all die Jungen und Mädchen dort draußen, die sich Sorgen um dich gemacht haben. Damit sie wissen, dass es dir gut geht. Weißt du noch, die ganzen Bilder und Briefe, die sie geschickt haben?«

»Aber wenn ich … wenn er … wenn ich's nicht kann?«

»Du schaffst das schon. Ich bin ja da. Sei einfach nur höflich, Liebes. Sei einfach nett und freundlich und sprich über die guten Dinge, über die Leute, die nett zu dir waren. Sprich einfach nur darüber. Sonst brauchst du nichts zu erzählen …«

Ich drückte so oft und so fest, dass Nancy tagelang blaue Flecken hatte.

Die Tür des Aktenschranks ist nur angelehnt, absolut untypisch für die ordentliche N.O. Ich gehe hin, öffne die Tür weiter, um kurz hineinzulinsen. In der obersten Schublade hängen die Akten dicht an dicht, aber eine steht ein klein wenig hoch, als ob sie mir winkt. Offensichtlich war Nancy ein bisschen in Eile. Ich ziehe die Akte, die unbeschriftet ist, und setze mich damit an Nancys Schreibtisch. Die Akte enthält

Bankabrechnungen und Kontoauszüge, alles für eine gewisse Opperman-Stiftung. Eigentlich kenne ich Mums Organisationen den Namen nach, aber eine Opperman-Stiftung ist mir noch nie begegnet. Nach dem Saldo auf einem Auszug zu urteilen, steht sie finanziell ganz gut da. Man muss schon ein ganz hübsches Sümmchen anlegen, um so einen Saldo zu erzielen. Ein Lotteriegewinn vielleicht? Oder eine erfolgreich eingeklagte Entschädigung von einem Riesenkonzern?

Mehrere Briefe sind zusammengeheftet, und ich löse die Klammer, überfliege die Schreiben. Die meisten sind offenbar Hilfeersuchen, aber von wem? Wildfremden armen Leuten, die sich dachten, Nancy Opperman hätte ein weiches Herz? Das ist irgendwie nicht plausibel, zumal Nancy auf diese Briefe hin ganz hübsche Beträge aus den Mitteln der Opperman-Stiftung ausgespuckt hat. »*…für Arztkosten … therapeutische Betreuung … laufende Ausbildungskosten für Ihren Sohn …*«

Ich lehne mich zurück und lasse die Luft heraus, die ich angehalten habe, seit ich auf diese Akte gestoßen bin. So viel scheint unter dem Opperman-Banner geschehen zu sein. So viel unermüdliches Bemühen, die Welt zu verändern, den Bedürftigen zu helfen, der guten Sache zum Sieg zu verhelfen. Und doch verbindet mich mit alldem nur der Name.

Ich nehme ein Feuerzeug von Nancys Schreibtisch und drehe es in den Fingern. Meine Mutter ist eine Stress-Raucherin, holt die Zigaretten heraus, sobald etwas schiefläuft. In letzter Zeit muss sie sie ziemlich oft bemüht haben. Wenn ich vor einem halben Jahr auf diese Akte gestoßen wäre, hätte ich sie wieder in den Aktenschrank gepackt und vergessen.

Ich habe so vieles vergessen.

Jetzt holt mich die Last der Erinnerung wieder ein, aber nicht im Gewand einer künstlichen »Sache«, die meine Mutter ins Leben gerufen hat, oder eines heuchlerischen Kreuzzugs unter meinem Namen. Mit den Papierservietten und dem Feuerzeug gehe ich auf die Suche nach dem Ursprung der Schrittgeräusche. Ich finde meine Mutter im Wohnzimmer, wo sie ein solches Chaos veranstaltet, dass mir beinahe ein »Tss-tss« herausrutscht.

»Am Aufräumen, Mum?«, sage ich.

Nancy fährt herum, wird knallrot. »Freda! Wo warst du?«

»Ach, komm, Mum, du weißt doch, wo ich war.«

»Vorher«, sagt sie, und ihre Geduld ist hörbar strapaziert. »Als du bei der Arbeit hättest sein sollen.«

»Bei Dad«, antworte ich leichthin.

»Wieso? Ich habe dich doch bei *Guardian Angel* abgesetzt?«

Es ist faszinierend zu beobachten, wie sie auch dann noch die Fassade der Normalität zu wahren versucht, wenn ihre Welt am Bröckeln ist. Da steht meine Mutter, knietief in Trümmern, nimmt ihr eigenes Wohnzimmer auseinander, auf der Suche nach Papierservietten, von denen sie *weiß*, dass ich sie irgendwo versteckt habe, und was tut sie? Sie raunzt mich an, weil ich nicht pünktlich bei der Arbeit aufgetaucht bin.

»Suchst du die hier?«, frage ich und halte die leidigen Mundtücher hoch.

»Nein«, antwortet sie und wird noch roter. Dann: »Doch, ja, die hab ich gesucht.«

»Was dachtest du, was ich damit tun würde?«, frage ich. »Sie aller Welt zeigen?« Ich lasse ihr keine Gelegenheit zu antworten. »Ich habe ein Feuerzeug hier«, sage ich und zücke ihren kleinen Plastikflammenwerfer. »Wir können sie jetzt sofort verbrennen, wenn du willst.«

»Sei nicht albern«, sagt Nancy. »Deshalb habe ich sie nicht gesucht …«

»Ach, Mum. Nicht lügen, okay? Das wolltest du doch immer schon.«

Ich klemme mir die Papierservietten unter den Arm, halte das Feuerzeug hoch. »Meinst du, wir brauchen eine große Flamme, um sie anzuzünden? Oder reicht eine kleine?«

»Freda«, sagt Nancy in diesem warnenden Ton. »Was soll das?«

»Nur ein kleines Freudenfeuerchen, Mum.«

Ich betätige das Feuerzeug. Ein jämmerliches Flämmchen müht sich aus der Gasdüse. Fast leer. Ich halte die Hand über die Flamme und sage: »Lass uns diese verflixten Servietten verbrennen, okay?«

Nancy starrt mich ungläubig an, während ich die Hand über der Flamme lasse, deren Hitze sich immer tiefer in meine Haut frisst.

»Freda?«

Sie versengt mich jetzt, meine Haut, die Hülle, die mich zusammenhält.

»Lass das!«, ruft sie und schlägt mir das Feuerzeug aus der Hand.

Nancy bringt das Feuerzeug an sich, und ich stopfe die Papierservietten in die Gesäßtaschen meiner Jeans. Sie bilden unförmige Beulen, aber das ist nichts im Vergleich zu dem stechenden Schmerz in meiner Hand. Wir funkeln uns einen Moment lang grimmig an, dann wendet sie sich ab und tut so, als müsste sie ein paar verstreute Polsterkissen aufheben.

»Das ist ein Missverständnis, Freda. Weiter nichts …«

Sie räumt herum, beseitigt die Spuren ihrer Suche, versetzt alles wieder in den »Normalzustand«, diesen Zustand, nach dem sie sich so sehr sehnt und der ihr vor Jahren so unwiederbringlich abhandengekommen ist.

»Sag mal, Mum«, sage ich, während ich zugucke, wie sie die Polster arrangiert, »wie hast du William eigentlich ausgegraben?«

»William?« N.O.'s Erstaunen ist so gekünstelt, dass ich lachen muss. »Er ist auf mich zugekommen«, sagte sie. »Bei *Guardian Angel.* Er sagte, er schriebe einen Artikel für die Studentenzeitung. Er hat mir ein bisschen von seiner eigenen Geschichte erzählt, und ich dachte, wenn ihr beide euch kennenlernt … Er verstand sehr gut, was seit der Geiselnahme damals für Verbrechensopfer getan worden ist. Ich konnte wirklich nicht ahnen, dass er so etwas schreiben würde …«

»Nein, du dachtest einfach nur, es bringt dir ein bisschen Publicity.«

»Freda«, sagt Nancy. »Darum ging es mir nicht. Ich weiß, du wirst das nicht verstehen, aber ich habe es für dich getan. Ich dachte … durch William … ich dachte, er könnte dir sehen helfen, was du alles Gutes aus dem gemacht hast, was damals passiert ist.«

»Ich?« Ich lache, aber heraus kommt nur ein trauriger Laut. »Ich habe nichts getan, *du* warst das …«

»Natürlich habe ich es getan, aber doch nur wegen dir und dem, was du vollbracht hast. Du hast diese endlosen, schrecklichen Stunden in dem Restaurant durchgestanden, und jetzt liegt das Erwachsenenleben vor dir. Natürlich habe ich dich beschützt, aber das kann ich nicht ewig tun. Du bist nicht mehr neun. Ich habe dafür gesorgt, dass die Öffentlichkeit genau das gesehen hat, was du warst, ein unschuldiges Kind. Also wirf es mir nicht vor, wenn ich auch dafür zu sorgen versuche, dass sie dich als unschuldige Erwachsene sieht.«

»So viel von meinem Leben ist glatte Lüge«, sage ich. »Warum muss das so sein? Du tust alles Mögliche in meinem Namen, aber ich habe nichts damit zu tun. Gerade eben bin ich auf etwas gestoßen, das sich Opperman-Stiftung nennt …«

»Wie bist du darauf gestoßen?«

»Durch Schnüffelei. Wie sonst? Du gibst wildfremden Leuten Geld …«

»Nein. Nicht wildfremden Leuten …«

»… in meinem Namen. Das ist doch alles Quatsch. Und da fragst du dich, wieso ich mich an diese Papierservietten klammere? Die sind wenigstens echt.«

Nancy schüttelt den Kopf, mit diesem traurig resignierten Gesichtsausdruck, den sie immer kriegt, wenn ich die Servietten erwähne.

»Ich wollte bei Gott, du könntest dich davon trennen«, sagt sie. Ihre Stimme klingt unendlich müde, als ob sie selbst nicht glaubt, dass ihre Botschaft je bei mir ankommen wird. »Das bist nicht du …«

Ich ziehe die Papierservietten heraus und halte sie hoch, aber meine Hand hält das nicht aus. Jede einzelne Papierecke gräbt sich in meine verbrannte Haut, also stopfe ich die Servietten wieder zurück in die Jeanstasche. Tränen trüben meinen Blick, einen Moment lang kann ich meine Mutter nicht mehr sehen. Ist sie verschwunden? Ich wische mir das warme Zeug von den Wangen, sehe sie wieder. »Diese Servietten sind alles, was ich habe«, flüstere ich.

»Und was ist mit mir, Freda?«, sagt Nancy, und jetzt sind *ihre* Augen feucht. »Du hast doch mich.«

»Tut mir leid, Mum«, sage ich und gucke auf meine Füße. »Du warst nicht dabei.«

»Oh, Freda …«

Sie will, dass ich ihr die Absolution erteile, sie von diesem schrecklichen Moment erlöse, aber sie hat zu viele Spielchen mit meiner Geschichte gespielt. Das kann ich nicht verzeihen, noch nicht. »Ich weiß, dass William von den Papierservietten weiß«, sage ich.

»Bist du sicher, dass er's weiß?«, sagt sie. Sie spielt immer noch weiter, spielt auf Zeit. Sie ist doch selbst schon zu diesem Schluss gekommen, warum sonst sollte sie ihr eigenes Haus auf den Kopf stellen?

»Und ich nehme an, er weiß es von dir«, sage ich.

»Oh, Gott, Freda. Nein. Niemals …«

Zum ersten Mal im Leben sehe ich echte Panik in den Augen meiner Mutter. Da ist mehr an diesem kleinen Spielchen, als bisher zutage getreten ist. Es macht mir Angst, dass ich nicht weiß, wer hier eigentlich die Regie führt. Nancy oder William.

»Freda, glaub mir. Ich habe es William nicht erzählt«, sagt sie. »Er war auch zu mir nicht aufrichtig. Er hat mir Versprechungen gemacht. Ich werde mit ihm reden. Es wird sich alles aufklären.« Sie versucht immer noch, alles im Griff zu behalten. »Lass mir ein paar Tage Zeit. Es kommt alles wieder in Ordnung …«

»Nein!«, schreie ich. »Jetzt ist Schluss.«

Sie funkelt mich kalt an. N.O. konnte noch nie gut damit umgehen, wenn ich anfange zu schreien. Schließlich sagt sie in einem verhaltenen, verbitterten Ton: »Dann lass mich wenigstens deine Hand verarzten.«

»Nicht nötig«, sage ich und wende mich zum Gehen.

»Wo willst du hin?«, fragt sie.

»In den Untergrund«, brummle ich.

Ich stapfe hinaus, nehme das Bild ihres verwirrten Gesichts mit. Sie wird schon draufkommen. Was bleibt mir denn jetzt noch anderes als der Untergrund, dieser Ort der unerledigten Dinge? Aber nicht diese Treppe hinunter. Nein, das kann ich nicht. Ich gehe lieber dahin, wo ich das bin, was mir am meisten gleicht: dieses Mischwesen aus Mensch und Geist, das keiner Welt wirklich angehört.

Ich gehe in Richtung Bushaltestelle, die Papierservietten als drückenden Klumpen in meiner Jeanstasche. Der stechende Schmerz in meiner Hand treibt mir die Tränen in die Augen, aber ich ignoriere ihn. Diese Sache ist noch nicht beendet.

Jedes Auto, das mir entgegenkommt, scheint einen weiteren Bodengewinn der heranrückenden Nacht zu verkünden. Lichter gehen an – über mir, an Fahrzeugen – Stecknadelköpfe im schwindenden Dämmerlicht. Als mein Bus schließlich kommt, hieve ich mich hinein und setze mich hin, zu müde, um irgendetwas zu denken.

Meine Haltestelle kommt, und ich steige aus, haste durch die fast dunklen Straßen zur Werkstatt meines Vaters. Dad kommt gerade den Hügel heraufgetrottet, auf dem Weg nach Hause, und ich winke ihm von Weitem zu. Er ist verwirrt, weil er mich doch erst vor ein paar Stunden in der Stadt abgesetzt hat.

»Hallo«, sage ich. »Bist du gerade am Gehen?«

»Ja. Was ist denn? Hast du was vergessen?«

»Nein. Ähm … ich brauche ein Plätzchen, wo ich ein Weilchen nachdenken kann.«

»Hier?«, sagt er. »Komm doch mit zu mir. Oder …«

Er beendet den Satz nicht, wohl wegen der Dringlichkeit in meinen Augen oder der hektischen Röte auf meinem Gesicht. »Augenblick«, sagt er, wirft einen Werkzeugkasten hinten in den Geländewagen und schnallt ihn mit einem elastischen Gurt fest. »Bist du sicher, dass du hier unterkriechen willst?«, fragt er. »Ich meine, ich habe nichts dagegen …«

Ich schüttle den Kopf, formuliere die Ablehnung, so sanft ich irgend kann. »Nein, ich möchte einfach nur ein Weilchen allein sein … macht's dir was aus?«

»Natürlich nicht.«

»Ich bin gern hier«, sage ich und gucke durch die immer noch offene Tür in die warm erleuchtete Werkstatt. Ich sehe, wie sich die Kerle um ein Stück Holz scharen, das in den Schraubstock eingespannt ist, wie sie geisterhaftes Sägemehl von den Kanten blasen. Das ist die Gesellschaft, die ich jetzt brauche, diese körperlosen Schreiner mit der sicheren Hand und dem festen Blick. Diese Burschen ziehen keine voreiligen Schlüsse. Das gefällt mir.

»Was gibt's da zu sehen?«, fragt Dad, meinem Blick in die vermeintlich leere Werkstatt folgend.

»Eine andere Welt«, sage ich.

Er gibt einen kurzen Brummlaut von sich. Ist es inzwischen gewöhnt, dass ich seltsame Dinge sage. Ich wende mich ihm zu. »Dad«, sage ich. »Weißt du noch, damals, als ich während der Geiselnahme die Treppe raufgekommen bin?«

Er guckt mich verdutzt an, nickt dann. »Natürlich. Es war, na ja … niemand konnte sich einen Reim draufmachen.«

»Was hast du da gesehen?«

»Dich habe ich gesehen, Freda.«

»Wie habe ich ausgesehen?«

»Wie du ausgesehen hast?« Jetzt ist Dad mehr als nur verdutzt, meine Frage beunruhigt ihn, als hätte ich mit diesem Thema die Grenzen des guten Geschmacks überschritten.

»Ich möchte es gern wissen«, sage ich.

Er seufzt. »Du sahst … klein aus«, sagt er. »Daran erinnere ich mich. Wie ein winziges Püppchen in diesem riesigen, hell erleuchteten Treppenhaus. Zerbrechlich … Zuerst war ich erleichtert, dass dir nichts passiert war. Dann … dachte ich einen Moment lang, du würdest zerbrechen oder so was.«

»Ich bin auch zerbrochen, oder?«, sage ich. »Man überlebt, und alle denken, man wäre noch heil … aber das ist man nicht. Das vergessen die Leute immer.«

Dad dreht sich um und rüttelt an dem Werkzeugkasten, um zu prüfen, ob er fest sitzt. »Ich weiß noch, wie erregt du warst«, sagt er. »Ich nehme an, weil du zu uns wolltest …«

Seine Stimme verliert sich wie das letzte Licht um uns herum, unfähig, den Gedanken zu Ende zu führen. Ich lasse es dabei, lasse ihn in dem Glauben, Klein Freda, Freda-aus-dem-Untergrund, sei erregt gewesen, weil sie zu ihren Eltern wollte. Vielleicht glaubt er ja, John Wayne O'Gradys barsche Befehle hätten mich zurückbeordert. Ich sei zitternd wieder hinabgeeilt, voller Angst, was der Mann mit diesem schrecklichen Gewehr tun könnte. Warum sollte ich ihm die schmerzliche Wahrheit zumuten?

»Bist du sicher, dass du nicht mitkommen willst?«, fragt er besorgt.

»Ganz sicher, ich kann ja nachher die Werkstatt einfach abschließen.«

»Okay, Freda«, sagt Dad und steht verlegen da. Er macht eine kurze Bewegung in Richtung Fahrertür, hält dann inne, dreht sich wieder zu mir, in den Augen noch einen Gedanken. Aber es wird nichts daraus, er winkt kurz, steigt dann ein und fährt los. Ich sehe ihm nach, bis er verschwunden ist, bleibe noch einen Moment auf der Straße stehen, gehe dann in die Werkstatt.

Die Kerle beachten mich gar nicht, sind ganz auf das Stück Holz konzentriert. Was ist das, frage ich mich? Was ist so Faszinierendes an diesem harten, kratzigen Zeug, für das wir Bäume zersägen? Ich habe mir immer Splitter geholt. Ich gehe zu Dads Abfallkiste und wühle ein paar Minuten ohne konkrete Absicht darin herum. Mir kommen Erinnerungen an glückliche Stunden, die ich früher in dieser Werkstatt verbracht habe. Auf den Knien taste ich unter einer der Werkbänke herum. Schließlich berühren meine Hände ein Stück weiches Holz, das vor vielen Jahren dorthin geworfen wurde. Ich erinnere mich an diese Holzart, Dad hat mir immer solche

Stücke zum Herumspielen gegeben. Er nannte es Balsaholz, und ich nahm dann stumpfe Sägeblätter oder alte Messer und werkelte ewig daran herum.

Dieses Stück ist lang und kantig, und ich lasse es in meiner Armbeuge ruhen. Löse Dads Werkstück aus dem Schraubstock und spanne das Balsaholz ein. Ich muss aufpassen, dass ich es nicht zu fest einspanne, weil sonst die Oberfläche beschädigt wird. Dann nehme ich eine von Dads Ziehklingen, ein Werkzeug mit zwei Griffen und einer scharfen Klinge, das ich ihn oft habe benutzen sehen, und mache mich behutsam ans Werk.

Schnitze eine Form heraus.

Das fühlt sich richtig an. Das Natürlichste, was ich seit Wochen getan habe. Ich werde einen Gegenstand herstellen. Ich werde alles vergessen: meine Rolle in der Gesellschaft und was einen guten Menschen ausmacht. Ich werde dieses Ding nur für mich herstellen. Und es wird mir guttun. Es wird mich in den Raum am unteren Ende der Treppe führen, wo ich in tiefen Zügen vom Wasser der Erinnerung trinken, mir Gesicht und Kopf damit waschen kann, ohne schreiend davonzulaufen.

Aus dem Hintergrund beobachten mich die Kerle; sie geben mir keine Geisterratschläge, sind überhaupt ganz still. Vielleicht haben sie ja mehr Vertrauen in die Erinnerung als ich. Ich höre eine ferne Kinderstimme, jedes Mal, wenn ich die Klinge über das Holz ziehe. Das Kind weint nicht, schreit auch nicht vor Angst oder Schmerz.

Es singt ein Lied voller Trauer und Einsamkeit.

Etwas weckte ihn … ein fernes, gedämpftes Geräusch … sang da jemand?

»Verdammt noch mal, was geht hier vor?«, blaffte John Wayne O'Grady und setzte sich so schnell auf, dass ihm ein bisschen komisch wurde.

Die Kleine kam, Wasser von den Händen schlenkernd, aus der Personaltoilette und ging durch die Küche in das Restaurant. Sie war blass mit dunklen Schatten unter den Augen, und O'Grady versuchte sich zu erinnern, was passiert war. Er hatte geschlafen und war von einem Geräusch wach geworden.

»Wo sind sie denn alle?«, fragte er.

Das Mädchen zeigte auf die Toiletten, und O'Grady nickte. Sollte es doch dort drinnen verfaulen, das Pack.

»Da hat doch jemand gesungen«, sagte er. »Warst du das?«

Die Kleine zuckte die Achseln, und O'Grady kratzte sich irritiert den Kopf. Alles glitt ihm aus der Hand. »Und Theo?«, fragte er. »Wo ist der?«

Die Kleine zuckte wieder die Achseln, und für einen Moment geriet O'Grady in Panik. War Constantine irgendwie entkommen? Er mahnte sich zur Ruhe, zwang sein Gehirn, die Sache logisch anzugehen. Er erinnerte sich diffus. Er hatte die Kleine in den Armen gehalten, ihre Zartheit gespürt, ihr übers Haar gestrichen – was seine Eltern mit ihm nie gemacht hatten – und ihr vorgesungen. Da war der Geschäftsführer angekommen und hatte ihm irgendein lästiges Ansinnen ins Ohr posaunt. O'Grady schloss die Augen, und schließlich kam ihm ein Bild. Theo Constantine war in den Lagerraum gegangen, obwohl er es ihm verboten hatte.

Theo hatte sich ihm widersetzt.

O'Grady stand auf und marschierte zur Lagerraumtür, aber die war von innen abgeschlossen. Er zog den Schlüsselbund aus seiner Tasche und ging ihn durch, aber da war kein Schlüssel für den Lagerraum. »Komm verdammt noch mal da raus, bevor ich richtig wütend werde«, brüllte O'Grady und bummerte an die Tür.

»Nein«, kam es trotzig von drinnen.

Die Kleine kam herbei. Sie sah mit passiv-abwartender Miene zu, wie der Geiselnehmer vor der Lagerraumtür auf und ab marschierte und überlegte, was er jetzt tun sollte.

»Was zum Teufel treibt er denn da drinnen?«, brummte O'Grady. »Weißt du's?« Die Frage war an die Kleine gerichtet, die prompt rot anlief.

»Nein«, murmelte sie und guckte auf ihre Füße.

»Doch, du weißt es. Was hat er da drin?«

»Nichts«, sagte sie.

»Was ist es? Pornoheftchen oder was?«

»Porno?«, fragte die Kleine.

O'Grady lachte und bummerte wieder an die Tür. »Los, Theo. Ich gebe dir ein paar Sekunden, um aus deinem Loch zu kommen. Dann puste ich die Tür auf.«

Drinnen herrschte einen Moment Stille, dann sagte Constantine: »Bitte nicht. Ich komme ja schon.«

»Beeilung«, sagte O'Grady.

Die Tür zum Lagerraum ging auf, und Constantine trat heraus, ein verlegenes Grinsen im Gesicht. »Sorry«, sagte er.

O'Grady lachte. »Du gerissener alter Hund, Theo. Was hast du da drin gemacht?«

»Nichts …«

»Ich weiß Bescheid«, sagte O'Grady.

Der Manager sah die Kleine wütend an und zischte: »Kleines Biest!«

Sie wich seinem Blick aus, indem sie auf ihre Schuhe guckte; ihr Gesicht war knallrot, ihre Schultern hochgezogen.

»Glauben Sie ihr kein Wort«, brüllte Constantine. »Sie ist ein verlogenes kleines Miststück.«

O'Grady patschte Constantine auf den Rücken und grinste ihn spöttisch an. »Tss, tss«, sagte er. »Ich werde aus dir nicht schlau, Theo. Nach allem, was du durchgemacht hast, hast du immer noch Zeit für Pornoheftchen?«

Constantine guckte verdutzt zu der Kleinen hinüber, sah dann O'Grady an, versuchte, sich seine Verwirrung nicht anmerken zu lassen.

»An jedem anderen Punkt in unserer Geschichte«, sagte O'Grady, »würde ich dich bewundern. Aber ich fürchte, ich muss dich bestrafen.«

»Nein!«, schrie Constantine, aber zu spät. O'Grady stieß dem Manager den Gewehrlauf so heftig in die Rippen, dass Constantine auf dem Hintern landete. Er blieb schluchzend auf dem Boden sitzen, rieb sich den schmerzenden Brustkorb. »Sie bringen mich um. Hören Sie doch auf.«

O'Grady starrte ihn angewidert an. »Reiß dich zusammen, Junge«, knurrte er.

»Sie hätten mich um ein Haar umgebracht!«, schluchzte Constantine.

O'Grady grinste die Kleine an. »Pik ihn mal. Guck, ob er noch lebt.«

»Piken?«, fragte die Kleine.

»Ja. Gib ihm einfach eins zwischen die Rippen.«

Das Mädchen stieß Constantine die Finger zwischen die Rippen, und der Geschäftsführer fauchte sie an: »Lass mich in Ruhe, du kleines Monstrum.«

»Yep, du hast die Bestrafung bestens überlebt«, sagte O'Grady. Er beugte sich zu Theo hinab und sagte ruhig: »Geh mal nach oben, die Tür kontrollieren. Ist schon ein paar Stunden her, dass wir das letzte Mal danach geguckt haben. Wenn du zu lange brauchst oder irgendwelche Dummheiten versuchst, ist das Nächste, was du zwischen die Rippen kriegst, eine Ladung Blei. Verstanden?«

Constantine stand widerstrebend auf, knurrte das Mädchen noch einmal trotzig an, ging dann zur Treppe und verschwand aus dem Blickfeld.

»Der gerissene alte Theo«, sagte O'Grady und guckte in den Lagerraum. Er begann, den Raum nach Theos Pornoheftchen zu durchsuchen. Dabei fegte er Klopapierrollen und Packungen mit Plastiklöffeln von den Borden, aber es kam kein Heftchen zum Vorschein. Die Kleine betrat den Raum. Sie war irgendwie nervös, hochgradig erregt.

»Was machst du?«, fragte sie.

O'Grady ignorierte sie, und die Kleine lehnte sich an die Tür. Ihr Atem ging in kurzen, keuchenden Stößen, ihr Gesicht wurde immer roter. Sie gab sich alle Mühe, sich im Griff zu behalten, hielt sich die Kinderhände vor Mund und Nase. Nach einer Minute konnte sie wieder richtig atmen, und als sie wieder hinguckte, sah sie, dass O'Grady den Lagerraum praktisch umgekrempelt hatte. Der Geiselnehmer wollte sich gerade bücken und unter dem Schreibtisch nachsehen, als die Kleine rief: »Zeig mir noch mal das Gewehr.«

»Jetzt nicht«, brummte O'Grady.

»Ich will wissen, wie man die Marionetten erschießt«, sagte sie fordernd. »Du hast gesagt, du bringst es mir bei.«

O'Grady sah sie seufzend an. »Du bist wirklich entschlossen, Fräuleinchen, hm?«

»Zeig's mir! Angsthase!«

»Schluss jetzt!«, rief O'Grady, und die Kleine verstummte. »Niemand nennt mich einen Angsthasen, verstanden? Weil ich nämlich keine Angst habe. Ich bin Soldat, und ich bin dein Kommandeur. Wenn du auch Soldatin werden willst, okay.« Er stand auf, klopfte sich den Staub von der ohnehin schon schmuddligen Hose.

Er ging in die Mitte des Restaurants. »Also, gut«, sagte O'Grady, als die Kleine zu ihm trat. »Du hast dich in deinem Klassenzimmer verschanzt … mit Tischen vor der Tür, damit kein Lehrer reinkommen kann.«

»Wo stehe ich?«, fragte das Mädchen.

»Auf einem anderen Tisch, um eine Ansprache an die Genossen zu richten«, sagte O'Grady grinsend. »Erzähl ihnen die Wahrheit, Schätzchen.«

Sie stieg auf einen Tisch, stand mit zittrigen Knien da. »Okay … äh … Family Value macht echt wertloses Zeug …«

»Ja, so ist's recht«, sagte O'Grady lachend. »Du stehst also da oben und sagst ihnen die Wahrheit. Da sind auf einmal die Marionetten draußen vor der Tür.«

»Und wollen mich erschießen …?«

»Nein, Schätzchen, das nicht. Aber jetzt musst du auf der Hut sein«, sagte O'Grady. Er trat an den Tisch und bedeutete ihr, sich hinzusetzen. Sie saß mit baumelnden Beinen da und wippte mit dem Oberkörper, während O'Grady weitersprach. »Wenn sie dich kriegen wollen, Schätzchen, machen sie's auf die nette Tour. Sie sagen, dass sie dich gernhaben und dass du rauskommen und mit ihnen spielen sollst. Sie wenden alle erdenklichen Tricks an.«

Sie hörte ihm mit großen Augen zu, stellte sich vor, wie die netten Lehrer und der freundliche Polizist sie mit sanften Worten dazu bringen wollten, die Tür aufzumachen und die Kinder freizulassen.

»Und was soll ich tun?«, fragte sie.

»Tun?« O'Grady erhob sich abrupt. »Du … du zielst mit dem Gewehr auf sie. Du schreist: ›Eine Bewegung, und ich erschieße euch!‹ Du zeigst ihnen, dass du dich nicht reinlegen lässt.«

»Okay«, sagte das Mädchen und stellte sich wieder auf den Tisch. »Wir tun so, als ob ich sie anbrülle, aber sie gehen nicht weg. Und jetzt? Soll ich jetzt auf sie schießen?«

»Yep. Jetzt schießt du auf sie.«

»Zeig's mir«, sagte das Mädchen erwartungsvoll und hopste vom Tisch.

»Zeigen soll ich's dir?« Er lachte und zeigte mit dem Finger auf sie. »Du willst nur noch mal John Waynes Gewehr halten, stimmt's?«

Sie nickte, und der Mann trat hinter sie und gab ihr das Gewehr in die Hände.

»Aber bloß nicht am Abzug ziehen, okay? Das ist nur ein Probedurchlauf. Zuerst musst du mal dahin zielen, wo die Bösen sind.«

Er half ihr, das Gewehr auf die imaginäre Meute von Lehrern und Polizeibeamten zu richten, hielt es gerade, als sie unter dem Gewicht zu wackeln begann.

»So ist's gut. Jetzt tun wir natürlich nur so. Als Nächstes würdest du den Abzugsbügel ganz behutsam durchziehen. Du willst ja nicht durch eine plötzliche Bewegung den Schuss verreißen.«

»Kann ich?«

»Nein, jetzt nicht, Schätzchen.« Er wollte das Gewehr wieder an sich nehmen, aber das Mädchen hielt es erbittert fest.

»Gib mir das Gewehr, Schätzchen.«

Sie weigerte sich, die Waffe loszulassen. Ihr Zeigefinger zog langsam am Bügel, während ihr Herz raste. Jeder Muskel in ihrem Körper spannte sich an, wartete auf den Knall, die Explosion, die jähe Zerstörung. Sie zog immer weiter, verblüfft, wie schwer das ging.

»Hörst du wohl auf …«

Der Zeigefinger tat ihr weh, als sie den Abzug kurz vor dem Auslösepunkt hielt. Sie holte noch einmal Luft und zog mit aller Kraft ganz durch.

Ein hohles »Klick« an ihrem Ohr. Ein Klicken. Nichts. Kein Knall, kein Schuss. Nur ein enttäuschendes Klicken.

»Es ist nicht losgegangen«, sagte das Mädchen. »Was hat es denn?«

»Gar nichts hat es«, sagte O'Grady und nahm ihr das Gewehr ab. Er schien nicht weiter überrascht, dass es nicht losgegangen war. Er untersuchte es nicht, guckte nicht nach den Patronen. Er lehnte das Gewehr einfach nur an die Wand und seufzte. Das Mädchen beobachtete ihn misstrauisch.

»Warum ist es nicht losgegangen?«, fragte es.

»Es war nicht geladen«, sagte O'Grady sachlich. »Die ganze Zeit nicht.«

Die Kleine starrte ihn volle zwanzig Sekunden ungläubig an. Sie schüttelte ein paarmal den Kopf, als wollte sie seine Worte aus ihrem Gehirn schütteln. Das konnte er doch nicht gesagt haben?

»Was heißt, es war nicht geladen?«, fragte sie. »Versteh ich nicht.«

»Es waren keine Patronen drin«, sagte O'Grady. »Jetzt lass gut sein. Ist nicht weiter wichtig. Ich wollte nicht, dass aus Versehen was passiert. Ich hätte es im Notfall ganz schnell geladen …« Er zog eine Handvoll Patronen aus der Tasche und zeigte sie ihr. »Siehst du? Da hab ich sie. Ich hätte die Feinde wegpusten können, wenn es hätte sein müssen. Ich wollte nur nicht, dass es versehentlich losgeht, das ist alles …«

Die Kleine starrte auf die Patronen. Ein tiefes Knurren kam aus ihrer Kehle, ein Grollen, das sich schließlich zu einem Wort formte.

»Lügner!«, sagte sie.

»Hey, Schätzchen«, sagte O'Grady. »Jetzt mal langsam …«

»Lügner!«, rief das Kind und starrte auf die Patronen.

O'Grady steckte sie achselzuckend wieder ein. »Ich habe keinen belogen«, sagte er. »Hat doch keiner gefragt, ob das Gewehr geladen ist, oder? Also war es auch nicht gelogen …«

Die Kleine schrie ihn jetzt an, ihre Stimme schnappte über.

»Du hast gelogen! Du hast gelogen!«, schrie sie immer wieder. Spucke rann ihr aus dem Mund, ihr Gesicht war rot und erhitzt.

»Ich hab nicht gelogen!«, brüllte O'Grady.

»Ich hasse dich!«, schrie sie.

»Ach, jetzt hasst du mich?«, mokierte sich O'Grady über die Wut des Kindes. »Das ist aber schade, weil ich nämlich hier der Einzige bin, der dich mag. Der Manager hält dich für ein kleines Ungeheuer. Den Leuten dort in den Toiletten bist du piepegal. Und da draußen? Ist doch keiner gekommen, um dich zu retten, oder? Keine Polizei, keine Mummy und kein Daddy. Man sollte doch meinen, wenn du ihnen so wichtig wärst, wären sie längst hier drinnen. Aber die kümmerst du einen Dreck. Ich bin doch hier der Einzige, dem was an dir liegt. Ich bin doch dein John Wayne, also überleg's dir gut, ob du mich hasst oder nicht.«

»Du bist nicht mein John Wayne«, schrie die Kleine. »Du hast gesagt, du sagst die Wahrheit, aber das stimmt gar nicht.«

O'Grady ging mit einem versöhnlichen Lächeln zu ihr hin, doch als er den Arm um sie legen wollte, stieß sie ihn weg.

»Okay«, schnaubte er. »Ich hab dir die Wahrheit gesagt. Jetzt entscheide du, was stimmt und was nicht. Geh dort rauf und guck selbst. Los. Geh die Treppe rauf und schau, ob sie angelaufen kommen. Sie haben dich nicht lieb. Sie sind die Marionetten, und sie wissen, dass du jetzt zu John Wayne O'Gradys Truppe gehörst. Sie werden es dir an den Augen

ansehen, sie werden wissen, dass du das Gewehr gehalten hast, dass du geübt hast, für die Revolution zu kämpfen. Denk daran, was ich gesagt habe … Sie werden ja *so* nett zu dir sein, die Marionetten da draußen. Geh nur zu ihnen rauf. Dann werden wir ja sehen, ob du wieder zu mir zurückkommst.«

»Ich will da raus«, schrie das Kind. »Ich will.«

»Dann geh«, sagte O'Grady. »Ich will, dass du gehst. Geh und schicke mir diesen fetten Kerl her. Du gehörst jetzt zu meiner Truppe. Du kennst jetzt die Wahrheit. Sie werden es sehen. Die Marionetten können so was.«

Die Kleine zögerte verwirrt. Sie war jetzt nicht mehr so entschlossen, sie fühlte sich klein, einsam, ängstlich. O'Grady schob sie sanft in Richtung Ausgang und wiederholte seine Order. Schließlich ging sie zur Treppe und verschwand im Licht der Polizeischeinwerfer.

Als sie weg war, stieß der Geiselnehmer ein Wutgebrüll aus. Er ging zu den Drähten, die an der Wand klebten. Mit verzerrtem Gesicht und zitterndem Arm hob er die Batterie auf, hielt dann inne. Nach einer knappen Minute tat er einen tiefen Seufzer, der in leises Schluchzen überging. John Wayne O'Grady lehnte sich an die Wand, rutschte weinend zu Boden.

Neben sich das ungeladene Gewehr.

Freda Opperman

Ich frage mich, was John Wayne O'Grady dazu brachte, gerade eine Barrett zu wählen. Es gab doch jede Menge Gewehrmarken – Winchester, Remington, Beretta, SKB –, alle meisterhaft gearbeitet, alle aus erstklassigen Materialien. Alle nach präzisen Normen gefertigt, alle mit demselben Geruch nach Stahl und Waffenöl.

Mein Balsaholz-Werkstück kommt jetzt gut voran, und ich bin erstaunt, wie leicht es noch nach so vielen Jahren ist, eine Form zu reproduzieren. Die Kerle interessieren sich mittlerweile für mein Tun, diskutieren unter sich, was das wohl werden soll. Einige von ihnen erinnern sich noch, wie ich früher hier war und hinter dem gekrümmten Rücken meines Vaters still vor mich hin schnitzte, wie nichts zu hören war außer dem Schrapp-Schrapp-Schrapp meiner Klinge. Sie schütteln die Köpfe, befürchten, ich könnte da etwas Schlimmes fabrizieren. Was soll ich ihnen sagen? Die Bewegungen, die ich mit der Ziehklinge mache, folgen einem geheimen Code, der irgendwo tief in meinen Muskeln steckte, eingesperrt, all die Jahre in mir gefangen. Das ist nicht die Art Spiel, die brave Mädchen spielen.

Ich halte einen Moment inne, betrachte mein Werkstück, und es raubt mir erst mal den Atem. Es ist ein schönes Ding, so schlicht und streng, ohne jeden Zweifel, wozu es da ist, was es zu tun hat. Ich nehme ein Stück grobes Sandpapier von Dads Werkbank und beginne mein Werkstück damit zu bearbeiten, jeden Rest von Kantigkeit wegzuschmirgeln, die beiden übereinandersitzenden Rundungen hervorzubringen, die es erst wirklich echt aussehen lassen.

Die Kerle gucken jetzt todernst, was nicht unkomisch ist, weil sie ja tot sind. Sie murmeln mit Geisterstimmen, die ich zum Glück nicht hören kann. Ich hatte gehofft, sie würden verstehen, was ich hier mache, aber sie sehen offenbar nur die Oberfläche meines Tuns, nicht das Herz und die Seele darunter. Ich lasse endlich einem langgehegten Wunsch freien Lauf. Das ist das Ende meiner Entdeckungsreise.

Ich löse mein Werkstück aus dem Schraubstock und spanne ein zweites Stück Balsaholz ein. Ich muss das Ding in zwei Teilen schnitzen und sie dann zusammenleimen, um die nötige Länge zu erzielen. Ich halte inne, gucke auf die Wanduhr meines Vaters. Gleich Mitternacht. Und kalt. Ich mache Feuer im Werkstattofen, bringe das Häufchen stumpfer Kohlen mit Papier und etwas Reisig zum Glimmen, werfe dann immer mehr Zeug hinein, Holzabfälle, Balsaspäne von meiner Schnitzerei, alles, was brennt, bis sich eine angenehme Wärme verbreitet.

Draußen hält ein Auto. Ich knipste das Deckenlicht aus und sitze ganz still im Dunkeln. Schritte nähern sich. Jemand steht am Garagentor und horcht. Es gibt kein Fenster zur Straße, also kann derjenige nicht wissen, dass ich hier bin. Vielleicht ist es ja meine Mutter. Vielleicht ist es auch William, den sie ausgeschickt hat, mich zu suchen. Schließlich gibt derjenige auf und geht zu dem Wagen zurück. Ich höre den Wagen wegfahren, bleibe aber noch im Dunkeln sitzen. Bald darauf fährt ein Wagen vorbei. Vielleicht ist es ja derselbe. Ich weiß es nicht.

Plötzlich bin ich ganz erschöpft und schließe die Augen. Die Müdigkeit überkommt mich, die Ofenwärme lässt mich eindösen. Ich wache wieder auf, viel weicherer Stimmung jetzt, und knipse das Licht an. Das Balsaholz ist immer noch im Schraubstock, es wartet auf mich. Endlich stehe ich auf. Streiche darüber. Erinnere mich an Dinge, an die ich schon lange nicht mehr gedacht habe. Ich weiß nicht, ob ich dem jetzt gewachsen bin, aber ich weiß auch, dass ich nicht aufhören kann.

Ich mache mich an den zweiten Teil der Schnitzerei. Diese Form ist schwieriger, kompakter, verwinkelter und erfordert Konzentration. Die Uhr sagt mir, dass es ein Uhr morgens ist, keine gute Zeit, um sich zu konzentrieren. Als ich diesen Teil so weit habe, ist es kurz vor halb drei, und ich sitze eine ganze Weile todmüde da und betrachte mein Werk.

Dann schlafe ich ein und wache wieder auf. Ich nehme die beiden Teilstücke und bohre Löcher hinein, leime Holzdübel in die Löcher zur Verstärkung. Es macht sich bezahlt, dass ich meinem Vater all die Jahre zugeschaut habe. Ich verleime die beiden Teile. Ich schlafe wieder ein. Als ich wach werde, ist es halb fünf, und noch immer kommt kein Licht durch die Fenster. Ich nehme meine Balsakonstruktion aus dem Schraubstock, halte sie vor mich, schaue an ihr entlang, um zu prüfen, ob der Doppellauf echt aussieht. Dieses Gewehr ist kerzengerade und gut gemacht, aber es wird nie einen Schuss abgeben. Und darin ist es genau wie O'Gradys Flinte. Ein Schaustück, zum Imponieren und Einschüchtern, aber nicht dazu gedacht, wirklich einen Schuss abzugeben.

Darin besteht seine Echtheit.

Die Kerle sind auch wach geworden und scheinen niedergeschmettert, entsetzt, dass »ihre« Werkstatt für so etwas benutzt wurde. Ich nehme ein Töpfchen Beize vom Bord meines Vaters und reibe sie in den Schaft meines Gewehrs, das zweite Teilstück meiner Schnitzerei. Verleihe ihm eine schwere, sattbraune Textur, die es eigentlich gar nicht hat. Die Beize lässt das Holz robust und beständig wirken, gibt ihm etwas Massives. Ich reibe meinem Pseudogewehr Tradition ein, die Erinnerung an Tausende, Millionen Schüsse, die Menschen in aller

Welt getötet, verkrüppelt, in Angst und Schrecken versetzt haben.

Die Jungs sind jetzt sichtlich alarmiert, tun ihr Möglichstes, mich am Weitermachen zu hindern, aber ihre Hände greifen durch meinen Körper hindurch. Sie kapieren doch wohl, dass man die Vergangenheit nicht aufhalten kann? Dass sie ein immenses Gewicht hat, eine unüberwindliche Macht, die die stolzesten Männer in die Knie zwingt, die gebrechlichsten alten Frauen in Hysterie versetzt und die schwächsten Kinder in eine Angststarre, die sie den Bezug zur Realität verlieren lässt.

Ich war erst neun. Gefangen an einem schrecklichen, kalten Ort, wo mir immer wieder erklärt wurde, ich sei ganz allein. Ich war im Trudeln, suchte verzweifelt nach etwas, woran ich mich klammern konnte. Das eigene Denken spielt einem seltsame Streiche, wenn man in einem solchen Zustand ist. Es spiegelt einem Licht vor, das gar nicht da ist, Fantasien, die sich nie erfüllen werden, Zauberkräfte in ganz gewöhnlichen Dingen.

Wie etwa Gewehren.

Der Schaft ist jetzt gebeizt, aber der Lauf ist weißlich, sieht aus wie Weichholz, nicht wie Metall. Ich seufze vor Enttäuschung, weil es so eine erbärmliche Imitation ist. Als die versammelten Geister das ebenfalls erkennen, zeigen sie lachend auf meinen milchweißen Gewehrlauf. Das Mädchen ist eine Pfuscherin.

Ach, das erheitert euch, was? Aber vielleicht bin ich ja noch gar nicht fertig. Es muss hier doch etwas geben, womit ich diesem Lauf einen matt-metallenen Schimmer verleihen kann.

Ich suche in der Werkstatt herum, aber da mein Vater Möbeltischler ist, hat er keine Lackfarbe, nur Beize, Schellack und Wachs. Die Kerle grinsen jetzt höhnisch.

Sie haben ja keine Ahnung. Ihr Gebiet sind Schubladen, Türen und fein verzahnte Holzverbindungen. Ich komme aus einer anderen Welt. Einer Welt, in der eine Neunjährige gefährliche Spiele spielen muss, um zu überleben.

Furchtbare Spiele.

Getrieben stehe ich auf, nehme ein leeres Glas und gieße Beize hinein. Dann bücke ich mich, klaube dreckiges Sägemehl vom Werkstattboden und rühre es in die Beize. Doch als ich den Lauf mit der Mixtur einreibe, ergibt es nur wieder eine braune Holzfarbe, und das Ganze sieht jämmerlich aus. Ich werfe das Gewehr auf den Boden und breche vor Verzweiflung und Erschöpfung in Tränen aus. Ich sehe wieder die Sterne, ihr hartes, helles Funkeln. Ich sehe *sie* auf ihrem langen, einsamen Gang nach oben. Die verlorene kleine Freda, die verängstigte kleine Freda, so ein krasser Gegensatz zu der Kämpferin, die ein Cowboy sein wollte. Einfach nur ein kleines Mädchen mit zwei Rattenschwänzen, das dachte, vielleicht wäre dort jenseits der Tür ein Hoffnungsschimmer. Aber da waren nur die Marionetten.

Ich hebe mein Werk wieder auf, durchsuche noch einmal die Borde meines Vaters und finde ein Fläschchen Maschinenöl. Das muss es tun. Mit einem alten Lappen färbe ich meinen Gewehrlauf. Jetzt sieht er schon eher aus wie Stahl, wie etwas, das einem Mann den Kiefer zertrümmern kann. Das einem empfindlichen Brustkorb einen bösen Stoß versetzen kann. Mein metallener Lauf muss kalt sein, ohne Zaudern meinem Befehl gehorchen. Ein Gewehr interessiert sich nicht für Ideologien. Es dient jedem Herrn und jedem Ziel, und sei es noch so vage oder korrupt.

Es wird mir dienen.

Ich färbe den Lauf fertig und lege das Gewehr an, befriedigt, dass es O'Gradys Barrett so ähnlich sieht, wie ich es nur hinkriegen kann. Die Jungs kehren mir jetzt, als letzte Form des Protests, den Rücken zu. Ich richte das Gewehr auf sie, aber sie beachten mich gar nicht.

»He!!«, rufe ich. »He!«

Langsam drehen sie sich um. Ihre halb transparenten Gesichter sind traurig.

»Ihr wollt mir sagen, was ich hätte tun sollen!«, sage ich. »Wart ihr je in meiner Situation? Nein, wohl kaum. Ich sage euch, man hat wirklich keine große Wahl, wenn man denkt, man muss sterben. Also verkneift es euch, über mich zu urteilen!«

Sie zucken die milchigen Achseln, befinden vielleicht, dass ich sowieso nicht mehr zu erreichen bin. An einem Ort gefangen, wo ich sie nicht mehr höre. Ich setze das trotzigste Gesicht auf, das ich zustande bringe, und wende mich jäh ab.

Jemand wird kommen. Jemand wird mich mit diesem Ding hier finden und es mir abnehmen wollen.

Ich knipse alle Lichter in der Werkstatt aus, bis auf das winzige Lämpchen auf Dads Schreibtisch. Es müht sich, den Raum zu erhellen, erzeugt ein Schattenreich um mich herum. Ich bin jetzt bereit … im Halbdunkel.

Ich setze mich auf einen hohen Hocker, der Tür zugewandt, und warte. Minuten vergehen, zehn, fünfzehn, ich zähle sie nicht. Schließlich höre ich draußen ein Geräusch. Ein leises Knarren, dann geht die Werkstatttür auf, und die unverwechselbare Teddybärengestalt steht in der Öffnung. Er bleibt einen Moment so stehen, wartet, bis sich seine Augen an das Dunkel gewöhnen. Er sieht schemenhafte Umrisse von Werkbänken, Holzstücken, Werkzeugen … und dann sieht er mich mit meiner Barrett. Ich stehe da und ziele auf seine Brust. »Ein Mucks«, sage ich drohend. »Und ich erschieße dich.«

Die Wirkung ist spektakulär.

William fährt, wie von einem unsichtbareren Schlag getroffen, zurück, nur um gegen den Türrahmen zu krachen und sich den Kopf anzuschlagen. Taumelnd starrt er wieder auf meine Barrett, fällt dann auf die Knie, schluchzt unkontrollierbar. In seiner Hysterie höre ich ihn sagen: »Bitte … nicht … ich bin ganz brav … tu mir nichts …«

Und ich weiß, mein Albtraum hat gerade erst begonnen.

Klein Freda auf der Treppe

Als die absolute Erschöpfung über sie kam, als alle Wut, alle Angst und aller Horror vor den Marionetten von ihr gewichen waren, überkam sie ein Gefühl der Ruhe. Da draußen waren so viele Männer. So viele Gewehre. Bald würde es einen Kampf geben. Der böse Mann würde gewinnen. Das hatte er ihr gesagt. Er wusste alles.

Auch das hatte er gesagt.

Sie konnte nicht glauben, wie einfach alles war. Einfach nur auf den bösen Mann hören. Das kleine Mädchen, das sich gewünscht, dafür gebetet, sich danach gesehnt hatte, bei den Menschen da draußen zu sein, blieb in dem harten, hellen Gleißen der Scheinwerfer zurück, bis es nur noch eine Aura aus Licht war.

Jetzt war das Ringen vorbei.

Die kleine Freda O. drehte sich um, wandte sich wieder dem dunklen Ort dort unten zu, dem Weg nach draußen. Sie sah den Manager zusammengesackt an der Wand lehnen. Er hasste sie. Das wusste sie.

»Sie sollen zu ihm kommen«, fauchte sie ihn an und stieß ihm die Finger in die Rippen, wie es der böse Mann sie gelehrt hatte.

Der böse Mann.

Als sie die Stufen wieder hinunterging und der Manager sich neben ihr erhob, hörte sie hinter sich ein schwaches Kratzen. Fingernägel an Glas vielleicht? Oder Sonntagsschuhe, die am oberen Ende der Treppe scharrten? Sie ließ das Geräusch hinter sich verschwinden, bis nur noch die kalte, schale Luft von unten ihre Sinne erfüllte.

Dann ging sie zurück an den dunkelsten aller Orte.

John Wayne O'Grady

Der Manager und das Mädchen starrten den Bewaffneten an.
Auf dem Weg die Treppe hinunter waren sie mit ihren eigenen Gedanken beschäftigt gewesen, ihrer jeweiligen Reaktion

auf das, was sie dort im harten Licht der Polizeischeinwerfer erlebt hatten. Als sie wieder ins Dunkel des Restaurants eintauchten, stand plötzlich O'Grady mit angelegtem Gewehr vor ihnen und zielte auf ihre Köpfe.

»Wenn ich abdrücke«, sagte John Wayne O'Grady mit irrem Blick, »seid ihr tot. So einfach ist das. Ihr fallt um und seid tot. Willst du, dass ich dich erschieße, Manager?«

Theo Constantine sah langsam zu dem Bewaffneten auf; ein tiefer Schock- und Verleugnungszustand verzögerte seine Reaktionen. Er war auf der Treppe zusammengesackt, und dann waren seine Gedanken zu einem Moment zurückgewandert, in dem er sehr glücklich gewesen war. Er saß wieder in seinem Wagen und fuhr zu seiner Freundin, genoss das nervöse Kribbeln im Magen, die lustvolle Erregung, während er die kurvige Strecke bewältigte. Sie war nett. Er war auf dem Weg zu ihr. Die Morgensonne sengte langsam die Kälte weg, im Radio kam sein Lieblingssong, und auf dem Sitz neben ihm knisterten die Blumen in ihrer Zellophanhülle. Er war glücklich … genoss das Kribbeln … lauschte dieser Stimme … im Radio?

Constantine sah sich im Restaurant um. Was war los?

»Was ist?«, polterte O'Grady. »Soll ich dich erschießen?«

Auf dem Restaurantfußboden lag ein umgekippter Stuhl. Wie war das passiert? In der Luft lag ein schaler, muffiger Geruch. Was zum Teufel lief hier ab? Er sah dem Bewaffneten in die Augen, wurde sich der Situation bewusst. Dann drang die schreckliche Frage zu ihm durch.

»Nein«, sagte Constantine rau und tonlos. »Ich will nicht sterben.«

»Das hab ich mir gedacht. Und du, Schätzchen?«, fragte O'Grady und schwenkte das Gewehr auf Freda. »Willst du sterben?«

Die Kleine schüttelte heftig den Kopf, die Augen weit aufgerissen. Sie atmete kurz und flach.

»Natürlich nicht«, sagte O'Grady. »Und werde ich dich mit diesem Gewehr hier erschießen?«

Jetzt lächelte das Mädchen, und ihre Anspannung löste sich, als sei ihr gerade die Antwort auf eine Scherzfrage eingefallen. Sie schüttelte den Kopf und sagte zu O'Grady: »Kannst du gar nicht.«

»Genau, Schätzchen«, sagte er. »Kann ich nicht.« Er nahm das Gewehr herunter und lächelte sie beide an. »Dann verstehen wir uns ja. Ich bin der Kommandeur. Ich gebe die Befehle. Bei mir gibt es keinen Widerspruch. Was ich sage, wird ernst genommen.«

Constantine nickte enthusiastisch. Er wischte sich übers Gesicht, wunderte sich, wieso es speichelfeucht war, schüttelte sich dann, wie um einen Albtraum abzuschütteln.

Das Kind ging zu O'Grady und sah ihn an. Es war so klein. Der Bewaffnete legte dem Mädchen in einer Geste falscher Väterlichkeit die Hand auf die Schulter, und seine Augen wurden feucht.

»Ich hab sie gesehen«, sagte die Kleine. »Da draußen.«

»Du hast die Marionetten gesehen? Und wollten sie, dass du rauskommst, um mit ihnen zu spielen?«

»Ja«, antwortete sie.

»Und du bist trotzdem zurückgekommen?«

Das Mädchen nickte.

»Dann bist du wahrhaft bereit. Und ich habe etwas bewirkt. Das macht mich froh. Aber jetzt ist es so weit. Ich werde jetzt gehen.«

Constantines Augen leuchteten auf, als der Mann vom Gehen sprach, aber die Kleine zuckte zusammen, als hätte sie eine Ohrfeige gekriegt.

»Du gehst weg?«, fragte sie. »Aber … was passiert dann?«

»Keine Angst, Schätzchen. Es geht schon alles gut …«, sagte O'Grady.

»Nein!«, schrie sie. »Du musst mich mitnehmen …«

Der Manager packte die Kleine unsanft am Arm und zog sie von O'Grady weg, als könnte er sie aus dessen Bann befreien, indem er sie räumlich von ihm entfernte. »Du weißt nicht, was du tust«, sagte Constantine.

Die Kleine wirbelte herum und schlug Constantine in den Bauch. »Er darf nicht weggehen!«, rief sie. »Und ich?«

»Du bleibst hier bei mir …«

»Ich hasse Sie!«

Der Geiselnehmer sah die Kleine an, sah ihre traurige, einsame Miene, die Verlorenheit, die aus ihrer Körperhaltung sprach, sah, wie sie zu schluchzen begann.

»Du willst nicht, dass der alte John Wayne O'Grady weggeht?«, sagte er.

Sie schüttelte den Kopf und sagte: »Du sollst mich nicht hier lassen.«

»Na ja, ich könnte dich wohl schon mitnehmen …«

»Nicht«, zischte Constantine. »Du verstehst nicht, was er meint. Bleib einfach hier, dann wird alles gut. Deine Eltern werden kommen …«

»Die sind tot!«, schrie das Kind.

»Sie sind nicht tot …«, hob Constantine an, kam aber nicht weiter. Kalter, harter Stahl an seinem Ohr setzte der Debatte mit dem Kind ein jähes Ende. Er brauchte sich nicht umzudrehen, um zu wissen, dass O'Grady ihm die Mündung an den Kopf hielt.

»Lass sie«, sagte O'Grady.

Constantine gab klein bei. »Hey, Entschuldigung. Alles klar. Wenn Sie mit Ihnen gehen will, meinetwegen gern. Aber nehmen Sie das Gewehr runter, okay?«

Die Kleine starrte ihn an, lachte dann laut los. »Du bist ja so ein Angsthase«, sagte sie höhnisch. »Hast Angst vor John Waynes Gewehr. Angsthase, Angsthase …«

»Halt dein dreckiges kleines Maul«, zischte Constantine.

»Hey, hey, Theo«, sagte O'Grady grinsend. »Immer schön höflich bleiben.«

Constantine starrte sie beide an, mit einer Grimasse des Abscheus. »Was zum Teufel haben Sie mit ihr gemacht?«, flüsterte er.

»Kapierst du's nicht, Theo?«, sagte O'Grady. »Du bist hier das fünfte Rad am Wagen. Du bist der Junge auf dem Schulhof, mit dem keiner spielen will. Du bist der Restaurantmanager, der das Personal zur Weißglut treibt. Du bist nicht erwünscht.«

»Hey, ist ja gut«, sagte Constantine und hob die Hände. »Wenn sie mitwill, alles klar. Lassen Sie mich da draußen …«

»Und *wie* sollte ich dich deiner Meinung nach da draußen lassen, Theo?«, fragte O'Grady mit einem schrecklichen Grinsen.

Constantines Blick huschte von dem Mann zu dem Gewehr. »Was soll das?«, fragte er.

»Wieso einen guten Genossen vergeuden, hm?«, höhnte O'Grady. »Wer weiß? Die Männer und Frauen dort in den Toiletten könnten ja eines Tages noch zur Vernunft kommen und sich der Revolution anschließen. Du dagegen bist absolut nutzlos.«

»Hören Sie«, improvisierte Constantine. »Tut mir leid, wenn ich Sie geärgert habe. Ich werde Ihnen bestimmt nicht im Weg stehen, wenn Sie gehen wollen ...«

O'Grady lachte, als hätte der Manager einen wahnsinnig komischen Witz gemacht. »Da irrst du dich aber gewaltig. Du wirst mir im Weg stehen. Ich will dir sagen, wozu du gut bist, Theo. Du bist der geborene Schutzschild. Hoffen wir nur, dass den Bullen da draußen nicht nach Schießübungen zumute ist.«

O'Grady beugte sich vor, um Constantine zu packen, und dem Manager ging auf, was er vorhatte.

»Nein!«, schrie Constantine und rannte zur Lagerraumtür.

O'Grady brüllte: »Stehen bleiben!«, aber der Manager befolgte keine Befehle mehr. Der Geiselnehmer stürzte hinter ihm her, hatte ihn mit seinen langen Beinen in wenigen Sätzen eingeholt. Sie erreichten die Tür gleichzeitig, aber Theo bekam sie noch einen kleinen Spalt auf, ehe O'Grady dagegendrückte.

»Benimm dich«, zischte der Geiselnehmer.

»Nein«, keuchte Constantine, schaffte es wegen seines größeren Körpergewichts, die Tür weiter aufzuzerren, und quetschte sich durch den Spalt.

Unter O'Gradys Druck knallte die Tür hinter Constantine zu, und man hörte, wie drinnen ein Schlüssel im Schloss gedreht wurde.

»Scheiße!«, brüllte O'Grady. »Verdammte Scheiße!«

Er hämmerte gegen die Tür. »Glaub mir«, brüllte er dem eingeschlossenen Manager zu. »Ich schieße! Ich bin wütend genug!«

Keine Reaktion. Er stapfte hin und her, blieb immer wieder stehen, um den Manager durch die Tür anzuschreien, aber von drinnen kam gar nichts.

»Ich tu's! Ich tu's wirklich!«, brüllte er.

Keine Antwort.

»Ich tu's!«

Schweigen.

Dann war da ein Stimmchen neben ihm, so resolut, dass beide Männer es deutlich hören konnten.

»Tu's doch«, sagte die Kleine. »Ist doch egal.«

FREDA OPPERMAN

Ich wusste bis jetzt nicht, wie es sich anfühlt, mit einem Gewehr auf jemanden zu zielen. Klar, ich habe O'Gradys Gewehr gehalten und herumfantasiert, aber das ist nichts im Vergleich. Bis jetzt war ein Gewehr für mich auch nicht viel mehr als ein Zeigefinger, ein Stock, ein Kleiderbügel, der auf Kommando losballert und nie daneben trifft.

PENG. Du bist tot.

Du bist tot, William, ein toter Mann. Hast du das kapiert?

Das hier ist so anders als meine kindlichen Fantasien. Diese verbesserte Ausgabe eines Stocks hat ihr tödliches Netz über uns beide geworfen. Wir sind Gefangene einer unsichtbaren Bedrohung, die uns aneinander fesselt, als schwache Menschenwesen, als wehrlose Aufnahmegefäße für Wut, Scham, Aggression. Wir sind der Zwischenraum zwischen meinem Abzugsfinger und seinem Zurückzucken, zwischen meiner Stimme und seiner Panik. Ich bin jetzt alles für ihn. Sein Leben, sein Tod … sein Gedankeninhalt.

Ich habe seine volle Aufmerksamkeit.

William sagt mir Tausende von Dingen, sagt sie mit seinen tiefen, braunen Teddyaugen. Er fleht, ist im nächsten Moment wütend. Er ist traurig, dann empört, einsam, verletzlich.

Ich fühle mich innerlich zerrissen, abgestoßen von dem, was ich tue, angewidert von der Macht, die dieses Gewehr ausübt, und bin gleichzeitig total erregt. William steht jetzt wieder mit dem Rücken am Rolltor, atmet nun so heftig, dass er zu hyperventilieren droht. Armer Mistkerl, armes Jungchen. Ganz ruhig bleiben, William. Ist ja gut.

»Alles in Ordnung«, sage ich.

»Was zum Teufel soll das heißen?«, ruft er, ohne den Blick von dem Holzlauf zu lösen, der im Halbdunkel so echt aussieht.

»Ehrlich, dir passiert nichts.« Ich bemühe mich um einen beruhigenden Ton, aber sobald ich den Mund aufmache, scheint seine Panik nur noch größer zu werden.

Also nehme ich das Gewehr herunter. Ich lehne es vorsichtig gegen den Hocker, gehe dann zu ihm hin. »Ist ja gut, William«, sage ich und lege ihm die Hand auf die Schulter.

Er starrt mich an, immer noch verängstigt. Er forscht kurz in meinen Augen, dann verzieht sich sein Gesicht zu einer grimmigen Fratze. Mir bleibt höchstens eine Sekunde, um zu reagieren. Zu meinem Gewehr zurückzuhechten, ehe er es sich schnappt.

Wir agieren gleichzeitig, ich, indem ich herumwirble und die Hand nach dem Gewehr ausstrecke, er, indem er mich an meinem Oberteil packt, um mich zurückzuzerren.

»Weg da!«, schreie ich und trete nach ihm.

»Biest!«, schreit er, und mein Top zerreißt mit einem schauderhaften Geräusch. Weil der Stoff nachgibt, habe ich den Spielraum, das Gewehr zu greifen, es herumzuschwenken und ihm so dicht vor die Nase zu halten, dass er nicht zu erkennen vermag, was es damit auf sich hat.

»Lass mich los, du Dreckskerl, bevor ich dir die Birne wegpuste.«

Es wirkt prompt. William lässt los, und ich richte mich blitzartig auf, sehe den schieren Hass in seinen Augen. Oh ja, jetzt sind wir wieder in der Ausgangsposition.

»Aufstehen«, kommandiere ich. »Wird's bald!«

William richtet sich langsam auf, den Blick auf meine Balsaholzwaffe geheftet. Seine Beine sind wie aus Gummi.

»Rüber zu dem Tisch da.«

Ich treibe ihn zu Dads Arbeitstisch, zwinge ihn, wie eine Marionette auf den Stuhl zu sacken und sich still zu verhalten. Dann gehe ich die Werkstatttür zumachen, schließe sie ab und stecke den Schlüssel ein. Jetzt sind wir ganz allein, Teddybär und Freda, allein mit dem Gewehr und den verschreckten Geistern in der hinteren Ecke.

»Zeit, dass wir beide mal ein paar Dinge klären.« Ich keuche noch von dem Kampf um das Gewehr.

»Ja«, sagt er. »Ich weiß.«

»Warum hast du mich aufgespürt, William? Das war doch wohl der Grund, warum du meine Mutter gefragt hast, ob du mich interviewen könntest. Und deshalb hast du in meiner Vergangenheit herumgeschnüffelt und das mit Shelley herausgefunden und weiß der Himmel was noch alles. Also, warum?«

»Um dich endlich dazuzubringen, der Wahrheit ins Gesicht zu sehen«, sagt er.

»Oh, der Wahrheit.« Ich will es spöttisch sagen, aber es kommt nicht richtig heraus. Außerdem hat er dieses Wort nicht im selben Zusammenhang gehört wie ich. Er glaubt vermutlich immer noch daran. »Und was ist die Wahrheit, William? Dass ich irgendwie nicht so unschuldig bin, wie es scheint?«

»Was wirklich die Wahrheit ist, kann man nur raten«, zischt er. »Weil du so in deiner starren Selbstrechtfertigung gefangen bist, in deinen verlogenen Geschichten über das arme, unschuldige kleine Mädchen, das die Geiselnahme überlebt hat.«

»Ich war unschuldig!«, schreie ich.

Ich spüre eine leichte Luftbewegung hinter mir und weiß, die Jungs haben sich formiert. Sie sind in Stellung gegeangen, um mir zu Hilfe zu kommen, obwohl sie meine Methoden nicht billigen. Sie werden sich bestimmt nicht im Hintergrund herumdrücken und zulassen, dass jemand behauptet, ich sei nicht unschuldig.

William lächelt. So läuft das nicht. Es ist falsch, dass ich Fragen stelle. Ich bin schließlich diejenige mit dem Gewehr, auch wenn es nicht echt ist. Er ist zu mir gekommen, weil er etwas von *mir* will. Ich lasse diese Tatsache auf mich wirken, um mich zu beruhigen, wieder klar zu sehen. Er wird mir schon sagen, was er will, wird mir – zögernd oder auch durch unüberlegtes Herausplatzen – verraten, was ich wissen will.

Ich sage nichts. Ich werde zum Gegenteil dieses tobenden, schwafelnden Irren, der mich so lange gefangen gehalten hat. Ich bin still und zurückhaltend und merke bereits, wie es meinen Gefangenen irritiert. William zappelt nervös herum, versucht, ebenfalls zu schweigen, mich niederzustarren. Es ist ein stummes Kräftemessen. Wer wird zuerst nachgeben? Wer wird sich zum Sieger erklären? Nach ein paar langen Minuten setzt William sich etwas aufrechter hin, versucht befriedigt zu gucken. Es tut sich was.

»Mary O'Connor«, sagt er selbstgefällig und zählt an den Fingern seiner linken Hand einen Punkt ab.

Das ist eine gute Taktik, weil er das Schweigen mit etwas Rätselhaftem gebrochen hat. Ich muss entweder fragen, wer das ist, was William die Oberhand gibt, oder aber ich muss weiter schweigen, was jedoch verkniffen wirken würde. Ich seufze, um ihm zu bedeuten, dass ich die Taktik durchschaue, und sage: »Das ist wer?«

»Sie ist tot«, sagt William. »Sie war sechzig, als John O'Grady sie in diesem Restaurant gefangen hielt und in die Toilette sperrte. Sie hat sich nie richtig davon erholt und ist ein paar Monate später gestorben. Ihre Angehörigen haben nie jemanden verklagt.«

»Oh«, sage ich und lasse den Kopf hängen. Ich erinnere mich an die arme alte Frau. Sie war während der Geiselnahme die meiste Zeit ziemlich durcheinander, oder sie schlief. Und dann ist sie gestorben.

»Ken Farraday«, sagt William.

Oh, bitte. Ich weiß, worauf er hinauswill. William will mir ein schlechtes Gewissen machen, weil ich mich nie dafür interessiert habe, was aus meinen Mitgenossen geworden ist.

»Hör zu«, sage ich. »Spar dir die Aufzählung. Ich will nichts über diese Leute wissen. Sie sind auch lebend dort rausgekommen. Sollen sie ihren Scheiß doch selbst bewältigen. Ich muss mit zwei Toten fertig werden.«

»Ken Farraday«, wiederholt William.

»Ich will nicht wissen …«

»Ken Farraday …«

»Nicht noch einer, der tot ist!«, schreie ich.

»Langer Typ«, sagt William, der es genießt, dass ich keine Ahnung habe, welche meiner Mitgeiseln dieser Ken war. »Ex-Basketballer. Aber nur Amateur. Sein Leben schien sich nach der Geiselnahme ziemlich schnell wieder zu normalisieren. Er ging eine Beziehung mit einer anderen Geisel ein, Suzy Matic, die O'Grady mal als seine Freundin bezeichnet hatte. Sie kannten sich aber nur flüchtig, hatten sich in dem Restaurant getroffen, um über eine Geburtstagsparty für einen gemeinsamen Freund zu sprechen. Suzy und Ken heirateten zwei Jahre nach der Geiselnahme und bekamen vor sechs Jahren einen Sohn. Er ist auch groß, genau wie sein Vater, und verbringt jetzt die Samstagnachmittage damit, Blumen auf Kens Grab zu legen.«

»Oh, Gott«, sage ich. Mir dröhnt der Kopf von all diesen Informationen. »Warum? Was ist passiert?«

»Selbstmord«, sagt William sachlich.

»Du kleiner Scheißkerl. Das macht dir Spaß. Es törnt dich an, mir das Schicksal dieser Leute aufzutischen. Herrgott. Ich habe auch gelitten. Meinst du, ich würde nicht am liebsten noch mal dorthin zurückkehren und dafür sorgen, dass die ganze Sache anders ausgeht? Ich kann mich nicht mal erinnern, was da abgelaufen ist, du Arsch. Aber ich würde alles tun, um etwas daran zu ändern ...«

»James Barrowclough«, sagt William.

»Hör auf. Ich kann mich nicht erinnern.«

»James Barrowclough.«

Plötzlich kommt mir der Name bekannt vor. Ich habe ihn bei der gerichtlichen Untersuchung so oft gehört. Das war der Koch, der O'Grady überrumpeln wollte. Allein. Warum hat ihn eigentlich niemand unterstützt? Warum hatten wir alle solche Angst?

»Wer das ist, weiß ich«, sage ich. »Ich nehme an, er ist auch tot?« Ein grausamer Scherz, und ich bereue ihn schon in dem Moment, in dem er mir über die Lippen kommt. Zum Glück schüttelt William den Kopf, und ich entspanne mich in dem Wissen, dass James überlebt hat. Er war schon damals eine Kämpfernatur.

»Frührentner«, sagt William. »Wegen der schweren Verletzung, die ihm John Wayne O'Grady zugefügt hat. *Guardian Angel* hat einen Prozess angestrengt und eine Extra-Entschädigung für ihn erstritten. Erstaunt mich, dass du nicht einmal das weißt.«

Dieses kleine Ekel. Macht auch aus einer positiven Geschichte noch Kritik an mir. Wie soll ich etwas von James' Prozess wissen, wenn Nancy es nicht für nötig befunden hat, mir davon zu erzählen? Vielleicht ist das ja der Sinn des Ganzen? William führt mir vor, dass mein Leben so lange von N.O. gemanagt wurde? Aber das weiß ich doch schon. Oder läuft es darauf hinaus, dass Freda Opperman, die Hoffnung der Nation, gleichgültig und hartherzig gegenüber denen war, die mit ihr gelitten hatten?

Dann fällt mir die Akte aus Nancys Büro wieder ein, über diese Leute, denen so viel Güte zuteilwurde. N.O. hat gesagt, es seien keine fremden Menschen, und plötzlich weiß ich genau, wer diese Leute waren.

»Die Opperman-Stiftung«, sage ich. »Diese Leute haben Geld aus der Opperman-Stiftung bekommen.«

»Meinst du, Geld hat da wirklich etwas genützt?«, fragt William. »Sie alle mussten zugucken, wie die Zeitungen dich fotografierten und über dich schrieben und deine Rolle bei der Geiselnahme festlegten. Die Medien haben dich freigesprochen, du warst das arme Unschuldslamm, das diesem ganzen Wahnsinn hilflos ausgeliefert war. Meinst du nicht, Ken Farraday hätte auch so einen Freispruch brauchen können, wenn er in seinen finsteren Depressionen versank? Suzy hat ihn in die Arme genommen, ihn beruhigt, ihm gesagt, er sei völlig okay, aber er hatte aus diesem Restaurant eine abgrundtiefe Scham mitgebracht, und dagegen halfen keine guten Worte. Glaubst du nicht, wenn er als Held aus der Sache hervorgegangen wäre, hätte er diese Scham vielleicht überwinden können? Er war einer der vielen Männer dort unten.

Sie waren in der Überzahl, und doch ließen sie sich alle von O'Grady in die Toilette sperren. Farraday erhielt keine Absolution, so wie du. Warum zum Teufel haben sie O'Grady nicht einfach überwältigt? Wenn jemand James geholfen hätte, hätten sie's vielleicht geschafft.«

»Das konnten sie nicht«, sage ich. »Niemand hätte das gekonnt. O'Grady war zu stark. Guck doch, wie es James ergangen ist …«

»Sie hätten es doch versuchen können«, schreit er. »Warum haben sie's nicht versucht?«

William fängt an zu schluchzen, und ich gucke weg. Irgendwo lauert da eine Wahrheit, aber ich will sie nicht erfahren. Ich habe Angst vor dem, was sie entfesseln könnte. Als ich mich zu meinem Gefangenen zurückdrehe, sehe ich in ihm wieder das, was mir das Herz bricht, dieses Weiche, das der Nährboden für Träume sein könnte. William starrt mich an, das tränenüberströmte Gesicht hart und ausdruckslos.

»John Blake«, sagt er schließlich.

»Wer?«, sage ich, sauer, weil das Spiel wieder losgeht.

»Ein Vietnam-Veteran. Eine der Geiseln.«

Ich stöhne. »Nicht noch mehr«, sage ich.

William ignoriert meinen Protest.

»Bei John scheint die Geiselnahe die geringsten Spuren hinterlassen zu haben«, sagt er. »Er gehörte einer Veteranenvereinigung an und ging zurück zu seinen Kameraden, die im Krieg Schlimmeres mitgemacht hatten. In seinen Augen war das Ganze vermutlich ein Spaziergang. Aber weißt du, was ich denke? Er hatte eine »Familie«, die wusste, wie sie ihm helfen konnte, weil alle solche Scheißsituationen erlebt hatten. Eine wahre Familie. Ben McAllister und Paul Reisingham hatten so was Ähnliches. Das waren die beiden Typen, die am Wochenende als Küchenhilfen im Family Value arbeiteten. Paul nahm sich ein Urlaubssemester, um zu reisen, und begegnete in London zufällig Ben, der gerade als freiwilliger Helfer zu einem Hilfsprojekt in West-Somalia wollte. Aus einer spontanen Laune heraus ging John mit, und sie waren beide die letzten sieben Jahre bei Hilfsorganisationen in aller Welt, von Bosnien bis Ost-Timor, um etwas für die Notleidenden zu tun.«

William sieht mich vielsagend an, weil er so gut wie ich um Theo Constantines berühmte »letzte Worte« weiß.

»Okay«, sage ich. »Sie haben also ein gutes Leben aus all dem gemacht. Sag mir doch mal genau, was das ist, weil ich jetzt schon fast zehn Jahre nach dieser Antwort suche und sie immer noch nicht gefunden habe. Meine Mutter versteht darunter, so viel wie möglich für andere zu tun, deren Problemen mit Geld abzuhelfen, aus ihren geheimen Fonds. Und wenn ihr jemand in die Quere kommt, walzt sie ihn nieder. Hat sie jemals einen Gedanken darauf verschwendet, wie das für die Konzernmanager und ihre Familien war, wenn die Medien herumposaunten, was diese Leute für Schweine sind? Ist das ein gutes Leben? Vielleicht hätte ich einfach gar nichts tun sollen.«

»Aber du hast in der Nacht damals nicht *gar nichts* getan!«, brüllt William und will wieder aufstehen, bis ich mit dem Holzgewehr fuchtle. Da lässt er sich wieder auf seinen Stuhl zurückfallen. »Du hast nicht einfach nur dagestanden und zugeguckt. Die anderen waren alle in den Toiletten. Sie haben

Sachen gehört ... Ich habe mit ihnen geredet. Sie haben Sachen gehört, auf die sie sich keinen Reim machen konnten ...«

»Das ist nicht wahr!«, schreie ich. Mir bleibt wieder die Luft weg, und ich muss ein paar Sekunden nach Luft schnappen und meinen Brustkorb umklammern, ehe ich wieder darauf vertrauen kann, dass meine Lunge tut, was sie soll. Dann sage ich: »Es wäre doch bei der Untersuchung herausgekommen ... Sie hätten doch gesagt ... das ist alles bloß erfunden, du kleiner Idiot.«

»Es *ist* wahr«, sagt William, die Selbstgerechtigkeit in Person.

»Wie kannst du dir anmaßen, auch nur zu ahnen, was in dieser Nacht passiert ist?«, frage ich. »Du bist doch nur ein erbärmlicher kleiner Wichser, der mit ehemaligen Opfern redet, der mit einer Namensliste von toten oder nicht-toten Leuten durch die Gegend rennt. Was ist mit dir los? Bist du so eine Art Katastrophentourist? Törnt es dich an, Leute zu sehen, die traumatische Dinge erlebt haben? Was zum Teufel willst du?«

»Ich will es *wissen*«, sagt William und schnappt sich einen Schraubenzieher, den jemand achtlos auf Dads Arbeitstisch hat liegen lassen. Er hält den Griff in seiner fleischigen Faust, fuchtelt mit der Kreuzspitze in meine Richtung. »Ich verstehe, was diese Leute nach der Geiselnahme durchgemacht haben. Jedes kleinste Detail ist ein Geheimnis, das nur sie kennen. Ich verstehe sie vollkommen.«

»Du verschwendest mit mir nur deine Zeit, William. Wenn du von mir irgendwelche Enthüllungen erwartest, muss ich dich enttäuschen. Ich erinnere mich an nichts. Ich will es auch nicht versuchen ...«

»Du erinnerst dich an die Treppe …«

»Nur weil … weil …« Meine Stimme verliert sich, als mich der Horror, der sich mit der Treppe verbindet, noch einmal durchdringt.

William spielt mit dem Schraubenzieher herum, wirkt von Sekunde zu Sekunde selbstsicherer. Ich bewege das Pseudogewehr ein wenig, nur um ihn daran zu erinnern, dass es da ist, und er jagt die Schraubenzieherspitze in die Oberfläche der Werkbank.

»Holz ist so weich«, murmelt er. Dann zieht er den Schraubenzieher wieder heraus und wirft ihn wie ein Wurfmesser auf den Boden, aber der Schraubenzieher schliddert einfach nur unter meinen Hocker und verschwindet dort im Schattendunkel.

»Guck dich doch an«, sagt William. »Du bist total eingefroren. O'Grady hat dich eingefroren. Er hat all diese Menschen eingefroren. Abgeriegelt. Abgeschottet. Isoliert. Das hat er mit dir gemacht. Das ist deine große Ausrede.«

Das geht mir unter die Haut. Ich höre die Stimme des Irren in mein Ohr flüstern, mir immer wieder sagen, dass man mit der Wahrheit keine Deals machen kann. Die Stimme ist so insistierend, als ob er mir etwas Wichtiges mitteilen wollte, eine Botschaft für später … für jetzt. Eine Welle tiefer Traurigkeit überspült mich und zu meinem Erstaunen sehe ich dieselbe Traurigkeit in Williams Gesicht.

Eingefroren.

Er ist ebenfalls gefangen. Das ist es, was ich schon die ganze Zeit in ihm gesehen habe. Das, was ich an ihm lieben könnte. Er braucht meine Geschichte, um einen tief sitzenden, wühlenden Schmerz zu lindern, den Schmerz von etwas, was ihm passiert ist.

»Du hast gesagt, du hast mal was Schlimmes getan«, sage ich. »Wann war das?«

»Vor ein paar Jahren …«

»Nicht zufällig vor zehn Jahren?«

Er guckt auf den Boden und schüttelt den Kopf. Nein, nicht vor zehn Jahren, aber es hat damit zu tun. Muss damit zu tun haben. War es nicht das, worauf er hinauswollte, mit all diesen Geisel-Geschichten? Wir alle tragen ein schreckliches Vermächtnis in uns. John Wayne O'Grady wollte ein Wahrheitsvirus in die Gesellschaft entlassen, aber stattdessen entließ er zerstörte und gebrochene Menschen. Einige versuchten, Gutes zu tun, andere gaben einfach auf und wieder andere taten schlimme Dinge …

»Du warst dabei«, flüstere ich.

Er nickt. »Hast du das denn nicht schon die ganze Zeit gewusst?«,

Ehe ich antworten kann, bummert es ans Garagentor, und Nancy Oppermans Stimme dringt durch das Metall. »Freda! Ich weiß, dass du da drin bist. Mach auf.«

Papierserviette

N

Schon spät. Er hämmert an die Tür.

Ich bin hier reingeflüchtet, als sich die Gelegenheit bot, und habe mich ein-

geschlossen. Das hier könnte das Letzte sein, was ich schreibe. Er wird mich durch die Tür erschießen.
Ich weiß es.
Das verrückte kleine Biest sagt ihm, er soll schießen.
Ich muss hier unterm Schreibtisch bleiben.
Ich will nicht sterben. Ich liebe dich.
Was für eine Hölle. Wie sind wir nur hier reingeraten?
Theo

Freda Opperman

Dort unten lauerte der Tod gleich um die Ecke, die ganze Zeit. Wir wurden in die Extrembereiche der Angst katapultiert. Da macht man alle möglichen Deals. Theo Constantine wirft mir auf einer Papierserviette vor, dass ich O'Grady angelächelt hatte. Ich hätte diesen Mann umarmt und geküsst, wenn ich mir davon Sicherheit versprochen hätte. Ich habe ihn immer wieder angesehen, zu ihm aufgesehen, auf ein Zeichen gewartet, dass er mich mochte, dass er mir nichts tun würde, dass ich okay war.

Ich empfand eine solche Liebe zu diesem Mann, wenn er mich anlächelte. Ich weiß, normale Menschen würden auf dieses Geständnis mit Ekel reagieren, deshalb erwähne ich es nie. Aber es stimmt trotzdem. Wenn er mich anlächelte oder irgendwie nett zu mir war, war mir, als würde mein Herz zerspringen. Nicht am Anfang, aber später dann, als mir so wenig geblieben war. Sobald er mich anlächelte, dachte ich: Jetzt ist alles gut, oder? Aber dann fing er wieder an herumzubrüllen, Leute zu schikanieren oder mit dem Gewehr herumzufuchteln. Er wurde für uns alle ein unberechenbarer Vater, unser »Kommandeur«, aber so inbrünstig wir auch zu ihm beteten, er hörte es nicht. Das einzig Gewisse an John Wayne O'Grady war sein Gewehr. Jeder von uns musste irgendwie mit dieser verrückten Religion umgehen.

Um zu überleben.

Und jetzt stellt sich heraus, dass William auch ein junger Überlebender ist, ein Weggefährte in einer Gesellschaft, die gar nicht ahnt, was es heißt, um der eigenen Sicherheit willen Deals zu machen. Wir sollten vielleicht einen Club gründen. Uns hinter dem Toilettenblock treffen und über wirklich wichtige Dinge reden: Angst, Hass, Psychoterror, Gewalt … und Mütter vielleicht?

Das Erste, was Nancy sieht, als ich sie in die Werkstatt lasse, ist das Gewehr unter meinem Arm. Sie erschrickt, überspielt es aber, indem sie mich spöttisch anguckt, als ob sie fragen wollte, wo ich denn dieses Ding gefunden hätte. Dann bemerkt sie William im Halbdunkel, sieht die Angst in seinen Augen, und sofort ist meiner Mutter alles klar.

»Freda«, sagt sie eindringlich.

Ich ignoriere es, schließe das Tor wieder ab und stecke den Schlüssel ein.

»Setz dich, Mum«, sage ich. »William und ich haben gerade ein bisschen geplaudert.«

»Ich muss dir etwas sagen, wegen William …«

»Dass er bei der Geiselnahme dabei war?«, sage ich und verkneife mir ein höhnisches Grinsen.

Mum guckt ein bisschen verdutzt, nickt dann. »Du weißt es also schon. Ich wollte, dass du's von ihm erfährst … Er hat mir versprochen, es dir zu sagen.«

»Spar's dir«, fauche ich und fuchtle mit dem Gewehr.

Nancy starrt mich an, als hätte ich mich irgendwie in einen Außerirdischen verwandelt, und ich lache sie aus.

»Also, wirklich«, sage ich. »Tu doch nicht so erstaunt über dieses Gewehr. Das ist doch die Situation, die du immer gefürchtet hast, oder? Das ist dein wahr gewordener Albtraum, Mum. Das heimliche Gekritzel eines Mannes, der seit Jahren tot ist, erweist sich schließlich doch noch als wahr.«

William guckt jetzt alarmiert und ich wende mich ihm zu.

»Okay, William. Du, der du eine Mutter hattest, du, der du beschützt wurdest, woher zum Teufel wusstest du von diesen Papierservietten? Und komm mir nicht wieder mit dem Foto, weil ich dieses Bild auch gesehen habe. Und darauf könnte ich sonst was in der Hand haben.«

William rutscht unbehaglich auf seinem Stuhl herum. »Ich hab dich gehört«, sagt er. »Dich und Constantine … wie ihr gestritten habt … draußen vor der Toilettentür. Er wollte, dass du mitkommst, damit er irgendwas schreiben kann … und du hast etwas von Papierservietten gesagt. Ich hatte das völlig vergessen, bis vor Kurzem. Ich habe viel über die Geiselnahme nachgedacht, und da ist es mir wieder eingefallen. Es schien mir wichtig, weil es der einzige Knacks in deinem perfekten Panzer ist.«

»Und daraufhin hast du mich aufgespürt?«

»Nein«, sagt William, schockiert, dass ich ihm so etwas unterstelle. »Ich bin zu *Guardian Angel* gegangen, um Family Value zu verklagen …«

»Das stimmt, Freda«, sagt N.O. »Ich kann es bezeugen.«

»Mum«, sage ich. »Versuch einfach mal, ein, zwei Minütchen zuzuhören.« Ich wende mich wieder an William, den hinterlistigen Intriganten, der sich mit meiner verlogenen Mutter verbündet hat. »Du dachtest also, dass da vielleicht mehr an dieser Freda Opperman ist, als das Auge sieht? Und da hast du das mit dem Interview eingefädelt, um es herauszubekommen?«

»So ähnlich«, murmelt William. »Du warst nicht die Erste. Ich hatte schon mit allen anderen geredet … ich schätze, ich hatte einfach Angst, an dich heranzutreten. Als ich dann bei *Guardian Angel* war und deine Mutter getroffen habe, ist mir klar geworden, dass ich mit dir reden muss. Wir waren beide Kinder … aber du bist als Engel aus der Sache herausgekommen, und ich war ein Niemand.«

Ich war also die Letzte auf Williams Liste. Aber was will er dann wirklich von mir? Die Bestätigung, dass ich kein Engel bin? Da ist irgendeine tiefe, schreckliche Wahrheit, die William mit sich herumträgt. Sie ist genauso heimtückisch wie meine Papierservietten. Sie plagt ihn, treibt ihn dazu, verängstigten Mädchen nachzustellen, in der Hoffnung, dass sie … was? Ihm sagen, dass er ein guter Junge ist? Dass er's nicht ist? Geht es letztlich darum? Ich ziehe die Papierservietten aus meiner Jeanstasche und strecke sie ihm hin. »Hier«, sage ich. »Lies doch gleich diese Dinger. Da steht die Wahrheit über mich.«

Vorsichtig nimmt er die Papierservietten, überfliegt ein paar beliebige Stellen. Seine Augen zucken im Halbdunkel hin und her, sein ganzer Körper wirkt mit jedem Satz, den er liest, angespannter.

Nancy, die die ganze Zeit gestanden hat, setzt sich steif auf eine Kante von Dads Werkbank, nachdem sie den ganzen Raum nach einer nicht allzu dreckigen Stelle abgesucht hat. Ihre kurzen Beine pendeln hin und her, während sie die Balance zu finden versucht. Schwer zu sagen, was ihr am unbehaglichsten ist. Dass sie sich auf Dads Territorium befindet, dass ihre Tochter ein Gewehr in der Hand hält oder dass die geisterhaften Herren hinter ihr sie jetzt taxieren.

Die Kerle scharen sich um sie, glotzen, nicken sich zu. Man hört sie förmlich »nicht übel« sagen, und ich verdrehe genervt die Augen. Also wirklich, das ist ein sehr ernster Moment, den ich nicht durch ungehobelte Burschen mit Lederschürzen entweiht wissen will.

Schließlich spricht Nancy das an, was sie am meisten beunruhigt – für mich kein sonderlich überraschender Punkt. »Woher hast du das Gewehr, Freda?«, fragt sie scheinbar gelassen, aber ich weiß es besser.

»Aus der Erinnerung«, antworte ich. »Dem, was du immer am meisten gefürchtet hast.«

»Deine Erinnerung habe ich nie gefürchtet«, sagt Nancy, und ihr Gesicht hat jetzt plötzlich etwas Weiches, was ich an ihr gar nicht kenne. »Was ich fürchte, ist das, was andere mit deiner Erinnerung machen.«

»Also hast du eine gute Freda erfunden«, sage ich.

»Also habe ich dich beschützt«, kontert Nancy.

In diesem Moment begegnen wir uns, Mutter und ich, begegnen sich unsere Blicke, unsere Seelen. Wir begegnen uns einen Augenblick und vergessen, gegeneinander anzurennen, die Schilde unserer Vergangenheit aufeinanderkrachen zu lassen. Dann spricht Nancy, und wieder ist alles um mich herum dunkel.

»Wie kannst du ein Gewehr auf ihn richten, Freda? Ausgerechnet du? Wie kannst du das tun?«

Ich wende mich William zu, diesem jungen Mann, der mir die Wahrheit verheimlicht hat und jetzt von den Papierservietten aufblickt. Er war der Junge, den ich von ganzem Herzen beneidete. Der sich an seine Mutter schmiegte, während ich nichts hatte als einen Plastiktisch. Den ihre Fürsorge umhüllte, während ich nichts hatte als Theo Constantines massive Verachtung.

»Es gibt da ein paar unerledigte Dinge«, sage ich. »Und William hilft mir, sie zu erledigen. Ich kann nicht weiter, bevor das nicht erledigt ist.« Ich deute mit einer Kopfbewegung auf die Papierservietten in Williams Händen. »Gelesen?«

»Fast«, antwortet er.

»Und?«

William seufzt. »Glaubst du, man kann überhaupt leben, ohne anderen etwas anzutun?«

Blitzschnell ergreift Nancy Opperman in ihrer neuen Rolle als psychologische Betreuerin junger Überlebender das Wort. »Wem hast du etwas angetan, William?«, fragt sie.

Ich schnaube, sauer, weil sie sich einmischt und weil sie nicht das Ganze sieht. »Mir zum Beispiel«, sage ich. »Ihr beide habt mir etwas angetan.«

»Tut mir leid, Freda.« Ihre Entschuldigung kommt vielleicht ein bisschen spät, aber immerhin, sie bemüht sich. »Ich dachte … als ich William kennenlernte und erfuhr, dass er das andere Kind in dem Restaurant war … da dachte ich, es könnte irgendwie heilsam für euch beide sein, wenn ihr euch begegnen würdet.« Sie zuckt die Achseln.

»Ach, Mum«, sage ich kopfschüttelnd. »Guck mal, hier.« Ich halte das Gewehr hoch. »Guck's dir an. Sieht das für dich nach Heilung aus?«

Nancy kommen die Tränen, und obwohl mich jede dieser Tränen versengt wie die Flamme ihres Feuerzeugs, kann ich nicht von ihr ablassen, kann ich meine Wut nicht von ihr abwenden.

Die Jungs treten einen Schritt vor, um mir zu bedeuten, dass ich jetzt aber wirklich zu weit gegangen bin. Sie legen ihre schimmernden Hände tröstend auf Mums Schultern. Es ist ein bizarrer Anblick, nicht wegen der Geister, sondern weil ich meine Mutter noch nie so verletzlich gesehen habe.

William gibt mir die Papierservietten zurück. »Meiner Mutter«, sagt er. »Der hab ich etwas angetan. Zur Strafe … schätze ich.« Er guckt mir in die Augen. »Du glaubst, diese Papierservietten haben Recht, stimmt's? Du glaubst, du bist mit schuld, dass Theo Constantine sterben musste. Tja … du hast kein Monopol auf solche Gefühle, okay? Meine Mutter war bei der Geiselnahme achtunddreißig. Ich war ihr Nesthäkchen, der jüngste von vier Söhnen, und sie war mit mir ins Family Value gegangen, um mir eine Freude zu machen.« Er hält inne, guckt auf seine Hände, hebt dann das Teddybärenhaupt und sieht mich wieder an. »Es gibt kaum jemanden, der auch nur ahnt, wie es sich angefühlt hat, mit den Männern in dieser Toilette eingesperrt zu sein.«

Ich nicke. Vielleicht weiß ich es ja, William. Vielleicht habe ich ja schon die ganze Zeit gewusst, dass du so etwas mit dir herumschleppst.

»Du konntest es nicht einfach hinter dir lassen, stimmt's?«, frage ich. »Du konntest diese ganze Wut nicht einfach abstreifen. Jemand musste dafür bezahlen …«

Er nickt, wie ein kleiner Junge, den man mit der Hand im Bonbonglas erwischt hat. Oh ja, er hat sie dafür bezahlen lassen, diese Mutter, die seinetwegen weinte, deren Flehen nur John Wayne O'Gradys brutale Drohungen und das Gewehr abstellen konnten. Irgendjemand muss letztlich immer bezahlen. Und ich frage mich jetzt, wen ich habe büßen lassen. Meinen Vater, der mich diese Treppe hinuntergeschickt hat? Ich bin deswegen nicht wütend auf ihn. Nancy? Es wäre zu simpel zu sagen, dass sie meine Opfergabe war. Aber jemand bezahlt immer, und ich vermute, ich habe an anderer Stelle ein Leben geopfert. Irgendwo anders.

»Das Verrückte ist«, sagt William, »dass ich nach der Geiselnahme eifersüchtig auf dich war. Warum war dein Foto in allen Zeitungen und meins nicht? Warum schrieben sie über dich? Warum nicht über mich? Ich hatte schreckliche Angst in dieser dunklen Toilette. Das hat sie überhaupt nicht gekümmert.«

»Es hat dich geschützt«, sage ich und lege das Gewehr quer auf meinen Schoß. »Die Anonymität.«

Er guckt kurz auf das Gewehr, nickt dann. »Ja«, antwortet er. »Aber es hat nicht gereicht. Ich wurde älter und habe die

Welt ein bisschen besser durchschaut … oder vielleicht einfach kapiert, dass das alles keinen Sinn ergab. Und mir kamen Erinnerungen. Lauter Zeug, von dem ich dachte, ich würde es nie wieder fühlen. Weißt du, meine Mum war nach dieser ganzen Sache total besessen davon, wieder ein normales Leben herzustellen … was ja für einen Zehnjährigen auch ganz okay war. Aber ein paar Jahre später habe ich angefangen diese ganze Normalität zu hassen, weil sie so verlogen war. Gar nichts war normal. Alles hat mich angekotzt. Ich meine, wirklich alles! Meine Erinnerungen, mein Leben, meine Familie … und vor allem meine Mutter. Ganz egal, was sie tat, ich war immer nur pampig, wütend, gemein. Ich war die reinste Pest … aber ich konnte es nicht lassen. Ich hab sie immer und immer wieder dafür bestraft, dass sie mich im Stich gelassen hatte. Jedenfalls hat es mir der Therapeut so erklärt … später. Mum hat es anders gesehen. Sie liebte mich immer weiter, auch wenn ich ihr wehtat. Und glaub mir, ich habe ihr mit voller Absicht wehgetan.«

William hält kurz inne, und ich stehe auf, halte meine Balsawaffe wie ein Spielzeuggewehr und strecke mich. Ich sehe aus dem Augenwinkel, wie Nancy einen Blick mit meinem Gefangenen wechselt. Ich setze mich wieder hin und richte das Gewehr genau auf Williams Magen. Oh nein. Wir sind noch nicht beim gemütlichen Teil.

»Na, ist ja toll«, sage ich. »Du hast deine Mutter schweinisch behandelt, und ich war, laut Theo Constantine, ein mordgieriges kleines Biest. Sollen wir uns alle nächste Woche um die gleiche Zeit wiedertreffen, zur nächsten Sitzung der anonymen Überlebenden?«

»Freda!«, sagt Nancy, schockiert von meiner gefühlstauben Dreistigkeit.

»Ach, Mutter«, rufe ich. »Würdest du das bitte lassen? Ich habe hier ein Gewehr, Herrgott noch mal. Das hier ist kein nettes Beisammensein. Also hör auf, so zu tun. Klein Willy hier hat uns sein intimstes Geheimnis gebeichtet. Er hasst seine Mummy.« Dann schreie ich William an: »Komm drüber weg, okay? Sie hat dich nicht dort eingesperrt. Die arme Frau hatte eine Scheißangst vor O'Grady und seinem Gewehr …«

»Meine Mutter ist tot«, sagt William.

Horror.

Oh, Mist. Mist! Mist! Mist! Ich will diesen Scheiß nicht hören. Ich hasse das. Ich stehe auf und fege Holzstückchen und Werkzeug von der Werkbank meines Vaters, einfach nur so. Mein Herz rast so fürchterlich, dass mir ganz flau wird.

»Es war kein Selbstmord«, sagt William im Hintergrund, aber ich beschließe, es zu ignorieren. Ich beschließe, alles zu ignorieren. Zum Teufel mit ihnen. Zum Teufel mit allem, was sich bewegt, was lebt, atmet.

»Freda«, sagt Mum.

Ich wedle sie weg.

»Freda.« Sie steht auf, kommt einen Schritt auf mich zu. Ich schwenke das Gewehr in ihre Richtung, fixiere sie mit all der Wut, die in mir lodert.

»Bleib stehen!«, schreie ich.

Guckt sie euch an, ihre bangen Gesichter, ihre Angst. Hol sie der Teufel. Warum müssen sie so schwach sein? Warum sind wir alle so schwach? Es war doch nur ein einzelner Mann, verdammt noch mal. Ein Mann und drei Tage und ein Gewehr und zwei Tote und so viele Überlebende, die für immer, immer, immer zerbrochen sind.

»Willst du wissen, was ich glaube, William? Ich glaube, wir tun ständig Menschen etwas an … Ich glaube, wir können gar nicht anders. Egal, was wir versuchen.«

»Ist ja gut, Liebes«, sagt Mum. »Ist ja gut …«

»Nein, ist es nicht!«, brülle ich. »Du wolltest Geschichten hören, William? Na gut, ich glaube, es ist jetzt Zeit für ein paar gottverdammte Geschichten. Okay, Mutter?«

Nancy Opperman kriegt wieder diesen verschreckten Gesichtsausdruck.

Die Wut, der Zorn, tun ihr Werk. Sie werfen Licht an Stellen, die sonst dunkel sind. Sie holen den Horror an die Oberfläche. Ich sehe O'Grady. Ich weine, und er ist verwirrt. Er hat gerade etwas zu mir gesagt.

»Gott«, flüstere ich. »Er wollte allein rausgehen. Er wollte gehen und die Geiselnahme beenden …«

»O'Grady?«, sagt Nancy. »Aber warum …?«

»Ich war's. Ich habe ihn davon abgehalten. Ich habe ihn angebettelt, mich mitzunehmen.«

»Oh, Freda …«

»Ich habe diesen Scheißkerl angefleht, mich mitzunehmen. Und als er nicht wollte, habe ich …«

Hör auf! Schau mich nicht so an. Sei still, Theo. Sag nicht, was dir auf der Zunge liegt. Wie kann ich mich daran erinnern? Es wird mich umbringen! Sie verstehen es nicht. Nicht mal William, der seine Mutter irgendwie an den dunkelsten aller Orte getrieben hat.

»Nein! Ich will mich nicht erinnern!«

Nancy kommt auf mich zu, berührt mich. »Ist ja okay, Liebes …«

Ich stoße sie weg und sie fällt hin. Ich starre sie an. Wie ist sie da auf den Boden gekommen? Wie passiert irgendwas?

»Ich erinnere mich«, sage ich, kaum in der Lage zu sprechen.

»Freda …«

»Ich habe Theo Constantine verraten. Um O'Grady zu beweisen, dass ich eine gute Soldatin war.«

Ich setze mich wieder auf meinen Hocker und schluchze. Das Gewehr rutscht mir beinah vom Schoß, ich bin noch geistesgegenwärtig genug, es im letzten Moment zu packen. Mich daran festzuklammern.

Nancy steht auf, und William fragt sie, ob sie sich etwas getan hat.

»Mund halten, alle beide«, brülle ich. Ich hebe das Gewehr, halte es senkrecht und wische mir mit dem Rücken der freien Hand die Tränen aus den Augen. »Haltet verdammt noch mal den Mund und hört zu. Ich sage das nämlich nur einmal. Ich sehe Sachen. Versteht ihr? Ich sehe Sachen … und ich rede nur dieses eine Mal drüber.«

Unter Geistern

John Wayne O'Grady fragte sich, ob er richtig gehört hatte. Hatte ihn die Kleine wirklich aufgefordert, Constantine durch die Tür zu erschießen? Er guckte auf die Tür, dann wieder auf das Kind, schüttelte den Kopf, als wollte er die Trümmer von

Sätzen und Wörtern herausschütteln, die sich dort angesammelt hatten.

»Meinst du wirklich?«, fragte er schließlich.

»Ja«, sagte das Mädchen. »Schieß. Schieß doch auf die Tür.«

John Wayne O'Grady, Erzieher zum rechten Bewusstsein, lächelte über diesen geradlinigen Lösungsvorschlag aus dem Mund dieses Kind. Aber natürlich hielt die Kleine das Gewehr nicht für geladen. Sie war eben noch ein Kind, ahnungslos. Er fragte sich, ob er das nächste Mal nicht nur Kinder zur Realisierung seines Plans einsetzen sollte. Die waren so unkompliziert.

»An dir habe ich gute Arbeit geleistet«, sagte O'Grady und tätschelte ihr den Kopf.

Das Mädchen nickte, als plötzlich ein lautes Krachen aus dem Lagerraum kam.

»Alles okay da drin, Theo?«, rief O'Grady.

»Ja«, kam es verschüchtert von drinnen. »Mir ist was runtergefallen.«

»Die Kleine hier sagt, ich soll die Tür aufschießen«, sagte O'Grady, indem er sich an das Lüftungsgitter beugte.

»Miststück …«, zischte Constantine.

O'Grady zuckte die Achseln und setzte sich hin, den Rücken zur Tür. Er bedeutete der Kleinen, sich neben ihn zu setzen.

»Können wir gehen, wenn du ihn rausgeholt hast?«, fragte die Kleine und deutete mit einer Kopfbewegung auf die Lagerraumtür. Auf ihrem Gesicht lag ängstliche Spannung.

»Ja«, sagte O'Grady und seufzte. »Jetzt kommt die zweite Phase des Plans. Dort draußen warten jetzt ganze Armeen von Revolutionären auf mich. Männer und Frauen … und auch Kinder … Sie haben sich in den Bergen versteckt und auf den Moment gewartet, da ich als Sieger hier herauskomme. Ich, John Wayne O'Grady.«

Die Kleine schien während dieser Ansprache ungeduldig und erregt. O'Grady hing seinen Gedanken nach, bis er die Verfassung des Kindes bemerkte.

»Hörst du mir zu?«, fauchte er.

»Ja«, sagte das Kind, jetzt zitternd.

»Ich weiß nicht«, sagte O'Grady. »Du bist vielleicht doch noch nicht bereit, Soldatin zu werden …«

»Ich bin bereit!«, beteuerte das Kind mit wildem Blick.

»Nein, nein«, sagte O'Grady väterlich. »Ich sage dir, wie wir es machen. Ich gehe zuerst und du bleibst hier …«

Die Kleine verzog das Gesicht zu einer Grimasse geballter Wut und schrie: »Nein!«

»Jetzt hör mal zu«, sagte O'Grady und nahm ihre Hände in seine. »Hör auf deinen Kommandeur.«

Die Kleine kämpfte gegen seine Kraft an, spie ihm zornige Worte ins Gesicht: »Du hast gesagt, du nimmst mich mit. Du hast gesagt, wir gehen zusammen!«

»Du verstehst das nicht!«, brüllte O'Grady. »Hör zu! Ich hab ja nicht gesagt, du bleibst hier eingesperrt. Du musst nur noch ein paar Minuten warten, weiter nichts. Sie werden dich rauslassen … die Polizei wird dich befreien. Es ist besser so. Ich kann meine Armee organisieren, und du tust so, als wärst du ein ganz normales Kind. Sie werden nie draufkommen, dass du eine Soldatin in John Waynes Armee bist. Sie werden denken, du wärst einfach nur ein kleines Mädchen …«

»Aber du hast gesagt, sie sehen es mir an den Augen an«, sagte sie völlig verwirrt.

O'Grady schaltete schleunigst um. »Stimmt ja auch«, bluffte er und versuchte dabei, ein möglichst aufrichtiges Gesicht zu machen. »Normalerweise können einem die Marionetten an den Augen ansehen, ob man zum alten John Wayne gehört. Aber man kann sie austricksen. Du hältst dich einfach für dich, guckst sie nicht weiter an und sagst möglichst nichts, dann kriegen sie's nie raus. Glaub mir.«

Die Kleine starrte ihn misstrauisch an, und jetzt wurde der Geiselnehmer selbst unruhig. Er nahm sein Gewehr wieder an sich, sah sich nach seiner Tasche um. Keine Zeit mehr, das Kind zu beruhigen. Jetzt, wo die Bullen sie oben auf dem Treppenabsatz gesehen hatten, würden sie zum selben Schluss kommen. Zeit, etwas zu unternehmen, der Sache ein Ende zu machen.

»Du musst mich mitnehmen«, beharrte die Kleine und zog an seiner Kleidung. »Ich bin eine gute Soldatin. Ganz bestimmt. Und ich kann's dir beweisen.«

»Wie denn?«, murmelte O'Grady, während er sein Gewehr kontrollierte.

»Ich weiß Sachen, die du nicht weißt«, rief die Kleine.

O'Grady starrte sie einen Moment lang an, lächelte dann. »Was denn zum Beispiel?«

»Ich weiß Sachen über ihn«, sagte das Mädchen mit einer Kopfbewegung zur Lagerraumtür.

»Theo?«, sagte O'Grady im Aufstehen. »Was denn?«,

Die Kleine begann zu zittern und schlang die Arme um ihren Oberkörper.

»Du fängst doch nicht wieder mit der Husterei an?«, fragte O'Grady.

»Er schreibt«, flüsterte das Kind.

»Schreibt?«, fragte O'Grady. »Was denn?«

»Er schreibt auf, was passiert ist«, sagte die Kleine. »Schon die ganze Zeit. Er hat aufgeschrieben, was du gesagt hast und was ich gesagt habe und was die Wahrheit ist. Auf Servietten. Da drin.«

O'Grady kratzte sich den Kopf. »Wozu denn das?«

»Er schreibt auf die Serviette, dass ich in John Waynes Armee bin«, sagte die Kleine, und ihr Ton wurde immer dringlicher. »Dass ich das Gewehr gehalten habe. Er schreibt auf, dass alle hier über dich lachen. Dass sie nie in deine Armee gewollt haben. Dass sie dich komisch finden …«

John Wayne O'Grady schob das Mädchen so jäh aus dem Weg, dass es ins Stolpern kam. Er marschierte entschlossen auf die Lagerraumtür zu, als plötzlich Taschenlampenlicht durch das Lüftungsgitter flackerte und ein leises Scharren unter der Tür durchdrang. Ein Schatten breitete sich über sein Gesicht, etwas finster Drohendes.

»Du hast eine Minute, um da rauszukommen, Theo«, sagte er mit tiefer, grässlicher Stimme. »Eine Minute, dann bring ich dich um.«

»Als es erst mal angefangen hatte«, sage ich und sehe William unverwandt in die Augen, »konnte ich es nicht mehr stoppen. Nein … wollte ich es nicht mehr stoppen.« Ich halte inne, beobachte sein Gesicht. »Bist du sicher, dass ich weitermachen soll?«

»Ich weiß nicht«, sagt er.

Ich auch nicht.

»John Wayne O'Grady hämmerte an die Tür des Lagerraums, wo Theo sich eingeschlossen hatte. Er brüllte, in einer Minute würde er ihn erschießen …«

»Das habe ich gehört«, flüstert William. »Ich hatte das Ohr an der Toilettentür und habe ihn gehört.«

»Mich auch?«, frage ich.

William schüttelt den Kopf.

»Ich habe auch geredet …«

»Er kann dich nicht leiden«, sagte die Kleine mit entschlossen vorgerecktem Kinn.

O'Grady sah das Kind an. Woher wusste es das alles? Warum hatte er nichts von Theos Manövern gemerkt? Dann ging es ihm plötzlich auf: die Medizin. Das war alles nur ein Trick von Theo Constantine gewesen, um in den Lagerraum zu kommen und seine Geschichten aufzuschreiben. Und die Kleine? Steckte sie mit ihm unter einer Decke? O'Grady betrachtete das Mädchen mit ganz neuen Augen, sah seinen kalten Gesichtsausdruck, seine eiserne Entschlossenheit, und ihn fröstelte. Was zum Teufel hatte er da erschaffen?

O'Grady kratzte sich wild am Kopf, marschierte auf und ab. Sein Blick huschte durch das leere, halbdunkle Restaurant. »Dieses verdammte fette Arschloch«, knurrte er. »Der Teufel soll ihn holen!«

»Siehst du? Ich *bin* eine gute Soldatin«, sagte die Kleine.

»Oh ja, das bist du. Du bist eine verdammt gute Soldatin. Besser als die Männer. Besser als sie alle miteinander. Teufel noch mal, ich würde neben dir im Schützengraben kämpfen, Kleine.«

»Nimmst du mich dann jetzt mit?«

»Du verstehst doch was von Beweisen, oder, Mum?«, frage ich.

Sie nickt, die müde Juristin, niedergedrückt von Familienanekdoten.

»Dann siehst du ja wohl ein, dass ich ihm beweisen musste, was für eine unersetzliche Verbündete ich war.«

»Ich sehe nur«, sagt Nancy, »dass du für die Justiz und für jeden halbwegs vernünftigen Menschen unschuldig wärst. Ganz egal, was du gesagt oder getan hast. Du bist unschuldig.«

Nachdem die Bilder erst mal ins Rollen gekommen sind, hört es nicht mehr auf. Ich sehe O'Grady an die Tür bummern, auf Constantine einbrüllen. Wieder und wieder verstreicht die Frist, ohne dass der Manager herauskommt. Ich sehe es alles im Halbdunkel dieses schäbigen Restaurants. O'Gradys lange Gestalt, die mit den Fäusten an die Lagerraumtür hämmert. Diese Tür muss aus einem sehr harten Material gewesen sein, denn all seine Kraft konnte ihr nichts anhaben.

Und dann …

Oh, Gott. Dann sagte er …

»Ich nehme einfach eine von den Burger-Queens in der Toilette als Geisel«, sagte O'Grady. »Warum bin ich da nicht schon eher draufgekommen? Die Kleinere … die ist schön leicht …«

»Und ich?«, fragte die Kleine.

O'Grady sah sie zerstreut an, ging dann zu der Wand, wo die Zünddrähte befestigt waren, und machte Anstalten, einen davon mit der Batterie zu verbinden. Die Kleine sah ihm von der Lagerraumtür aus zu. Sie hörte Theo drinnen herumrascheln. Ihr ganzer Körper zuckte, Nerven, die bei der kleinsten Provokation verrückt spielten. Warum fummelte er mit diesen Drähten herum? Warum antwortete er ihr nicht?

Dann hörte sie durchs Lüftungsgitter Theo Constantines Stimme wie ein leises Durch-die Zähne-Pfeifen.

»Scheiße!«

»Was machst du?«, flüsterte das Kind durch die Lagerraumtür.

Theo antwortete nicht, und die Kleine sagte ihm, dass O'Grady gerade beschäftigt sei.

»Ich rücke Sachen vor die Tür«, kam die Antwort von drinnen.

»Warum?«

»Weil ich nicht rauskomme.«

»Ich glaube, er will gar nicht mehr, dass du rauskommst«, flüsterte die Kleine.

»Das ist nur ein Trick«, sagte Constantine.

»Ist es nicht«, zischte das Kind. »Er will dich nicht mehr … und mich auch nicht. Er ist ein fieser, gemeiner, böser Mann!«

»Ich wusste, wenn er eins von den Mädchen nimmt, braucht er mich nicht«, sage ich. »War doch klar. Dann würde sie seine Soldatin sein. O'Grady hatte ja sogar gesagt, die Geiseln in der Toilette könnten eines Tages noch Revolutionäre werden.

Wenn er eine von denen mitnahm, würde er mich ganz bestimmt zurücklassen.«

»Wenn er eins von den Mädchen genommen hätte«, sagt William, »wäre es vielleicht umgekommen.«

»Stattdessen ist Theo umgekommen«, sagte ich.

»Aber nicht durch dich«, sagt Nancy, eine beunruhigende Spur von Zweifel in der Stimme.

»Nein, nicht durch mich«, sage ich. »Ihr dürft nicht vergessen, ich war überzeugt, dass das Gewehr nicht geladen war.«

»Natürlich dachtest du, es wäre nicht geladen …«

»Nein, Mum«, schreie ich. »Nicht. Spring mir nicht bei. Ich habe Sachen gemacht, die wirklich schlimm waren. Ich habe ihn zum Beispiel dazu gebracht, Constantine als Geisel zu nehmen. Wir waren seine beiden letzten Stützen. So hatte er uns genannt. Wenn er Theo mitnahm, dann war ich automatisch inbegriffen. Also hör jetzt endlich auf, dich einzumischen, okay?«

Nancy nickt, und ich sehe etwas im Schattendunkel liegen. So lang, stark, stählern, mächtig. Es konnte alles bezwingen. Hatte ich nicht gesehen, wie es erwachsene Männer niederschlug? Hatte ich nicht gesehen, wie alle sich davor fürchteten? Hatte ich es nicht selbst gehalten, gespürt, wie schwer es war?

Es konnte alles, auch eine Tür aufbrechen.

Die Kleine ging zu dem Gewehr und hob es auf, wobei sie von dem Gewicht beinahe ins Straucheln kam. Sie versuchte, das Gewehr genauso zu halten, wie O'Grady es ihr gezeigt hatte. Schließlich war alles richtig: die eine Hand am Pistolengriff, der Zeigefinger mit Müh und Not am Abzug, die andere Hand am vorderen Ende des Schafts. Das Gewehr war so schwer, dass sie zitterte und wackelte.

Die Waffe auf die Tür gerichtet, begann die Kleine am Abzug zu ziehen, bis ihr das enttäuschende »Klick« vom letzten Versuch wieder einfiel. Also packte sie das Gewehr mit beiden Händen am Schaft und hieb es gegen die Tür. Da es sehr viel Kraft kostete, das schwere Gewicht zu halten, waren ihre Schläge leicht und wirkungslos.

John Wayne O'Grady kam von der Treppe zurückgerannt. »He! Lass das!«

Die Kleine erstarrte, funkelte den Mann grimmig an. »Du musst ihn rausholen«, sagte sie.

»Hey, Schätzchen«, sagte O'Grady in ruhigem, gelassenem Ton. »Leg das Gewehr weg, okay? Der alte John Wayne hat es inzwischen geladen. Als du dort oben warst. Also leg es weg.«

Sie rührte sich nicht, hielt die Waffe fest umklammert. Ihr Körper schwankte unter der Last, ihre Beine wurden zu Gummi. O'Grady trat einen kleinen Schritt auf sie zu.

»Er riss mir das Gewehr aus den Händen. Gott, tat das weh. Ich brach in Tränen aus und guckte hoch, doch alles, was ihn interessierte, war sein kostbares Gewehr. Es sah aus, als ob er es tätschelte … aber das kann kaum sein. Vielleicht kontrollierte er ja den Sicherungsmechanismus und all so was. Aber trotzdem … wie konnte … Gott. Klar. Er war so überdreht von den Pillen und vom Schlafmangel … er muss es versehentlich entsichert haben. So muss es gewesen sein. Das hätte er doch nicht absichtlich getan. Oder?«

»Ich will hier raus«, schrie das Kind, während es sich hochrappelte. »Ich will hier raus! Sie hassen mich! Die Marionetten hassen mich … und ich will mitgehen …«

»Okay, wir gehen. Verdammich, du bist schlimmer als jede Ehefrau, weißt du das? Gut, wir gehen.« Er sah auf seine Armbanduhr, schimpfte wieder los. »Verflucht! Das dauert zu lange. Die Bullen werden gleich drin sein.«

Wie zur Bestätigung kam ein leises Geräusch aus dem Treppenhaus. Ein Klimpern, als ob ein Werkzeug herabgefallen wäre, aber es war nicht zu sagen, ob das Geräusch von innen, also aus dem Restaurant, gekommen war oder von draußen.

»Verfluchte Scheiße! Die Bullen kommen!«, rief O'Grady.

Er legte das Gewehr vorsichtig an die Wand, drehte sich dann zur Lagerraumtür und hämmerte wieder mit der Faust dagegen.

»Theo! Mach die Tür auf! Mach auf, du Haufen Scheiße! Du kommst mit mir. Ich brauche Schutz.«

Aus den Lagerraum kam ein lautes Poltern, dann Constantines ängstliche Stimme: »Ich mache nicht auf.«

O'Grady fing an zu toben. Er traktierte die Tür mit Faustschlägen und Fußtritten, bis er beinahe rückwärts fiel. Die Tür war unversehrt. O'Grady hob das Gewehr wieder auf, trat noch einmal gegen die Tür und rief dann: »Weg von der Tür, Theo!«

»Was haben Sie vor?«, kam von drinnen die ängstliche Stimme des Managers.

»Geh verflucht noch mal von der Tür weg, sofort!«, brüllte O'Grady.

Von drinnen kam wieder ein lautes Poltern, und Constantine stöhnte durch das Lüftungsgitter: »Jetzt hab ich mir wehgetan. Ich bin hingefallen, ihr Schweine. Lasst mich in Frieden. Ihr bringt mich um!«

»Weg von der Tür, Theo. Das ist kein Witz.«

»Nein! Sie bringen mich um!«

Die Kleine fing an zu heulen und zu schreien, immer lauter und durchdringender, während O'Grady auf Theo einredete und dieser um sein Leben flehte. Plötzlich schrillte der Alarm vom Speisenaufzug dem Geiselnehmer ins Ohr.

»Die Bullen kommen …«

»Bitte nicht schießen. Bitte!«

Das Geschrei der Kleinen wurde zu einer hysterischen Kette von Worten, die O'Gradys Kopf zu zersprengen drohten und ihn zur Weißglut trieben.

»Ich will nach Hause!«, schrie sie. »Ich will nach Hause!«

»Weg da.«

»Ichwillnachhause …«

Wieder ein Geräusch aus dem Treppenhaus. Jetzt lauter. Die schrillende Alarmanlage.

»Sie können jeden Moment hier sein!«

»Ichwillnachhause!«

»Lassen Sie mich in Frieden.«

»Scheiße! So eine verdammte Scheiße!«

Außer sich vor Wut hieb O'Grady mit dem Gewehrlauf auf die Tür ein. Der Stahl zeigte eine gewisse Wirkung, brachte das Holz zum Splittern, was O'Gradys Wut nur noch anheizte. Er hieb weiter drauflos, angetrieben vom Geschrei des Kindes, Constantines Flehen, dem Krachen des Holzes unter der Wucht des Metalls, den Geräuschen von oben. Er hackte weiter auf das Holz ein, zerrissen von dem Lärm von beiden Seiten.

Da geschah das Unvermeidliche.

Ein Schuss krachte.

»Der Knall war ohrenbetäubend. Ich erinnere mich an den Lichtblitz … ich glaube, er kam nach dem Knall … oder davor. Das ist alles. Das Nächste, was ich weiß, ist, wie ich aufstehe … und gar nichts mehr höre.«

O'Grady lag am Boden, mit blutgesprenkeltem Gesicht, geblendet von den umherfliegenden Splittern. Er schüttelte den Kopf und stellte fest, dass er auf einem Auge sehen konnte, aber das andere war rot und blind. Irgendwo hinter ihm schrie die Kleine, und er drehte sich um. Sie fletschte die Zähne wie ein Tier. Ihr Gesicht war mit winzigen Schnitten übersät, ihr Haar voller kleiner Holzsplitter. Ihre Hände waren zu Fäusten geballt, die sie sich an die Schläfen hielt, als wollte sie sich vor weiteren Türtrümmern schützen. Aus ihrem Mund kam jetzt nichts Artikuliertes mehr, kein Flehen oder Fordern, nur ein endloser Schrei tiefsten Entsetzens.

O'Grady erhob sich vorsichtig und inspizierte die Tür. Der Schuss hatte ein klaffendes Loch in das Holz gerissen, Türknauf und Schloss einfach herausgefetzt. Die Tür hing nur noch an einer Angel, kein nennenswertes Hindernis mehr, und O'Grady spähte in den Lagerraum.

»Theo?«, rief er. »Alles okay?«

Keine Antwort.

»Scheiße«, sagte O'Grady, plötzlich von Schwindel erfasst. Er lehnte sich an den Türpfosten, versuchte sich wieder in den Griff zu kriegen. Sein Atem ging schwer und sein Herz raste. Schließlich konnte er den Kopf richtig heben und sah etwas aus dem Augenwinkel. Am Boden. Füße.

»Theo?«, sagte O'Grady. Er drückte vorsichtig gegen die Tür, traf auf Widerstand. Constantines Barrikade. O'Grady riss die Tür aus der noch verbliebenen Angel, legte sie auf den Boden. Hektisch zerrte er die Kartons aus dem Weg. Da lag Constantine auf dem Rücken, leicht verdreht, als hätte er noch versucht, der Detonation zu entkommen. Er hatte keine Schussverletzung, nur Myriaden winziger Schnittwunden von umherfliegenden Splittern und ein großes, hässliches Mal auf der Wange. Der Schuss musste ihm den Türknauf direkt ins Gesicht katapultiert haben. O'Grady bückte sich und rüttelte den Manager an der Schulter.

»Bist du okay, Theo?«

Keine Reaktion. Jetzt erst bemerkte er die fahlgraue Gesichtsfarbe des Managers. Als er kein Zeichen von Atmung entdecken konnte, geriet O'Grady in Panik. Er drosch blindwütig um sich, als säße er in einem Käfig gefangen, und hörte erst auf, als ein ausrangierter Topf von einem der oberen Borde kippte und ihm genau auf den Kopf fiel. Er stand reglos da, leicht betäubt, Constantines leblosen Körper zu seinen Füßen, und Tränen liefen ihm übers Gesicht. Nach einem Moment der Stille meldete sich die Kleine neben ihm, mit verdrecktem, tränennassem Gesicht und unkontrolliert wackelndem Kopf.

»Ist er okay?«

»Nein«, sagte O'Grady. »Er ist tot. Ich habe ihn umgebracht. So ein Scheiß. Ich wollte doch nur etwas verändern … Verdammt. So ein Scheiß.«

Das Mädchen bückte sich und hob eine der Papierservietten auf. Schiefe Zeilen in Constantines Handschrift zogen sich darüber. Die Kleine versuchte sich auf das Geschriebene zu konzentrieren, aber die Wörter tanzten wild herum. Sie ließ sich auf den Boden plumpsen und schloss die Augen, aber es kamen keine Tränen mehr.

Als sie die Augen wieder öffnete, konnte sie Theos letzte Worte lesen.

N
Ich werde nie vergessen, wie nett du
zu mir warst.
Du hast mir gezeigt, dass das Leben
etwas so Gutes sein kann.
Danke.

Was *ist* Unschuld? Ist es der Stand der Gnade, in dem alle Kinder geboren werden? Diese unendliche Weisheit, die aus ihren Augen zu sprechen scheint? Ist das Unschuld?

Wir werden größer. Wir leben, wir atmen, wir stoßen uns an anderen Körpern. Wir fügen Schaden zu. Anderen … uns selbst.

Was ist Unschuld?

O'Grady hatte Angst, dieses Gewehr zu benutzen, bis zuletzt. Er hat nie absichtlich auf einen anderen Menschen geschossen. Ist das Unschuld?

Ist es ein kleines Mädchen, das doch nur Wild-West-Aufkleber wollte? Das keine Vorstellung davon hatte, wie es der Hölle entkommen könnte? Das Angst vor schemenhaften Gestalten hatte, weil es sie für Marionetten hielt, die hinter ihm her waren? Die Unschuld war meine Feindin. Die Unschuld war schwach.

Ich sehe William an, dann meine Mutter. Mein Herz rast immer noch wie wild vom Erzählen, mein Kopf ist dick und schmerzt.

»Es war so, wie sie bei der gerichtlichen Untersuchung festgestellt haben«, sage ich. »Constantine wurde von dem Türknauf getötet.«

»Der Untersuchung zufolge wurde er von O'Grady getötet«, sagt Nancy.

Ich zucke die Achseln, mir kommt noch eine Erinnerung. Bilder … Geräusche … *sie* war da. »Theo sah so seltsam aus … so grau … und da ist noch was. Gott … das ist ja unglaublich. Sie hat gesungen …«

»Wer hat gesungen?«, fragt Nancy und guckt verdutzt.

»Gott …«

Die Kleine stand auf, die Papierserviette in der Faust. Sie sah auf Theo herab und schüttelte den Kopf. Nein, er konnte nicht tot sein. Sie würde nicht zulassen, dass er tot war. Sie starrte ihn an, so fest sie nur konnte, zwang ihn mit ihrer ganzen Willenkraft zu atmen, wieder aufzuwachen und Angst zu haben, wegen O'Grady und den Papierservietten und dem Gewehr …

Er rührte sich nicht.

Die Kleine kniete sich hin. Neben Constantines leblosem Körper. Sie hob behutsam seinen Kopf an, bemerkte seinen reglosen Brustkorb.

»Hörst du mich, Theo?«, fragte sie.

Keine Reaktion.

»Ist ja gut jetzt. Alles in Ordnung.«

Dann beugte sie sich näher an ihn heran und flüsterte ihm ein Versprechen ins Ohr. »Ich passe auf die Servietten auf, Theo.«

Sie war sich nicht sicher, glaubte aber ein leises Zeichen des Verstehens auf seinem Gesicht zu sehen. Sie strich ihm übers Haar und begann, ihm etwas vorzusingen, ein beruhigendes Liedchen, das sie irgendwo gehört hatte.

»Mond, Mond, silberweiß / Mond, Mond, sanfter Schein / Mond, Mond, flüstere leis / in den Schlaf die Kindelein.«

»Ich glaube, ich hab dich singen hören«, sagt William. »Ich bin mir nicht sicher … ich glaube, ich hab's gehört.«

Ich nicke, bin aber in Gedanken bei Theo, der da in meinen Armen liegt, höchstwahrscheinlich tot, während ich seine Seele in den Himmel singe. »Meinst du, er hat mich gehört?«, frage ich.

William zuckt die Achseln. Nancy gucke ich nicht an. Ich weiß, sie würde Ja sagen, nur um mich aufzubauen.

»Was war das für ein Lied?«, fragt William.

»Was?«, sage ich, von Theos Gesicht abgelenkt.

»Das Lied?«

»Weiß nicht«, sage ich achselzuckend. »Ist das wichtig?«

»Polizei! Keine Bewegung! Polizei! Keine Bewegung!«

Das Brüllen kam von allen Seiten. Polizisten in kugelsicheren Westen, mit Gasmasken und Sturmgewehren, trabten die Treppe herab und gingen am Eingang in Deckung. Tränengaspatronen kullerten in die Mitte des Restaurants und spien Rauch. Ein Mann huschte durch den düsteren Nebel und verschwand um die Ecke zu den Toiletten.

Die Polizisten warteten ab, vorsichtshalber, weil sie nicht wussten, ob er sich dort verschanzen würde. Wären sie ihm gefolgt, hätten sie eine einsame Gestalt im Beinahe-Dunkel kauern sehen. Die Hände des Mannes zitterten, als sie das Gewehr verkehrt herum hielten. Das war gefährlich. Der Rauch driftete jetzt um die Ecke, brannte ihm in den Augen. Der Mann senkte die Hand zum Abzug, berührte ihn. Er atmete schaudernd aus.

Ein lauter Knall und eine grelle Farbexplosion. Der Mann war tot.

»Ich habe den Schuss gehört«, sagt William. »Und angefangen zu weinen. Ich glaube, ein paar von den Männern haben auch geweint.«

»Ich habe den Schuss auch gehört«, sage ich. »Aber es klang so unwirklich.«

Der Polizist, der die Kleine fand, war ein junger Mann, der selbst zwei kleine Töchter hatte. Zuerst hatte er Theo Constantines Leichnam entdeckt und seinen Fund über Sprechfunk gemeldet, dann bemerkte er in dem Halbdunkel eine leise Bewegung, als ob sich ein Schatten in Luft auflöste. Als er den kleinen Raum absuchte, sah er sie, unterm Schreibtisch verkrochen, irgendetwas in der Hand.

»Ist ja gut, Herzchen«, sagte er. »Jetzt ist alles vorbei.«

Er wusste, mit der Gasmaske machte er ihr Angst, deshalb bewegte er sich langsam. Sie regte sich nicht, nahm ihn gar nicht zur Kenntnis. Er sprach weiter auf sie ein, um ihr zu zeigen, dass er es gut meinte, dass er ein menschliches Wesen war. Er bückte sich, schob behutsam den Arm um sie und hob sie hoch. Auf dem Weg durchs Restaurant hustete sie. Dann, als er sie die Treppe hinauftrug, zu ihren wartenden Eltern, sagte sie: »Nicht angucken.«

Er kam dem gern nach.

Wer sagt, sich zu erinnern sei etwas Gutes, der lügt. Es ist nichts Gutes und es ist nichts Schlechtes. Es ist keine Last und keine Entlastung. Es ist eine Form des Verstehens. Eine Form des Wissens, die über Ereignisse, Zahlen und Geschichten hinausgeht. Es ist das Akzeptieren der Tatsache, dass man, wenn man in die Vergangenheit zurückgeht, *genau* weiß, wer man ist.

Ich habe mich also erinnert, ich habe mein Lied noch einmal gesungen, und doch ist O'Grady immer noch da.

»Bleib für dich, das hat mir O'Grady aufgetragen«, sage ich leise.

William nickt. Er versteht das nur zu gut.

Ich halte ein Holzgewehr in den Händen.

»Freda«, sagt Nancy sanft. »Ich glaube, wir sollten jetzt gehen.«

»Ich kann nicht«, sage ich.

Nancy zieht die Augenbrauen hoch, aber sie interessiert mich nicht. Ich gucke William an. »Kannst du hier weg?«, frage ich.

»Ich weiß nicht«, sagt er. »Es ist, als ob ich wieder dorthin zurückgekehrt wäre …«

»Für mich auch«, sage ich und gucke auf mein Gewehr. »Was sollen wir jetzt tun?«

»Ich weiß nicht …«

»Oh, bitte«, sagt Nancy. Sie hüpft von der Werkbank und wandert ungeduldig auf und ab. Draußen wird es jetzt Tag: mattes Grau im Fenster. »Das ist doch albern«, sagt sie. »Gib mir dieses Gewehr, oder leg es weg oder irgendwas. Lass uns jetzt nach Hause gehen, ja? Das hier ist nicht das Restaurant, es ist die Werkstatt deines Vaters. Du bist nicht wieder dort … du bist neunzehn Jahre alt. Also lass diesen sentimentalen Quatsch und sei ein bisschen positiv, ja?«

Verblüfft starre ich Nancy an. Obwohl ich sie schon auf manchen Gegner habe losgehen sehen, war ich doch noch nie selbst das Ziel einer solchen Attacke. William starrt sie ebenfalls an. Vielleicht stimmt er ihr zu, vielleicht fragt er sich aber auch, wie sie in das Ganze verwickelt ist. Ehe ich antworten kann, höre ich, wie sich ein Schlüssel im Schloss dreht, und mein Vater tritt durch die Werkstatttür.

»Freda?«, sagt er und guckt sich in dem schummrigen Raum um. Dann sieht er Mum. »Nancy? Was machst *du* denn hier?«

»Hugh«, sagt Nancy steif.

Dad scheint schockiert, vermutlich, weil plötzlich Wesen aus Fleisch und Blut hier eingedrungen sind.

»Dad, das ist William«, sage ich.

»Hm«, sagt Dad, guckt aber auf mein Gewehr. »Wann hast du das denn geschnitzt, Freda?«, fragt er.

»Geschnitzt?«, sagt Nancy schrill.

»Wieso geschnitzt?«, fragt William.

»Kann ich mal sehen?«, sagt Dad, und ich reiche ihm das Gewehr. »Das ist gut«, sagt er und begutachtet es eingehend. »Du bist wirklich begabt.«

»Was geht hier vor?«, fragt Nancy.

Dad starrt sie an, reicht ihr dann das Gewehr hinüber. Als sie es nimmt, sehe ich die Verblüffung auf ihrem Gesicht. Es ist so leicht. So unecht.

»Du hast das gemacht?«, fragt Nancy.

»Balsaholz«, antworte ich.

»Was?«, sagt nun auch William. Er kommt herübermarschiert, nimmt das Gewehr, wiegt es in der Hand, schwenkt es. »Ich glaub's nicht. Ich glaub's einfach nicht.« Dann funkelt er mich wütend an, und ich warte, dass er über mich herfällt, weil das sein gutes Recht wäre. Ich habe ihn aus Eigennutz mit diesem schrecklichen Ding bedroht. Ich habe ihn wieder in die Hölle zurückversetzt. Nach einer längeren Schweigepause lächelt er und sagt: »Shit.« Er schüttelt den Kopf, setzt sich mit dem Gewehr hin und wiederholt das Wort noch ein paarmal.

Dad guckt verlegen, als hätte er gerade die Überraschungsparty verdorben, also helfe ich ihm, indem ich frage: »Wieso bist du heute schon so früh auf?«

»Oh«, sagt er schüchtern, »ich habe dich gestern Abend anzurufen versucht. Aber da war keiner. Also bin ich heute Früh bei euch vorbeigefahren, aber das Haus war leer und verlassen. Ich dachte, du wärst vielleicht hier. Ich habe mir wohl Sorgen gemacht. Als ich gestern von hier wegging, sahst du so traurig aus. Ich schätze … Na ja, ich schätze, ich wollte dich fragen, ob alles in Ordnung ist.«

»Ich weiß nicht«, sage ich. »Mir sind gerade Sachen aus dem Restaurant wieder eingefallen …«

»Oh«, sagt Dad, jetzt noch verlegener. »Du hast … gestern schon davon gesprochen … ich meine von dieser Situation auf der Treppe.«

»Ja«, sage ich.

»Weißt du, dass ich oft an diesen Moment denke … und daran, wie sie dich rausgetragen haben?«

»Ach?«, sage ich. »Und was denkst du dann?«

»Ich schätze, mir fallen auch Dinge wieder ein«, sagt er. »Ich habe da etwas gesehen …« Er guckt zu Nancy hinüber. »Ist nicht so wichtig.«

Nancy verdreht die Augen und sagt: »Ach, Herrgott. Hör auf damit. Sag einfach, was du zu sagen hast. Ich halte mir die Ohren zu, wenn es sein muss.«

»Das ist nicht nötig«, sagt Dad. »Ich habe ein kleines Mädchen gesehen … im Eingang. Aber das warst nicht du, weil du ja mit deiner Mutter im Auto warst. Ich weiß, es klingt verrückt, aber es war so. Das hat mich immer verfolgt …«

Ich starre meinen Vater an, der voller Überraschungen steckt. »Ich finde das gar nicht verrückt«, sage ich. »Ich glaube, ich träume auch von diesem Mädchen.«

Dad nickt, und wir wechseln einen verstehenden Blick.

»Was sollen wir damit machen?«, fragt William und hält das Gewehr hoch.

»Verbrennen«, sage ich. »Das grässliche Ding. Zur Hölle damit.« Ich ziehe die Papierservietten aus meiner Jeanstasche. »Und die hier verbrennen wir auch.«

»Ist das dein Ernst, Freda?«, fragt Nancy.

William springt eifrig auf, er versteht sofort den symbolischen Charakter der Aktion. »Wo können wir Feuer machen?«, fragt er.

Dad geht zu dem kleinen Werkstattofen in der Ecke und öffnet die Klappe. »Hm … da sind noch Kohlen drin«, sagt er mit einem wissenden Blick in meine Richtung.

Ich werfe William das Gewehr zu. Er braucht keine weiteren Anweisungen. Er bricht das Ding in Stücke, und sein Gesicht spiegelt schiere Befriedigung. Einen Moment lang bin ich neidisch. Ich wollte, ich könnte das tun, die Erinnerung an unsere Qual vernichten, aber seltsamerweise habe ich das Gefühl, dass es mir schon gelungen ist, dieses Werkzeug der Vernichtung aus meinem Körper und meinem Gehirn zu verbannen, als ich das Ding geschnitzt habe. Ich suche nach Worten, die dieses Ritual begleiten könnten, aber mein Kopf ist so müde. Es sind schon so viele Worte herausgekommen. Alles, was mir einfällt, während William das Balsaholz in den Ofen steckt, ist: »Terror bringt neuen Terror hervor. Da hilft nur verbrennen.«

William nickt. Dann strecke ich ihm die Papierservietten hin. »Die hier als Nächstes.«

Er nimmt sie und klaubt die oberste vom Stapel. Dann guckt er kurz auf die weiße Serviette und fragt neugierig: »Wer ist ›N‹?«

»Bitte?«, sage ich.

»›N‹«, sagt William und zeigt mir die Papierserviette. Sie ist an jemanden namens »N« adressiert. William zeigt mir andere, spätere Papierservietten, und alle sind an eine Person namens »N« gerichtet.

»Ich weiß nicht«, sagte ich. »Ich habe nie richtig drauf geachtet. Ich war wohl zu sehr mit dem beschäftigt, was er über mich geschrieben hat …«

»Hm«, sagt William und schickt sich an, die Papierservietten ins Feuer zu werfen.

»Halt«, sagt Nancy Opperman.

»Das soll wohl ein Witz sein, oder?«, frage ich.

»Nein, mir ist da gerade ein Gedanke gekommen. William hat so lange nach dir und den anderen Überlebenden gesucht, weil … weil er euch brauchte.«

»Was willst du damit sagen, Mum?«

»Theo Constantine hat diese Botschaften in einer Krisensituation geschrieben. Er hat sie an jemanden namens ›N‹ gerichtet. Wer immer das war … es war die Person, an die er sich gewandt hat.«

William rettet die Papierservietten in letzter Sekunde vor dem Flammengrab, und wir betrachten sie mit ganz neuen Augen.

»Seine Freundin?«, spekuliere ich.

»Ich werde es herausfinden«, sagt William. »Leute aufspüren ist mittlerweile meine Spezialität.«

»Was machst du eigentlich?«, frage ich. »Du bist doch kein Student, oder?«

»Arbeitslos«, sagt William. Dann fügt er grinsend hinzu: »Bis eben.«

Ich lege die Papierservietten in meine Umhängetasche. Das ist nicht das, was ich vorhatte, aber ich schätze, jetzt haben sie doch noch einen Zweck … wieder.

Kurz darauf gehen Nancy und ich. Wir nehmen William mit, um ihn zu Hause abzusetzen. Im Auto erzählt er eine Geschichte aus seiner Highschool-Zeit. Freunde von ihm sprachen davon, bei einer globalisierungskritischen Demonstration mitzumachen. William wollte auch hin, weil er diese Bewegung unterstützte, aber als es dann konkret wurde, fand er eine Ausrede, um wieder abzuspringen.

»Aber«, gibt William vom Rücksitz aus zu, »am Tag der Demonstration war ich dann doch dort.«

»Dann bist du also doch mit deinen Freunden mitgelaufen?«, fragt Mum.

William schweigt eine ganze Weile, sagt dann: »Nein.«

»Oh«, sagt Mum leicht irritiert.

»Ich stand auf dem Gehweg und habe von dort auf die Demonstranten eingebrüllt«, sagt er. Und setzt dann hinzu: »Beschimpfungen. Wüste Beschimpfungen …«

Ich drehe mich zu ihm um. »Hat es geholfen?«

Er nickt. »Ja«, sagt er. »Für eine Weile. Das waren nicht sie, verstehst du …?«

Ich nicke. Natürlich waren es nicht sie.

»Es war er«, sagt Nancy, und ihre Stimme geht fast im Fahrgeräusch des Wagens unter.

Dann sind wir bei William, und im Aussteigen verspricht er anzurufen. Wir fahren weiter, nach Hause. Meinen müden Augen ist das Morgenlicht viel zu grell, also mache ich sie zu, und Myriaden von Bildern spulen sich in meinen Kopf ab wie

Highlights aus einem schlechten Film. Gewehre. Brüllende Männer. O'Gradys Tiraden und Tobsuchtsanfälle. Dann doch lieber das blendende Licht. Also mache ich die Augen wieder auf und gucke zu meiner Mutter hinüber, die den Wagen lenkt, immer noch alles unter Kontrolle hat.

»Warum war es so wichtig zu beweisen, dass ich gut war, Mum?«, frage ich.

Sie guckt herüber, fragt dann, was ich meine.

Ich sage seufzend: »Das weißt du doch.«

»Ich wollte nichts beweisen«, sagt sie pikiert, weil sie meine Frage als Angriff versteht. Falsch. Ich bin nicht auf Angriff aus. Da sind noch ein paar »Leichen« aus meiner Vergangenheit, die es zu begraben gilt, weiter nichts.

»Und das mit dem ›guten Leben‹?«, frage ich. »Und die Pressekonferenz? Was sollte das alles beweisen?«

Nancy Opperman konzentriert sich auf die Straße. Es ist nicht viel Verkehr. Ich warte ab.

Schließlich fragt sie mit ihrer Anwältinnen-Stimme: »Hast du je einen Zeitungsbericht über eine Mutter gelesen, die beschuldigt wird, ihre Kinder getötet oder vernachlässigt zu haben?«

»Ja. Klar. Aber was hat das …?«

Nancy hebt die Hand. »Ich spreche davon, was die Medien tun. Diese Mütter werden zerfleischt. Egal, wie ihre konkrete Situation aussah, in welcher psychischen Verfassung sie waren. Sie werden geschlachtet, damit wir uns besser vorkommen können. Ich bin nicht blöd, Freda.«

»Aber ich war doch noch ein Kind. Du hast doch selbst gesagt, mich hätte niemand belangen können …«

»Juristisch nicht, nein«, sagt Nancy. »Aber die Medien hätten dir auf hunderterlei Art den Prozess machen können. Natürlich habe ich dich davor beschützt.«

»Und Theos letzte Worte?«

»Das war nicht geplant«, sagt Nancy. »Es kam einfach so heraus. Du hattest hinten im Polizeiauto gesessen und etwas von ›Leben‹ und ›gut‹ gesagt. Weißt du nicht mehr?«

Ich schüttle den Kopf. Ich erinnere mich nur an das Gefühl eines anderen Körpers an meinem, an die Wärme im Wagen, meine schmerzende Hand, die die Papierservietten umklammerte, und meine Entschlossenheit, die Augen nicht aufzumachen.

»Aber du hast es gesagt«, sagt Nancy. »Kannst du dir vorstellen, wie es für mich war, diese Papierservietten zu lesen? Ich dachte, mir wird schlecht … und du wolltest doch nur, dass ich dich ganz festhielt und niemandem erlaubte, dich anzugucken. Du hast immer wieder gesagt: ›Sie sollen mich nicht angucken‹. Das hatte dir O'Grady eingeschärft, aber damals dachte ich, du hättest Angst, sie könnten sehen, was Constantine geschrieben hatte.«

»Hatte ich auch«, sage ich.

»Und als dann bei der Pressekonferenz diese Frage kam … da schien es mir einfach eine hübsche Antwort. Ich habe ihm ein paar letzte Worte in den Mund gelegt.«

»Und alle haben bereitwillig hingenommen, dass er so was gesagt haben sollte.«

Nancy zuckte mit den Achseln. »Warum nicht? Ein gutes Leben – das Leben ist doch gut. Selbst Constantine hat das geglaubt, zum Schluss, als er die letzte Serviette beschrieb.«

Ich schüttle den Kopf, drehe mich weg, starre in das Morgenlicht, dass mir die Augen wehtun.

»Was ist?«, fragt sie.

»Nichts.«

»Was?«,

»Ich kann nicht … Ich weiß nicht. Ich kann einfach nicht. Wie kannst du das so sicher sagen?«

»Ich weiß nicht«, sagt sie und biegt in unsere Einfahrt. »Vielleicht ist es ja das Einzige, das wir sicher sagen *können.*«

Ich steige erschöpft aus, bin mir aber der unabgeschlossenen Sache mit den Papierservietten nur zu bewusst. Nancy würde mitkommen, wenn ich sie darum bäte. Sie würde sie liebend gern für mich übergeben.

»Mum«, sage ich, und sie wendet sich mir zu.

»Ja?«

»Ich glaube, ich möchte Fahrstunden nehmen.«

Mum guckt mich ein, zwei Sekunden an, ein bisschen irritiert von diesem banalen Wunsch. Als sie sich überzeugt hat, dass da nichts weiter dahintersteckt, nickt sie und sagt: »Gut.«

Wir gehen rein. Es gibt einiges aufzuräumen.

Ein Brief

Sonntag, 22. Juli

Liebe Naomi,

nur ein Kärtchen zu den Blumen, weil ich nicht weiß, ob du zu Hause bist, wenn ich komme. Diese Blumen sind ein Dan-

keschön, schätze ich. Dafür, dass du so ein nettes Mädchen bist. Dass du mit mir ins Kino gehst. Und dass du meine ›Freundin‹ bist. Darf ich dich so nennen? Ich hoffe es sehr. Ich warte gespannt auf deine Antwort. Wenn du nicht zu Hause bist, rufe ich dich nach der Arbeit an. So gegen fünf. Sonntags ist nie viel los.

Alles Gute und liebe Grüße

Theo

PS: Ich hoffe, die Farbe dieser Rosen gefällt dir. Sie sind so dunkel und ungewöhnlich, aber schön.

FREDA OPPERMAN

Sie öffnet die Tür, und mir fällt sofort auf, wie durchschnittlich sie ist. Kein Make-up, ein praktisches Kleid mit einer schlichten Strickjacke drüber. Ich weiß nicht, was ich hier soll, jetzt, wo ich hier bin. Was habe ich für ein Recht, dieser lächelnden Frau hier die Papierservietten zu bringen? Sie ist nicht größer als ich, aber runder, fülliger, weil sie älter ist und vielleicht Kinder geboren hat. Ich sollte etwas sagen, erklären, warum ich hier bin, aber ich kann nicht. Sie hebt die Augenbrauen und lächelt mich freundlich an. »Ja?«, sagt sie freundlich.

Soll ich jetzt sagen, dass ich hier bin, weil sie Naomi ist, ein Mädchen, dessen Name mit »N« anfängt? Ist das Grund genug, meine Tasche zu öffnen und diese Papierservietten herauszuziehen?

»Ich … ähm … Sind Sie Naomi?«, stammle ich schließlich.

»Ja«, sagt sie. Mit einer fragenden Melodie. Nur eine angehobene Braue jetzt, freundlich, auffordernd, abwartend.

Ja, sie ist Naomi, Teil von etwas, das lange, lange her ist. Eine Frau, die sich ein paarmal mit Theo getroffen hat. Nach Williams Recherchen war sie die *Einzige*, die sich ein paarmal mit ihm getroffen hat. Und dafür kriegt sie jetzt diesen »Preis«, diesen vergifteten Kelch der Papierservietten, dieses mit Hass und Galle getränkte Papier.

»Ich glaube nicht …«, setze ich an. »Ich meine …«

»Möchten sie einen Termin?«, unterbricht sie mein Gebrabbel.

Die Frage kommt so unerwartet, dass ich nur sagen kann: »Einen Termin?«

»Ist schon okay«, sagt sie und öffnet die Tür weiter, um mich einzulassen. »Ich kann Sie dazwischenschieben. Kommen Sie, setzen Sie sich.«

Und ich folge ihr. Trete in ihr Leben mit dem eindeutigen Gefühl, dass ich nicht hier sein sollte. Sie führt mich in ein kleines Wohnzimmer mit einem gemütlichen Gasofen. An der Wand hängen Fotos von Kindern und einem Mann, den ich für ihren Ehemann halte. Er sieht weder markant noch gut aus, mit Stirnglatze und Durchschnittsgesicht, aber seine Augen sind warm und freundlich. Ich mag ihn sofort. Auf eine Art, wie ich Theo nie hätte mögen können. Dieser Mann ist solide und verlässlich. Glück gehabt, Naomi.

Sie dreht sich zu mir um und sagt einladend: »Nehmen Sie Platz. Ich mache eben noch Mrs Ashbourne zu Ende, dann sind Sie daran. Wenn sie ein Tässchen Kaffee mögen – steht in der Küche.«

»Danke«, sage ich und bemühe mich, meine Verwirrung zu überspielen. Auf was für eine Art »Termin« habe ich mich da eingelassen?

Sie geht durch eine Schiebetür, die offen ist, wohl um die Wärme aus dem Wohnzimmer in den Nachbarraum zu lassen. Ich riskiere einen Blick durch die Tür und sehe eine ältere Frau vor einem großen Spiegel sitzen, Lockenwickler im Haar. Sie hat einen schwarzen Umhang um und liest eine Illustrierte. Vor Erleichterung lache ich beinah laut los. Naomi arbeitet zu Hause als Friseurin.

»Das ging ja nicht lange«, sagt die alte Frau und lässt die Illustrierte sinken.

»Wissen Sie noch, wo Sie waren?«, fragt Naomi, löst das Haar der Frau von den Lockenwicklern und streicht es aus. Mrs Wie-doch-gleich steigt wieder in eine lange Geschichte über einen gewissen »Arthur« ein, Erinnerungen, wie sie alte Menschen zu beschäftigen scheinen, aber das ist nur ein Randaspekt dessen, was dort im Verandazimmer passiert.

Das Wichtige sind die Hände. Naomis lange Finger, die blasse Haut, die bläulichen Venen, die hervortreten, während sie das Haar der alten Frau ausstreicht, mit weichen, fast schon zärtlichen Bewegungen. Ihre Hände sprechen mit der Frau, liefern all die Zuhörerreaktionen. Sie nicken, murmeln, stimmen zu, stellen eine *Beziehung* her. Würden mich diese Hände berühren, wenn ich in dem Stuhl dort säße? Würden sie mir zuhören? Ich habe Angst.

Schwielige Hände hielten mich fest, dort am oberen Ende der Treppe, sprachen ruhig und direkt mit mir. Feine, kräftige Hände umfassten mich in der Kalten-Morgen-Atmosphäre des Autos, prüften, ob ich verletzt war. Fleischige Hände tätschelten mich ein ums andere Mal, ohne mich irgendwie zu trösten. Und *seine* Hände, rau, gefühllos, behandelten mich wie eine Puppe.

Wie kann ich mich von diesen Händen streicheln lassen? Sie würden mich im Nu durchschauen. Ich bin eine Hochstaplerin, die nicht hierhergehört. Ich würde bei ihrer Berührung schreien. Oder tausend Tränen weinen, sie mit meiner Scham tränken.

Es war blöd von mir zu glauben, ich könnte einfach hierherkommen. Ich stehe so abrupt auf, dass meine Tasche auf den Boden fällt. Sie kippt um, offen, verräterisch. Ich hebe sie auf. Naomi zeigt Mrs Wie-doch-gleich die Frisur, indem sie einen Handspiegel im richtigen Winkel hält, ihn Billigung heischend hin und her bewegt.

Plötzlich total mutlos, stehle ich mich aus dem Wohnzimmer und öffne die Haustür. Ich sollte wegrennen. Ich will losrennen, kann aber nicht. Ich gehe zu einem Rosenstrauch mit dunkelkarminroten Blüten, befühle die seidigen Blütenblätter. Dieser Strauch ist viel älter als die übrigen. Knorrig und verholzt, ragt er durch seinen stattlichen Wuchs und seine Präsenz hervor. Und diese ungewöhnliche Farbe, wie ein mittelalterlicher Wachsoldat.

Ich pflücke ein Blütenblatt ab und will es schnell in meine Umhängetasche tun, halte dann aber inne. Nicht da rein. Verstohlen stecke ich es in meine Jeanstasche. Ein paar Minuten später geht die Haustür auf, und Naomi erscheint mit Mrs Wie-doch-gleich, die umständlich in ihrem Geldbeutel herumkramt.

»Ich habe Geld dabei«, sagt sie, aber Naomi legt ihre langfingrige Hand auf Mrs Wie-doch-gleichs runzlige Haut und das Gefummel hört auf.

»Wissen Sie nicht mehr?«, sagt Naomi. »Sie haben mich doch schon bezahlt.«

»Nein, nein«, sagt Mrs Wie-doch-gleich. »Ich weiß, dass ich Ihnen noch nichts gegeben habe. Seien Sie nicht so widerspenstig, Naomi …«

»Sie haben mir diese wunderschöne Geschichte über Arthur gegeben«, sagt Naomi. Dann sieht sie mich zwischen den Rosen stehen und sagt: »Da sind Sie ja. Hab mich schon gewundert, wo Sie abgeblieben sind.«

Ich habe alle Zeit, darüber nachzusinnen, wo genau ich »abgeblieben« bin, während Mrs. Wie-doch-gleich mit einem Strauß frisch geschnittener Gartenblumen versehen wird. Dann kommt Naomi zu mir zurück. Sie reibt sich die kalten Hände, deutet mit einer Kopfbewegung auf den karminroten Rosenstrauch, von dem ich mich anscheinend nicht losreißen kann.

»Den da liebe ich«, sagt sie. »Hab ihn vor Jahren für einen Freund gepflanzt.«

Ich nicke. »Sie haben von der Frau kein Geld genommen«, sage ich.

Sie lächelt wieder und sagt: »Tue ich nie. Ich mach's einfach zum Vergnügen. Ihre Erinnerungen sind doch allemal einen Haarschnitt wert. Jetzt aber zu Ihnen. Ihr Haar sieht aus, als könnte es jede Menge Liebe und Zuwendung brauchen.«

»Ich habe nur ein bisschen Geld«, murmle ich, halb in der Hoffnung, sie dadurch abzuschrecken.

»Ach, ich nehme, was immer Sie da in der Tasche haben«, scherzt sie.

Dann wendet sie sich ab und geht ins Haus, und ich stehe da und kämpfe mit dem Horror, den ihr Vorschlag in mir ausgelöst hat.

Ich starre auf ihre Haustür, durch die ich eben erst geflüchtet bin. Wenn ich jetzt wieder reingehe, ist es eine bewusste Entscheidung. Habe ich den Mut?

»Kommen Sie«, ruft sie.

Ich mache einen Schritt auf sie zu. Es ist die normalste Sache der Welt, aber für eine junge Überlebende ist es ein immenses Risiko.

Ich folge Naomi ins Haus und ins Verandazimmer, wo ich mich auf den Stuhl setze. Sie hebt mein Haar an, und ich zucke zusammen. Nichts passiert. Naomi plaudert über mein Haar und scheint sich nicht weiter daran zu stören, dass ich keine Meinung dazu habe.

Da überlasse ich mich ihr, fühle ihre Hände auf meinen Wangen und meiner Kopfhaut, schließe die Augen, damit mich nichts ablenkt. Dann denke ich daran, wie William die Demonstranten angeschrien hat. Ich denke an das kleine Mädchen, das damals zurückblieb, und mein Herz fängt an zu rasen. Aber Naomi scheint es nicht zu bemerken oder vielleicht doch. Vielleicht sind ihre Berührungen jetzt noch sanfter. Ich atme langsam, bis alle Gedanken versiegen und da nichts mehr ist als das Hier und Jetzt.

Naomi schneidet mir die Haare zu einer Frisur, zu der ich wohl meine Einwilligung gegeben haben muss. Als sie fertig ist, zeigt sie mir mein Haar in ihrem Handspiegel, legt dann ihre nunmehr warmen Hände auf meine Wangen und sagt: »Immer noch kalt, aber schon ein bisschen wärmer.«

»Ich habe noch nicht bezahlt«, sage ich und greife nach meiner Tasche. Sobald ich sie öffne, sehe ich die Papierservietten. Ich zögere vielleicht einen winzigen Moment, ehe ich sie beiseiteschiebe, mein Portmonee herausziehe und Naomi einen kleinen Schein hinstrecke.

»Sind Sie sicher, dass Sie das verkraften können?«, fragt sie.

»Seien Sie nicht albern«, sage ich. »Das ist nicht annähernd genug für den Haarschnitt.«

Sie bürstet mich ab, und wir gehen aus dem Verandazimmer zur Haustür und wieder in ihren wunderschönen Garten hinaus.

»Oh, noch ein paar Blumen. Ich schneide Ihnen welche«, sagt Naomi und geht wieder hinein, um die Blumenschere zu holen. Sie ist gleich wieder da, und ich sehe zu, wie sie Rosen schneidet, die schönsten Blüten auswählt. Sie schneidet auch ein paar von den karminroten Rosen und sagt: »Die gebe ich normalerweise nicht her. Aber ich hatte das Gefühl, sie gefallen Ihnen.«

»Ja«, sage ich. »Sie sind irgendwie altmodisch …«

»Ja, nicht wahr?«, sagt sie und bindet den Strauß mit einem Stück Schnur.

Während ich zusehe, wie sie die Stiele umwickelt, wird mir klar, dass ich eine Entscheidung gefällt habe. Es ist verrückt, weil ich so viele Jahre davor weggelaufen bin, irgendetwas zu tun, und jetzt stehe ich hier und beschließe, Naomi die Papierservietten *nicht* zu geben, und bin trotzdem erleichtert. Und sicher. Sie gehören nicht hierher.

Theo würde diese Entscheidung billigen. Er war es, der mich hierhergeführt hat, in diesen Garten, dieser ängstliche, wütende Mann, der mich am Ende doch noch etwas zu lehren hatte. Das hier war die Welt, an die sich Theo klammerte, während er den eskalierenden Horror dort in dem Restaurant protokollierte. Ein Ort, wo es möglich ist, Leuten gegen Geschichten die Haare zu schneiden. Theo konnte sehen, was jenseits der Polizeischeinwerfer lag, während ich so prompt bereit war, es zu vergessen.

Naomi reicht mir den fest gebundenen Strauß und sagt: »Vorsicht mit den Dornen.« Wir gehen zum Gartentor, und ich gucke auf meine Blumen, berühre die kleinen, fast weißen Knospen, die sie dazugebunden hat.

»Sie gehen auf und ändern mit der Zeit die Farbe«, sagt sie. »Nichts bleibt, wie es ist, hm?«

Sie öffnet das Gartentor und ich nicke. Der Duft der Rosen ist so stark und schwer. »Danke«, sage ich und will hinausgehen, aber sie berührt mich leicht am Arm.

»Sie können jederzeit wiederkommen und sich die Haare schneiden lassen«, sagt sie. »Oder sich noch ein paar Rosen abholen.«

»Okay.« Und ich drehe mich nicht um.

Die Gartenbank

Ich habe eins der karminroten Blütenblätter in der Hand. Es ist schon welk und knittrig, hebt sich aber immer noch leuchtend von meiner hellen Haut ab. Theos Rosen. So nenne ich sie mittlerweile. Ich habe ein paar von den karminroten Blüten auf meiner Fensterbank verstreut, in der Sonne. Das wenigstens war ich ihm schuldig. Mum betrachtet das Blütenblatt in meiner Hand mit mäßigem Interesse. Wir sitzen im Garten, auf einer Gartenbank, die beinahe Freudentränen weinte, weil sie endlich einmal benutzt wurde. Ich sehe mich um, in diesem wilden Garten, der so ein krasser Kontrast zu Naomis Garten ist.

Nancy findet das einen seltsamen Platz zum Sitzen, aber ich finde ihn perfekt. Dieser Garten repräsentiert all die vernachlässigten Aspekte des Opperman-Imperiums, und ich finde es toll, dass er beschlossen hat, wild zu wuchern, statt schmollend vor sich hin zu kümmern. Darin steckt etwas, was ich gerade zu verstehen beginne: dass das Leben unordentlich und kompliziert sein kann und wir trotzdem weitermachen.

»Wo ist das her?«, fragt Nancy und zeigt auf das Blütenblatt. »Doch wohl nicht aus unserem Garten?«

»Nein«, sage ich lächelnd. »Ich … ich schätze, ich hab's gefunden.«

Oder gesucht? Ich bin schließlich eine Suchende. Ich suche an den unwahrscheinlichsten Orten nach Gnade. Ich suche da, wo andere nur Chaos sehen würden – auf laubübersäten Eingangsstufen, in bunten, aber vernachlässigten Gärten, im Wahnsinn – in der Hoffnung, sie dort hervorleuchten zu sehen. Ich nehme Gefangene, ein Gewehr im Anschlag. Ich fessle sie, bis sie bitterlich weinen, weil sie fühlen, was ich gefühlt habe. Ich begrabe die Vergangenheit und nehme ein Rosenblatt als Andenken mit. Ich tue das alles in dem Wissen, dass das Leben grundsätzlich riskant ist, egal, wie man es lebt.

Theos Rosenblatt droht davongeweht zu werden. »Flieg«, will ich ihm zuflüstern. Ich war nicht bei Theos Beerdigung, aber hier vor mir, in diesem Garten, ist ein frisch zugeschüttetes Loch, ein Grab. Da habe ich Theos Angst und Scham hineinfallen lassen. Ich stand ganz allein da und guckte zu, wie eine Papierserviette nach der anderen hinabflatterte wie ein panischer Vogel und sich kurz an der Wand des Lochs festkrallte, ehe sie in der Tiefe verschwand. Und ich begriff, dass ich gleichzeitig meine eigene Scham begrub.

Es war so erleichternd. Worte kamen mir in den Sinn. Shelleys Worte, und sie schienen genau zu passen.

Lehr mich halb die Freude,
Die dein Kopf muss kennen,
Und mein Mund wird neue
Harmonische Tollheit entsenden;
Die Welt sollt lauschend zu mir,
wie ich zu dir, sich wenden.

Ich gucke zu meiner Mutter hinüber, die mit mir auf dieser Bank sitzt. Sie hätte verächtlich geschnaubt, hätte sie mich Shelley zitieren hören.

»William hat mich nicht mehr angerufen, seit er mir Naomis Adresse durchgegeben hat«, sage ich. Nicht, dass er's versprochen hätte, aber irgendwie habe ich doch damit gerechnet, wieder von ihm zu hören.

»Mich hat er angerufen«, sagt Nancy. »Er ist eine Zeit lang weg. Ich bin sicher, er meldet sich bei dir, wenn er wieder da ist …«

»So wie du dir sicher warst, dass er mir guttun würde?«

»Oh, Freda …«

Eine Windbö pfeift durch die Büsche, umraschelt uns auf unserer kaputten Gartenbank. Das Gras biegt sich, beruhigt sich dann und badet weiter in der Wintersonne. »Wenn ich nachts wachliege, Mum«, sage ich, »und die Stimme dieses Mannes in meinem Kopf ist und die dunklen Schatten über mein Gesicht zucken, dann beruhigt mich nur die Erinnerung an das Gefühl, wie du mich in dem Polizeiauto in den Armen gehalten hast.«

»In den Armen gehalten zu werden, wird nicht immer helfen«, sagt Nancy. »Das glaubst du doch nicht ernsthaft. Und dich zu erinnern auch nicht.«

»Kann sein …«

»Vielleicht hast du das alles gar nicht getan, Freda. Verdrängte Erinnerungen sind oft unverlässlich. Es gibt Untersuchungen …«

Ich nehme ihren Arm und drücke ihn. »Du musst mich nicht von den Sternen zurückholen und wieder zusammenflicken, Mum. Okay?«

»Weiß ich ja. Ich will nur verhindern, dass du dich selbst bestrafst …«

»Tu ich nicht. Ich weiß nicht, was ich von diesen Erinnerungen halten soll. Ich weiß, dass ich nicht das kleine Monstrum bin, über das Constantine geschrieben hat. Und ich bin auch nicht O'Gradys Soldatin. Ich schätze, ich muss es selbst klarkriegen, also sei einfach nur da, okay? Ich schaffe das schon.«

»Weiß ich«, sagt sie.

Ich drücke fester.

Sie nickt. »Weiß ich ja.«

Das Gras zu meinen Füßen liegt am Boden, und ich sehe ein kleines Büschel blauer Wildblumen. Sie stemmen sich trotzig gegen den Strom. Eine Biene landet auf einer der Blumen, um Blütenstaub zu sammeln, und der Wind setzt wieder ein. Grashalme peitschen von allen Seiten auf die Biene ein. Die Biene schwebt einen Moment auf der Stelle, fliegt dann im Wind davon.

»Harmonische Tollheit«, sage ich und gucke in unseren Garten. Nancy legt ihre Hand auf meine. Ich spüre ihre Wärme. Ihre Haut. Ihre Berührung, die mich wissen lässt, wo ich aufhöre und sie anfängt. Wir atmen gemeinsam, Haut an Haut, und ich nicke.

Leseprobe aus dem
Ravensburger Taschenbuch 54336
„Ich hab dich gesehn"
von C. Z. Nightingale

Dieser weiße Transit bedeutete nichts Gutes. Gleich als ich ihn sah, hatte ich ein ganz blödes Gefühl. Er parkte unter den dürren Bäumen an der Stelle, wo die Straße vom Kanal wegführt. Zwischen mir und der Fußgängerbrücke. Mitten im Weg.

Ich kauerte mich hinter einen der Trümmerhaufen, die von der alten Matratzenfabrik übrig geblieben waren. Jede Menge Typen standen um den Transit herum. Ich konnte nicht erkennen, was sie taten, aber ich wusste, dass es etwas Schlimmes war. Etwas richtig Schlimmes.

Ich wollte an dem Transit nicht vorbei. Ich wollte nicht sehen, was die Typen taten. Und ich wollte nicht, dass sie mich sahen. Doch wenn ich über die Brücke zur Martineau Street wollte, musste ich direkt an ihnen vorbei. Und wenn ich jetzt umkehrte, konnte ich mich gleich in die Kiste legen.

Ich war auf dem Weg zur Arbeit, und ich war spät dran. Wieder mal. Und Warwick hatte mich ohnehin schon auf dem Kieker. Er ist der Sohn des Chefs und nur ein Jahr älter als ich, aber er führt sich auf, als gehöre ihm der Laden. Ich hatte im Zeichensaal mit Natalie und Kendra gequatscht und vollkommen vergessen, wie spät es war. Wenn ich jetzt zur Hauptstraße zurückging, konnte ich auf keinen Fall bis halb fünf im Laden sein. Und dann würde Warwick mich umbringen.

Hau ab!, sagte eine Stimme in meinem Kopf. Lauf! Aber ich war nicht den ganzen Weg bis hierher gelatscht, um jetzt wieder umzukehren. Die halbe Canal Road lag bereits hinter mir. Der halbe Weg bis zur Brücke. Warum sollten die Typen bei dem Lieferwagen was von mir wollen? In unserer Gegend lernt man schon im Kinderwagen, in die andere Richtung zu schauen. Man kann »Ich hab nix gesehn« sagen, noch bevor man drei Jahre alt ist. Ich brauchte nur den Kopf unten zu halten und in die andere Richtung zu schauen, dann würden sie mich nicht mal bemerken.

Den Blick immer auf den Boden neben meinen linken Fuß gerichtet, ging ich schnell auf die Brücke zu. Alles war ruhig. Zu ruhig. Ich hörte meine Turnschuhe auf dem Kies knirschen. Als ich mich dem Lieferwagen näherte, begann die Haut zwischen meinen Schulterblättern zu prickeln. Meine Wadenmuskeln zuckten – aber losrennen wäre jetzt grundverkehrt gewesen. Bleib cool, Caryn, sagte ich mir. In zwei Minuten bist du auf der Brücke und hast es geschafft.

Warum ich mich umgedreht habe? Darauf weiß ich bis heute noch keine Antwort. Noch zwei, drei Schritte, und ich wäre über dem Kanal und in Sicherheit gewesen. Ich hätte mir unendlich viel Kummer erspart. Aber was hab ich getan? Mitten auf der höchsten Stelle der Brücke, wo ich mich wie ein Zeigefinger vor dem Himmel abhob, musste ich mich umdrehen und zu dem weißen Transit hinüberschauen.

Jemand wurde fertiggemacht. Richtig aufgemischt. Zwei Typen droschen auf eine dunkle Gestalt ein, die zusammengekrümmt auf dem Boden lag. Sie zeigten vollen Einsatz, schonten sich nicht. Arme fuhren durch die Luft. Körper bogen sich bei jedem Tritt nach hinten. Dann springt einer der Typen in die Luft und kracht mit seinem vollen Gewicht auf sie herunter.

Die Gestalt auf dem Boden rührt sich nicht. Die Arme liegen schützend über dem Kopf. Die Knie sind angezogen bis unters Kinn.

Es ist ein Junge. Vielleicht sechzehn. So alt wie ich. Sie haben alle seine Sachen aus seiner Schultasche gekippt – das haben sie bestimmt vorher gemacht, um ihm Angst einzujagen, um ihren Spaß zu haben. Seine Schnellhefter liegen auf dem Boden. Zwei rote, ein gelber. Weiße Blätter sind auf der Wiese verstreut.

Neun oder zehn Typen feuern die beiden mit Armen und Fäusten an. Die Gesichter sind von Sturmhauben und Baseballmützen verdeckt. In ihren glänzenden schwarzen Kampfjacken sehen sie alle gleich aus. Wenn sie sich bewegen und die Jacken vorne aufspringen, sieht man das Futter, es ist neonorange. Sie sehen aus wie exotische Insekten. Giftige.

Dann treten sie ein paar Schritte zurück und warten. Die Gestalt regt sich. Sortiert ihre Glieder. Rappelt sich langsam auf. Zuerst die Hüften, dann die Schultern, zuletzt der Kopf.

NEIN! NEIN!, schreie ich lautlos zu dem Jungen hinüber. NICHT BEWEGEN! BLEIB UNTEN! Aber er hört mich nicht. Die Insekten halten sich zurück, als er anfängt, sich zu bewegen. Sie schauen zu, wie er kämpft. Lassen ihn hoffen. Dann, als er sich auf alle viere hochgehievt hat, geht die nächste Trittsalve los und zwingt ihn wieder zu Boden.

Einer der Typen beteiligt sich nicht an dem Spaß. Er lehnt an der Motorhaube des Lieferwagens. Er hat eine Kippe in der Hand, raucht sie aber nicht. Falls er sich aus dem, was da abgeht, was macht, merkt man es ihm nicht an. Er rührt sich nicht. Doch als der Junge wieder zusammensackt, stößt er sich von dem Transit ab und schlendert zu den anderen hinüber. In der Hand hält er einen Baseballschläger.

Die Insekten drängen sich dicht an ihn heran. Ich sehe den Schläger durch die Luft wirbeln, aber ich sehe nicht, wie er sein Ziel trifft. Als die Gruppe wieder auseinandertritt, ist ein dunkler Fleck auf dem Boden. Die Blätter des Jungen sind nicht mehr weiß. Sie sind rot.

Dann plötzlich dreht einer der Typen sich um, schnell wie eine aufgeschreckte Katze, und schaut mich direkt an – als hätte ich seinen Namen gerufen. Was ich in gewisser Weise auch getan hab. Weil ich nämlich diese Kräfte besitze. Ich brauche nur den Hinterkopf von jemandem zu fixieren, und der- oder diejenige dreht sich um. Auf der Straße, in Autos, sogar in vorbeifahrenden Bussen drehen Fremde sich um, wenn ich ihnen diesen Blick anhänge. Und jetzt hatte ich diesen Typ durch mein Hinschauen dazu gebracht, sich umzudrehen, als ich schon längst hätte weg sein sollen.

Aber jetzt war's passiert. Nur ein kurzer Blick auf einen Mann mit Pferdeschwanz, in T-Shirt und Jeans. Dann hob ich von der Brücke ab. Ich breitete die Arme aus wie Flügel. Meine Jacke flatterte hinter mir her. Ich schwör's: Eine Sekunde lang bin ich geflogen!

Jetzt brauchte ich mich nicht mehr zu beeilen. Ich konnte mir Zeit lassen. Ich hatte eine wasserdichte Entschuldigung für Warwick. Der sollte bloß anfangen! Der sollte bloß sein großes Maul aufreißen! Ich schaute in die Läden in der Martineau Street, brachte aber kein rechtes Interesse für die Zeitschriften bei Irmak auf. Das neue Nagelstudio ließ ich gleich links liegen. Schließlich kaufte ich mir eine Dose 7-UP und schwang mich auf einen Betonblumenkübel, um eine zu rauchen. Meine Hand zitterte so, dass ich fast eine halbe Stunde brauchte, um die Kippe anzuzünden.

Da quietschen Bremsen, direkt neben meinem Ohr. Ein roter Nissan schleudert und kommt genau vor mir zum Stehen. Der Toyota hinter ihm weicht schlingernd aus und verfehlt nur knapp den schwarzen Benz, der ihm entgegenkommt. Die nachfolgenden Fahrer steigen in die Eisen. Alle brüllen und schimpfen und hupen. Ich springe auf, will wissen, was los ist, und da sehe ich ihn. Ein weißer Transit rollt auf mich zu, mitten durch den Verkehr, auf der falschen Straßenseite.

Als er auf meiner Höhe ist, hält er an. Der Mann mit dem Pferdeschwanz lehnt sich aus dem Fenster und fixiert mich. Ich starre zurück in Augen, eisenhart wie Schraubenköpfe.

Er ist echt hardcore. Die Ohrläppchen strotzen nur so von Ringen und Steckern. Um den Hals ungefähr zwanzig Ketten. Ein altes T-Shirt mit herausgeschnittenen Ärmeln zeigt seine Tattoos, auf dem Arm ein riesiges Spinnennetz und eine Girlande aus Rosen und Dornen, mindestens fünf Zentimeter breit, im Nacken.

Er sagt kein Wort. Schaut nur. Nimmt jede Einzelheit von mir auf. Speichert mich für später ab. Er ist voll durchgeknallt. Ich würde ihn jederzeit wiedererkennen – und er mich.

Als er genug gesehen hat, fährt er mit zwei Rädern auf dem Bordstein die Hauptstraße hinunter, bis er in die Garden Road abbiegt. Ein Stück Stoff klemmt in der rückwärtigen Flügeltür und verdeckt das Nummernschild. Irgendein Scherzkeks hat »Stevie Wonder washed this van« in großen Buchstaben auf das staubige Blech geschrieben.

Warwick war – wie üblich – mit drei Dingen gleichzeitig beschäftigt: Er bediente die Kasse, zeichnete Katzenfutter aus und brüllte in sein Handy.

»Nein! Nein, Mann! Den mit den Breitreifen, ja! Genau. Gebongt! Okay! Ich muss jetzt! Ruf mich in zehn Minuten wieder an!«

Als ich zur Tür reinhechtete, tippte er mit dem Finger auf seine Uhr – und tippte so lang, bis er fertig war mit Telefonieren.

Dann legte er los, volle Kanne. »Warum kommst du erst jetzt? Hoffentlich hast du 'ne gute Ausrede. Du glaubst wohl, du kannst dir hier alles rausnehmen, was? Hörst du mir überhaupt zu? Ich musste für dich einspringen. Ich muss einen Haufen Zeug ausliefern und kann nicht hier rumstehen und warten, bis Madame zu erscheinen geruht!«

Ich ließ ihn brüllen, damit er Druck ablassen konnte. Dann erzählte ich es ihm. Von dem Typen, den sie zusammengeschlagen hatten. Und wie fertig ich war.

Das beeindruckte ihn nicht. Er fragte bloß: »War's 'n Schwarzer oder 'n Schlitzauge?«

»Keine Ahnung. Ich war zu weit weg.«

Warwick sah mich aus schmalen Augen an. »Ich weiß gar nicht, weshalb du dich so da reinhängst. Dir kann so was doch nicht passieren.«

June schob seinen Kugelbauch durch den Gang auf uns zu. Ich hielt die Luft an. Warwick konnte mosern. Aber June konnte mich feuern. June war der Boss.

»Raus mit dir«, sagte er, an Warwick gewandt. »Sieh zu, dass du das Zeug ausgeliefert bekommst. Die Kleine hier muss sich dein Gemaule nich anhör'n.« Er nahm meine Hand in seine, öffnete sie, legte zwei Müsliriegel auf meine Handfläche, schloss meine Finger darum und hielt meine Hand noch einen Augenblick lang fest. »Mach dir 'ne Tasse Tee. June bleibt so lang an der Kasse.«

Das brauchte er mir nicht zweimal zu sagen.

Der Tee war süß und beruhigte. Ich zog mir einen Riegel rein. Krieg dich wieder ein, Caryn, sagte ich mir. Vergiss das Ganze. Denk nicht mehr dran. Ich wickelte den zweiten Riegel aus, hockte mich auf einen Stapel Abendzeitungen und dachte an Craig.

Hunger benebelt das Gehirn. Ich schob bis zum Feierabend einen solchen Kohldampf, dass ich in die Theke hätte beißen können. Freitags brummt der Laden immer wie verrückt. Ich war den ganzen Nachmittag auf den Beinen. Ich wollte nur noch auf mein Sofa, eine Pizza Americana mit extraviel Peperoni, meinen Hund und was Anständiges im Fernsehen, Friends zum Beispiel. Draußen wurde es langsam dunkel. Es sah nach Regen aus. Ich zog den Reißverschluss meiner Jacke bis zum Kinn hoch und marschierte Richtung Hauptstraße.

Die Schritte kamen aus dem Nichts. Plötzlich waren sie da. Schwere, dröhnende Schritte direkt hinter mir. Ich ging schneller – sie wurden ebenfalls schneller. Ich wurde wieder langsamer – sie genauso. Ich bekam Panik. Fast glaubte ich, Rosies Atem in meinem Nacken zu spüren – es konnte niemand anderer sein – der Mann mit dem Rosentattoo. Der wieder hinter mir her war. Wer sonst sollte es sein?

Ich drehte mich nicht um. Ich wollte nicht in Rosies stahlharte Augen sehen. Egal, was passierte, ich würde mich auf gar keinen Fall umdrehen!

Dann eine raue Stimme an meinem Ohr: »Caryn!«

Mich überkam das Zittern wie von einem elektrischen Schlag, und ich machte einen Satz. Ich stand in der Luft, ich schwör's. Doch gleichzeitig erkannte ich die Stimme. Ich fuhr herum. Da stand Craig und grinste übers ganze Gesicht.

»Craig! Du Blödmann!«, rief ich. »Wie kannst du dich so an mich ranschleichen! Mir ist fast das Herz stehen geblieben vor Angst.«

Craig arbeitet bei Laser, der Reinigung oben an der Straße, und auf dem Weg zum Sport kommt er öfter bei uns im Laden vorbei und deckt sich mit Vitamindrinks und Bananen ein. Er ist abends meistens beim Sport, entweder im Fitnessstudio oder beim Schwimmen. Manchmal kommt er am Laden vorbei, wenn ich Feierabend habe, dann gehen wir ein Stück zusammen und quatschen ein bisschen. Einmal hab ich ihn gefragt, ob er nicht mit meinem Hund Frisbee spielen will, und seither ist er ein paarmal im Park aufgetaucht. Er ist verrückt nach meiner Mango, und sie betet ihn an.

Seinetwegen hab ich wieder mit dem Schwimmen angefangen. Wenn ich ihn im Schwimmbad sehe, sage ich, ich hätte beim Rückenschwimmen Probleme mit dem Armschlag oder sonst was Bescheuertes. Dann reden wir ein paar Takte und trinken vielleicht einen Kaffee zusammen. Aber er hat mich noch nie angerufen. Nicht mal gesagt: »Bis dann.« Natalie und Kendra glauben, dass er mein Freund ist, und ich wünschte, es wäre so, aber wir sind nur Kumpel.

»Hey, Caryn! Mach dich locker«, sagte Craig. »Ich hab dich nicht für so schreckhaft gehalten.« Er legte einen Arm um meine Schultern und drückte mich kurz. Dann riss er seinen Arm gleich wieder zurück, als hätte ich Stacheln oder so.

Er roch nach Chlor und Weichspüler. Ich liebe seinen Geruch. Ich atmete ihn so tief wie möglich ein. Ich wollte, dass er noch einmal den Arm um mich legte. Aber richtig. Ich wollte, dass er mich an sich zog und festhielt. Es war das erste Mal, dass er mich überhaupt berührt hatte, und ich wollte nicht, dass es dabei blieb.

Wir waren schon im Park. Die Wege waren dunkel und herbstlich und rutschig von nassem Laub. Bald hatten wir die Hauptstraße erreicht, und wenn ich nicht schnell etwas unternahm, joggte Craig Richtung Sporthalle, und ich würde ihn tage-, vielleicht sogar wochenlang nicht mehr sehen. Und bis dahin hatte er dann bestimmt vergessen, dass er mich berührt hatte. Wenn ich wollte, dass irgendwas zwischen uns lief, musste ich die Sache jetzt endlich mal anschieben.

Warum hatte er eben den Arm um mich gelegt? Weil ich Panik geschoben hatte. Weil ich mich wahnsinnig erschrocken hatte. Das konnte ich mir noch mal geben, oder? Ich konnte ihm erzählen, was unten beim Kanal passiert war. Und zwar so, dass es richtig zum Fürchten klang.

Also erzählte ich ihm von dem weißen Lieferwagen. Und von den Typen in den schwarzen Bomberjacken. Und was sie mit dem Jungen am Boden gemacht hatten.

»Sie waren wie Tiere«, sagte ich. »Sie haben sich voll auf ihn gestürzt. Überall war Blut. Sie müssen ihm jeden einzelnen Knochen im Leib gebrochen haben. Einer von den Typen nahm Anlauf und trat nach seinem Kopf, als wär's ein Fußball. Und als sie mit ihm fertig waren, wollten sie mich fertigmachen. Ich bin um mein Leben gerannt. Echt.« Muss ganz gut geklungen haben, denn mir lief beim Erzählen ein kalter Schauer über den Rücken.

Doch es funktionierte nicht. Craig zeigte zwar Interesse, aber nicht an mir. Das hatte ich mir anders vorgestellt. Er fragte mich nur ohne Ende über die Typen im Lieferwagen aus. Wie viele es waren. Ob ich sie genau gesehen hätte. Hatten sie Billardstöcke? Baseballschläger? Gürtel? Würde ich sie wiedererkennen? Mich hatte er inzwischen völlig vergessen. Er ging ein paar Schritte hinter mir, als gehörten wir überhaupt nicht zusammen. Ich musste mich sogar umdrehen, um seine Fragen zu beantworten.

Es waren nur noch ein paar Schritte bis zur Hauptstraße. Ich hatte nicht vor, jetzt aufzugeben. Ich erzählte ihm, dass Rosie mir gefolgt war. Und dass es seinetwegen fast eine Massenkarambolage gegeben hätte und er sich kein bisschen darum geschert hatte. Und wie er mich aus dem Transit heraus angestarrt hatte und sich mit der Handkante über die Kehle gefahren war, bevor er losgebraust war. Das war zwar gelogen, aber was soll's. Es hörte sich gut an.

Als ich fertig war, hatte ich mir selber richtig Angst eingejagt, doch falls Craig es merkte, zeigte er es nicht. Er fragte nur: »Woher willst du wissen, dass er es war, Caryn? Ich schätze mal, dass es in Bow mindestens hundert weiße Transitwagen gibt.«

Und wie viele davon haben einen Grund, mich zu verfolgen? Na, siehst du! Ich also: »Er war es, Craig, ich würd ihn überall wiedererkennen.«

»Und du hast dich sofort ans Telefon gehängt und es allen deinen Freundinnen erzählt. Stimmt's?« Craig trottete immer noch hinter mir her. Er hatte seine Augen überall, nur nicht bei mir.

»Nein«, sagte ich, »du bist der Einzige, dem ich's gesagt

hab. Und Warwick vom Laden. Ihm musste ich's sagen, weil ich zu spät kam.«

»Und was ist mit deiner Mutter? Erzählst du's der?«

»Meiner Mum?«, rief ich. »Soll das ein Witz sein? Die würde mich doch augenblicklich aufs Polizeirevier schleifen. Und was dann los ist, weiß doch jeder. Wenn ich singe, spricht kein Mensch je wieder ein Wort mit mir. So sieht's doch aus. Also war's das dann. Klar?«

Craig grinst mich an. »Klar.« Und dann: »Komm doch am Samstag mit. Im Waterman haben sie 'ne gute Band. Der Bruder von Christian aus dem Sportstudio ist dort DJ.«

Ich stottere rum: »Äh – also … Na ja … Vielleicht … Okay … Ja, alles klar«, als ob ich es mir überlegen müsste.

»Wir treffen uns dann um neun vor dem Waterman.« Er drückte noch mal meine Schulter und war weg.

Ich bin den ganzen Weg nach Hause gerannt. Ich musste unbedingt mit Layla telefonieren. Und mit Natalie und Kendra. Das Leben ist manchmal schon seltsam, dachte ich. Da braucht es die ganzen Scheißtypen von dem weißen Transit, damit Craig merkt, dass ich ihm doch nicht egal bin.

Als ich bei June angefangen habe, hätte ich ein Wörterbuch gebraucht. Und einen Lageplan. Ich wusste vom ersten Tag an, wo die Kino-Tipps lagen und die Cornflakes, das war leicht, aber Amchoor? Asa foetida? Awame? Keine Ahnung. Die ersten Tage waren der Horror, doch nach einer Weile kam ich klar.

Junior Binn's Exotikladen – Produkte aus Übersee und

Naturkost, so steht es auf dem Schild in roten, grünen und goldenen Buchstaben. Was das bedeutet? Dass Junior Binn die unmöglichsten Sachen aus der ganzen Welt im Sortiment hat. Egal, was du suchst, June hat es. Es liegt entweder in einem der vollgestopften Regale, klappert an Schnüren über den Gängen oder stapelt sich auf den Tischen vor dem Laden, und die merkwürdigsten Typen von überall her kommen und kaufen es. Ich rühr das Zeug ja nicht an, außer den kandierten Mangos aus Venezuela. Die sind so unglaublich lecker, dass ich meinen Hund danach benannt habe.

Ich arbeite jeden Dienstag- und Freitagnachmittag dort und samstags den ganzen Tag. Ich hätt's nie für möglich gehalten, aber es macht Spaß. Ich unterhalte mich gern mit den Kunden. Ich mag Junes blöde Sprüche. Und ich mag den gemüsigen, erdigen, würzigen Geruch. Ich könnte mit verbundenen Augen durch den Laden gehen und würde am Geruch immer sofort erkennen, wo ich gerade bin. Manchmal atme ich ihn einfach nur ein. Manchmal ist er so intensiv, dass ich mir am liebsten eine Zigarette daraus drehen und ihn rauchen würde.

Die unangenehme Seite ist Warwicks ständiges Genöle.

»He, weißt du was?«, rief ich. Ich war hinten und packte Flaschen mit Pasta-Soge aus. Warwick hatte den ganzen Morgen an der Kasse gestanden und entsprechend schlechte Laune. Ich versuchte, ihn etwas aufzumuntern. »Im Regenwald am Amazonas gibt es einen Stamm, der Taranteln isst. Sie grillen sie – lebendig. Ich dachte ...«

»Ja, ja, sehr komisch.« Warwick ließ mich nicht ausreden. »Machst du jetzt deine Pause? Ich muss noch was erledigen.«

Es stinkt ihm immer gewaltig, wenn er den ganzen Tag im Laden stehen muss. Seine Vorstellung ist, dass er samstags, wenn ich da bin, verschwinden kann. Aber jetzt ist June im Großmarkt, und Olly, der stundenweise bei den schweren Arbeiten hilft, ist noch nicht aufgetaucht.

»Meine Pause ist um elf. Und ich nehm sie keine Minute eher.« Ich gehe zum Tresen. Ich hab keine Lust, mich heiser zu brüllen.

»Nimm sie etwas früher«, meint Warwick. »Sobald Dad zurückkommt, will ich hier verschwinden.«

»Ach ja? Und was ist, wenn June rauskriegt, dass ich allein im Laden war? Dann dreht er am Rad. Was dann?«

Warwick beißt sich auf die Lippe – das tut er immer, wenn er überlegt, wie er an das rankommt, was er will. Seine Zähne haben richtige Furchen in die Unterlippe gegraben. Dann fällt ihm ein, dass ja ich es bin, von der er was will, und er schiebt ein breites Grinsen auf sein Gesicht. »Ich werd Dad sagen, dass ich es so wollte. Du hast nichts zu befürchten. Komm schon, Caz. Es ist dringend!«

Sicher doch. Es ist immer dringend. Und was ist mit meinem Vormittag? Das spielt mal wieder keine Rolle, nehm ich an. Er zieht sich dann immer ewig hin, wenn ich so früh in die Pause gehe.

»Vergiss es, Warwick«, fauche ich. »Meine Pause ist um elf. Okay?«

»Ist ja gut! Jetzt hab dich mal nicht so! Zwanzig Minuten! Mehr wollte ich ja gar nicht, nur lächerliche zwanzig

Minuten. Ich würd dasselbe auch für dich tun. Das weißt du doch, oder? Wart nur, irgendwann willst du auch mal wieder was von mir. Dann kannst du …«

Er spult sich hoch, und es wird so weitergehen, bis er kriegt, was er will. Normalerweise gebe ich nach. Warum soll ich mir das Leben schwer machen? Er ist schließlich der Sohn des Chefs.

Doch bevor ich etwas sagen kann, schiebt sich June durch die Tür, bis unters Kinn beladen mit Kartons voller Bohnendosen. »Im Lieferwagen sind noch mehr davon, Junge«, sagt er. »Caryn, du bleibst solange an der Kasse.«

»Danach geht Caryn in die Pause«, sagt Warwick blitzschnell. »Damit ich kurz wegkann. Ja, Caryn?«

Im Lager wartete auf einem Stapel Dosen mit Kichererbsen eine Tasse Kaffee auf mich. Auf einem Teller lag ein Riegel Kit-Kat und rechts und links davon Messer und Gabel. Sehr witzig. Ha, ha. Der Kaffee war grau und schlierig mit klumpigen Inseln aus halb aufgelöstem Granulat und Milchpulver obendrauf. Ich nahm einen Schluck und spuckte ihn sofort wieder in die Tasse zurück. Das Wasser für diesen Kaffee war nie in einem Kessel gewesen. Es war nicht mal lauwarm. Der Trottel hatte es direkt aus dem Hahn laufen lassen, ohne zu warten, bis es richtig heiß war.

Okay, das war's dann. Netter Versuch. Meine Pause beginnt in dem Augenblick, in dem ich eine dampfende Tasse Kaffee in der Hand halte. Ich füllte den Kessel bis zum Rand, schob die Kartons so zurecht, dass ich mich bequem hinsetzen konnte, und wartete, bis das Wasser kochte.

Jemand hatte eine Zeitung auf dem Packtisch liegen lassen, und ich blätterte darin herum auf der Suche nach Fotos von Leuten, die ich kannte. Warwick flitzte ständig rein und raus und suchte seine kostbare Kamera und sein ganzes anderes Zeug zusammen. Er liebt diese Kamera. Es ist bloß so ein altes Ding vom Flohmarkt, aber er nimmt sie in die Hand, als sei sie ein junges Kätzchen. Manchmal streichelt er sie sogar mit den Fingerspitzen, bevor er sie vorsichtig in seine Tasche legt.

Dann sah ich es. Beim ersten Mal hab ich's überhaupt nicht registriert. Ich guckte mir schon die Hochzeitsfotos ein paar Seiten weiter an, als es Klick machte in meinem Kopf. Ich wusste nicht mal, wonach ich suchte, als ich zurückblätterte. Dann war es plötzlich wieder da, versteckt zwischen einem Bericht über einen chinesischen Elvis-Imitator und liebestolle Hamster, die die Nachbarn nachts um den Schlaf bringen.

Überfall auf Schüler aus Bow

Ein pakistanischer Schüler wurde vergangenen Freitag auf dem Heimweg von der Schule überfallen und schwer verletzt.
Das Opfer lag auf einer einsamen Straße bewusstlos in einer Blutlache, als es von einem Jogger entdeckt wurde, der den Notarzt verständigte.
Der 16-jährige Kobir Chowdhury, wohnhaft im Annie-Besant-Haus in der Antilles Street 72, wurde sofort ins

Städtische Krankenhaus gebracht, wo seine Kopfverletzungen behandelt werden. Sein Zustand wird als kritisch bezeichnet.
Die Polizei sucht nach Zeugen für den Überfall, der am Freitag gegen 16.30 Uhr in der Canal Road stattfand. Sie vermutet, dass der Überfall, den ein Sprecher als »außergewöhnlich brutal« beschrieb, rassistische Hintergründe haben könnte.

Vor meinen Augen erscheint die Canal Road, gespenstisch, durchsichtig wie eine Gravur auf einem Weinglas. Die zusammengekrümmte Gestalt auf dem Boden, reglos wie ein Stein. Die Typen in ihren Bomberjacken, wie sie sich in den Transit quetschen. Polizeiautos. Krankenwagen. Dann ist die Straße irgendwann wieder leer. Die dunkle Gestalt ist verschwunden.

Ich starre auf die Zeitung. Was soll das? Da stimmt doch was nicht! Wo ist der weiße Transit? Die Bande in den schwarzen Jacken? Wo ist Rosie? Warum steht da nichts über sie? Die Polizei sollte ihn doch inzwischen geschnappt haben. Oder?

Ich lese den Artikel noch einmal. Ich begreife überhaupt nichts. Ich lese langsam, tippe jedes Wort mit dem Finger an. Aber es steht immer noch nicht das drin, was ich lesen will.

Die Polizei sucht nach Zeugen für den Überfall. Ja, klar! Jede Menge Leute müssen gesehen haben, was da los war. Am Kanal sind immer Jogger unterwegs oder Leute, die mit ihrem Hund Gassi gehen. Und direkt auf der anderen Seite stehen Häuser. Irgendjemand muss irgendetwas gesehen haben.

Die Worte kullern wie Erbsen über die Seite. Ich lese den Bericht noch einmal und versuche die Buchstaben in die Worte zu zwingen, die ich lesen will: Festgenommen, verhört, halfen der Polizei bei ihren Ermittlungen. Aber es hat keinen Zweck. Keiner hat den weißen Transit gesehen. Keiner hat die Typen gesehen, die den am Boden liegenden Jungen gnadenlos zusammengeschlagen haben. Keiner hat den Mann mit dem Pferdeschwanz und den Tattoos gesehen. Nur ich.

Er heißt Kobir. Kobir Chowdhury. Er wohnt in der Antilles Street, gleich um die Ecke vom Laden. Wenn diese Scheißkerle ihm das nicht angetan hätten, wäre ich ihm wahrscheinlich auf der Brücke begegnet.

»Ca-ryn!« Das war Warwick. »Komm endlich da hinten raus! Das waren jetzt schon mindestens zwanzig Minuten. Was denkst du dir eigentlich dabei?«

Sein Ton änderte sich, als er mein Gesicht sah. »Was'n los, Caz? Du siehst ja furchtbar aus.«

Ich schob die Zeitung über den Tresen.

»Du glaubst, dass du das gesehen hast?« Er schnippte gegen die Zeitung, als wolle er eine Krume vom Tisch fegen. »Nö, du! ›Sein Zustand ist kritisch‹, das sagen sie immer. Er packt es schon. Den kriegen sie schon wieder hin.«

Ravensburger Bücher Absolut lesenswert!

That's life – Das Leben ist mehr als eine Schlagzeile.

ISBN 978-3-473-54337-3

»Ein Klassiker der Jugendliteratur«

Die Welt

ISBN 978-3-473-54336-6

»Ein atemloser Thriller«

Morton Rhue

ISBN 978-3-473-54338-0

»Spannend und bewegend«

SWR zum Kinofilm

Ravensburger

RTB_08_052